V. S. Naipaul

Amerika

V. S. Naipaul

AMERIKA

Lektionen einer neuen Welt

Aus dem Englischen
von Monika Noll und Ulrich Enderwitz

Claassen

Die Essays aus diesem Buch erschienen 2002 in dem Band
The Writer and the World bei Alfred A. Knopf, New York

Claassen Verlag
Claassen ist ein Verlag des Verlagshauses
Ullstein Heyne List GmbH & Co. KG

ISBN: 3-546-00342-X

Gesetzt aus der Caslon 540 bei
Franzis print & media GmbH, München
Druck und Bindung: Bercker, Kevelaer

Inhalt

Kolumbus und Crusoe

Das Abenteuer des Kolumbus erinnert an *Robinson Crusoe.* Niemand vermag es mit der Vorstellungskraft als ein Ganzes zu fassen; alles, was über die Legende hinausgeht, ist langweilig und kompliziert. Selbst in Björn Landströms Buch *Columbus* ist das nicht anders, auch wenn es das schwierige Abenteuer so greifbar macht wie nur irgend möglich. Der Text besteht aus einer Nacherzählung der bekannten Quellen. Wichtiger sind die Illustrationen: Landkarten und Bilder. Die Ersteren zeigen, wie die mittelalterlichen Vorstellungen von der Geographie aussahen. Die Letzteren, mit unendlicher Liebe gemalt, sind in großer Zahl vorhanden und sehr detailliert: die Schiffe, die Inseln, die Menschen, das Wetter, die Pflanzenwelt, sogar das Falknerglöckchen aus Messing, das die Eingeborenen entzückte, bis es zum Maß für den Goldstaub wurde, den der Entdecker sie sammeln hieß.

Der Legende zufolge wird Kolumbus von vielen Feinden verfolgt; nach Spanien kehrt er weißhaarig und in Ketten zurück, er stirbt arm und in Ungnade. Dieses Bild von sich schuf Kolumbus selbst: Er hatte Gespür für Inszenierung. Sein Interesse am Gold war größer als das seines Monarchen, er rechnete damit, ein Zehntel all dessen zu erhalten, was man finden würde. Die Ketten waren überflüssig; man bat ihn, sie abzulegen. Er trug sie um des Effekts willen; nach dem vorangegangenen Debakel war er in der Kutte der Franziskaner zurückgekehrt. Dieses Debakel war dennoch gewinnbringend gewesen. Er hatte, wie es schon immer seine Absicht war, Sklaven in seine Heimat gesandt. Er selbst – oder sein Sohn an seiner Stelle – behauptete, im Laufe von zwei Jahren habe er zwei Drittel der Eingeborenen von Hispaniola beseitigt; der Rest sei auf Goldsuche geschickt worden. (Das war eine Übertreibung: Vernichtet hatte er nur ein Drittel.) Noch nachdem er in Ungnade gefallen war, machte er Theater um sein Familienwappen und richtete ein rotes Feld für das Schloss von Kastilien ein – genau wie auf dem Wappen des Königs. Gegen Ende klagte er über seine Verarmung, aber eine seiner persönlichen Goldlieferungen belief sich – nachdem er in Ungnade gefallen war – auf 405 Pfund Sterling. Sein Vater war Weber gewesen; seine Schwester heiratete einen Käsehändler; sein Sohn heiratete eine Dame aus königlichem Geblüt. Und als er starb, hatte Spanien nicht viel gewonnen. Mexiko lag noch dreizehn Jahre in der Zukunft, und die Westindischen Inseln, die Quelle seines Goldes, wo er das irdische Paradies gefunden zu haben meinte, war, vor allem durch sein Beispiel, zum *Anus mundi* geworden.

Die Entdeckung Amerikas ist eine Geschichte fortgesetzten Grauens. Doch nicht nur das Grauen macht sprachlos. Auch nicht die Tatsache, dass der Entdecker nach der Entdeckung so unaufhaltsam verfällt. Was verblüfft, ist die Banalität dieses Mannes. Er suchte nicht nach Amerika oder Asien, sondern nach Gold; und der Eindimensionalität seiner Erwartung entsprach die immer gleiche banale Wahrnehmung. Hinter Seefahrernatur, Zähigkeit, Geiz, Rachsucht und Brutalität findet sich nichts als dies:

»Sonntag, den 16. September (...) Von diesem Tag an werden wir immer milderes Klima antreffen. Mit wahrem Genuß erlebte ich die Schönheit eines jeden Morgen, denen fast nichts anderes zu ihrem vollen Zauber fehlte als der Sang der Nachtigallen. Es war wie ein heiteres Aprilwetter in Andalusien.

Samstag, den 29. September (...) Die Luft war so mild und wohltuend, daß zu alledem noch der Sang der Nachtigallen fehlte. Das Meer war spiegelglatt wie ein Fluß.«

Die Zitate stammen aus seinem ersten *Bordbuch*, als er noch ganz besonders wach um sich blickte. Die konkreten Details trügen. Das Meer samt allem, was in ihm lebt, wird beobachtet, aber hauptsächlich, um Anzeichen von Landnähe zu finden; im Augenblick der Entdeckung werden die Eingeborenen studiert, aber von einem Mann, der, wie er selbst sagt, »herauszubekommen [trachtet], ob in dieser Gegend Gold vorkomme«, und daher »alles mit größter Aufmerksamkeit« anschaut: »Ihr Haar ist nicht kraus (...) Keiner von ihnen hat eine dunkle Hautfarbe.« Kein anthropologisches Interesse, kein Staunen – eher Enttäuschung: Kolumbus glaubte, Gold sei dort zu finden, wo Neger sind. Jenseits dieser Aufmerksamkeit versagen Sprache und Wahrnehmung. Nachtigall, April in Andalusien: Die Versatzstücke einer simplen Alltagspoesie werden so lange wiederholt, bis sie gar nichts mehr bedeuten. Sie stehen noch weit unter jenem »Wow«, das unlängst der amerikanische Astronaut von sich gab – bei Kolumbus gibt es nichts von diesem unverfälschten Verzückungsschrei. Nach der Entdeckung reihen sich die Gemeinplätze des Gold suchenden Seefahrers endlos aneinander, zerstören alle Fantastik und trivialisieren das großartige Abenteuer. Ein Buch über Kolumbus kommt nicht ohne Bilder aus, und deshalb ist Landströms Buch so wertvoll.

Ob es am mittelalterlichen Denken lag? Aber Königin Isabella fragte während der zweiten Reise per Brief nach, wie das dortige Klima sei. April in Andalusien, das reichte ihr nicht: Sie verlangte Bilder und auch etwas Fantastisches. Marco Polo, den Kolumbus gelesen hatte, erzählte immer wieder von fantastischen Dingen; desgleichen Amerigo Vespucci, nach dem der Kontinent nicht zu Unrecht benannt wurde. Vespucci fand es der Mühe wert zu berichten, dass die Einwohner der Inseln und des Festlands, während sie sich unterhielten, ganz beiläufig in den heißen Sand pinkelten, ohne sich abzuwenden; dass die Frauen wollüstig seien und mit Hilfe eines tierischen Giftes, das der Potenz mitunter zum dauerhaften Verhängnis wurde, das männliche Glied zu vergrößern suchten. Vielleicht war das nur Erfindung; aber obwohl auch er Aufmerksamkeit walten ließ und seine Reise mit Gewinn bringendem Sklavenhandel endete, wollte er doch, ganz in der Tradition des großen Reiseromans, Staunen über die Neue Welt wecken.

Die Tatsachen, Kolumbus betreffend, waren immer bekannt. In seinen Schriften und in allem, was er tat, ist sein Egoismus unübersehbar wie eine Missbildung; er spricht sich selbst das Urteil. Aber die Heldengeschichte, die nicht einmal von ihm selbst stammt, hat die Jahrhunderte bis heute überdauert. Als bei der ersten Reise das Flaggschiff vor Haiti auf Grund lief, kamen ihm die Indios nicht nur zu Hilfe; unter Tränen bekundeten sie ihr Mitgefühl. Kolumbus war aufmerksam: Er notierte, es werde ein Leichtes sein, diesen »feigen« unbewaffneten Menschenschlag zu unterwerfen. Was er denn auch unverzüglich tat. Landström suggeriert, das sei unvorsichtig gewesen und eigentlich nicht so gemeint, und folgt damit dem traditionellen Kommentar. Während der dritten Reise glaubte Kolumbus, er habe das irdische Paradies entdeckt. Landström, erneut im Bann der überkommenen Auslegung, macht geltend, Kolumbus sei damals krank gewesen. Doch genau die Hoffnung, ein solches Land zu entdecken, hatte ihn schließlich bewogen, es mit dem Ozean aufzunehmen.

Zum Abenteuer des Kolumbus müssen wir, ebenso wie zu den heutigen Weltraumabenteuern, die Romantik selbst beisteuern. Jede Entdeckung braucht einen Helden; dem Land, das, wie die Legende behauptet, den Helden verrät, bleibt nur die Schande. Das Grauen, das mit der Entdeckung (die auch ohne Kolumbus gekommen wäre) einherging, war unausweichlich. Primitive Völker müssen, einmal aufgespürt, unterjocht und ausgenutzt oder irgendwie gedemütigt werden: auf den Westindischen Inseln ebenso wie in Australien, den Vereinigten Staaten, Südafrika; selbst Indien hat seine Ureinwohner-Probleme. Vierhundert Jahre nach der großen, vom Kaiser angeregten spanischen Debatte über die Behandlung nicht zivilisierter Völker ist heute ein anderes Weltreich mit Rhodesien befasst. Die Parallele springt ins Auge; aber die jetzige Debatte, die vor einem Wahlvolk auf der einen, vor einem enteigneten, aber teilnahmslosen primitiven Volk auf der anderen Seite stattfindet, ist zwangsläufig weniger tiefgehend.

Weder in Australien noch in Amerika gibt es eine Legende der Grausamkeit, höchstens ein romantisches, selbstgefälliges Schuldgefühl. In Spanien jedoch wird die diese Legende fortleben, ebenso wie die Heldenlegende des Kolumbus. Der Traum von der unberührten, heilen Welt, die nur auf uns gewartet hat, der Traum vom Shangri-la, vom letzten Paradies, ist eine unausrottbare Fantasie der Menschheit. Den Spaniern blieb es vorbehalten, ihn in einzigartige Erfahrung umzusetzen. Hohe Gesinnung und Romantik also dem Entdecker; den Spaniern hingegen wird man nie verzeihen. Auch sie selbst hingen, nachdem sie die Neue Welt mit Gewalt genommen hatten, der alten Fantasie weiter an. Die Suche nach El Dorado war gleichsam eine Wiederholung des gesamten Neue-Welt-Abenteuers, sie gehorchte dem Wunsch, es noch einmal ungeschmälert zu erleben; und auf dieses Erlebnis verwendete man in zwanzig Expeditionen mehr Menschen und Geld als auf die Eroberung Mexikos, Perus und Neu-Granadas.

Robinson Crusoe zeigt – in seinem entscheidenden, Mythen bildenden Mittelteil – eine Facette derselben Fantasie. Das Buch ist ein Monolog; alles spielt sich im Kopf ab. Es beschreibt den Traum, der erste Mensch auf der Welt zu sein, das erste Getreide wachsen zu sehen. Er träumt nicht nur von Unschuld, sondern auch davon, plötzlich – so wie man ist – bedingungslos über die materielle Welt verfügen zu können, ein Gewehr zu besitzen, aus dem »der erste Schuß … seit Erschaffung der Welt« kommt. Es ist der Traum von absoluter Macht. »[Ich] brachte ihm zuerst bei, daß er Freitag heiße, das sei der Tag, an dem ich ihm das Leben gerettet habe. Ich gab ihm diesen Namen, um mich stets daran zu erinnern. Mich sollte er mit ›Herr‹ anreden, wobei ich ihm zu verstehen gab, daß dies mein Name sei.« Freitag kommt nicht mit der Religion zurecht; Crusoe weiß keine Antwort. Macht bringt Probleme. Crusoe sieht ein paar Kannibalen, die im Begriff sind, einen Menschen zu töten und zu verzehren. Er läuft hin, um ihn zu befreien. Aber dann weiß er nicht weiter. Mit welchem Recht greift er ein? Nur weil er ein Gewehr hat? Ein paar Spanier müssen gerettet werden. Was wird dann aus seiner Freiheit und Machtvollkommenheit? Wie werden sie sich fügen? Wo beginnen Strafen in der menschenleeren Welt? Sie müssen einen Vertrag unterzeichnen. Doch es gibt keine Feder, kein Papier: eine Schwierigkeit, absonderlich und irrational wie in einem Albtraum. Errettet wird er nicht nur von einer öden Insel. Die Probleme lassen sich niemals lösen.

Später setzt sich Crusoe in dieser Neuen Welt erfolgreich durch, allerdings in der schon fest gegründeten, unterworfenen Sklavengesellschaft Brasiliens. Das Grauen der Entdeckung, das Grauen darüber, der erste absolut mächtige Mensch auf der Welt zu sein: Das liegt lange zurück.

1967

Jacques Soustelle und der Niedergang des Westens

Von ferne betrachtet, scheint Jacques Soustelle aus zwei Personen zu bestehen. Da ist erstens der Politiker im Exil, dessen großes Projekt – *Algérie française*, Algerien ist französisch – vereitelt wurde. Und da ist zweitens der Ethnologe und Wissenschaftler, der fantasievolle Interpret der alten aztekischen Welt, der mit dreiundzwanzig sein erstes Buch herausbrachte: Es hieß *Mexique, terre indienne*, Mexiko ist indianisch (so könnte man sagen). Zwei erstaunliche Karrieren, und beide werden vermutlich noch fortgesetzt. In der ruhigen Abgeklärtheit der letzten zwei oder drei Exiljahre hat Soustelle wieder viel geschrieben. Vor wenigen Monaten erschien *L'Art du Mexique ancien* in englischer Übersetzung (*Arts of Ancient Mexico*), und es gilt vielen als bedeutendes Werk. Außerdem ist er erst fünfundfünfzig und wird nicht ewig im politischen Exil bleiben.

Abgeklärtheit, so nennt es Soustelle selbst. Sie gehört zu den unerwarteten Gaben seines Exils, das zu Beginn, im Jahr 1962, »eintönig und gefährlich« war. Damals war er auf der Flucht, eine Gestalt auf der Bühne des Pressemelodrams, ein Mann, der im Verdacht stand, in Italien, Portugal und Wien finstere Pläne zu schmieden.

In der ersten Zeit seines Exils denunzierte ihn ein Zeitungsreporter, der ihn in einem Hotel in Brescia gesichtet hatte, bei der italienischen Polizei. Damals lebte Soustelle unter dem Namen Jean Albert Sénèque. Diesen Namen fand er

»amüsant«. (Der stoische Philosoph Seneca wurde im hohen Alter beschuldigt, eine Verschwörung gegen Kaiser Nero angezettelt zu haben, und aufgefordert, Selbstmord zu begehen.) Aber von da an war das Exil weniger amüsant. Soustelle wurde aus Italien ausgewiesen und durfte eine Zeit lang weder in die Schweiz noch nach Westdeutschland einreisen. Nach einem ungeklärten Attentatsversuch gegen de Gaulle im August 1962 wurden die Agenten der französischen Regierung in ganz Europa aktiv. Ein anderer Exilpolitiker, der Ex-Colonel Argoud, wurde während eines Faschingsballs in einem Münchner Hotel im Februar 1963 entführt; am nächsten Morgen fand man ihn krankenhausreif geschlagen in einem Lieferwagen unweit der Pariser Kathedrale Notre Dame. Danach verschwand Soustelle aus den Nachrichten. Als er ein Jahr später in einem Lausanner Hotel verhaftet und aus der Schweiz ausgewiesen wurde, lebte er unter einem alltäglicheren Namen: Jacques Lemaire.

»Zweimal versuchte man, mich umzubringen oder zu entführen. Beim ersten Mal war ich völlig ahnungslos. Beim zweiten Mal wusste ich davon. Man hat einen ungeschickten Versuch unternommen, jemanden mit 100 000 Dollar zu ködern. Ein paar Tage dauerte das Versteckspiel. Dann habe ich den Verfolger abgeschüttelt.«

Heute hat der Druck nachgelassen. Frankreich ist ihm verschlossen, aber außerhalb seiner Grenzen kann er sich frei bewegen. General de Gaulle soll sich unlängst nach Monsieur und Madame Soustelle erkundigt und über einen gemeinsamen Bekannten Grüße an M. Soustelle übermittelt haben. Mme Soustelle lebt und arbeitet in Paris. Auch sie forscht über die Geschichte der Azteken. Sie heiratete ihren Mann im Jahr 1932, als er neunzehn war; das Paar hat keine Kinder. Beide sind in ständigem Kontakt; Soustelle bestätigt, was in Paris als Gerücht umläuft: Ihre Geheimsprache ist die Sprache der Azteken; sie unterhalten sich darin am Telefon – oder besser: Sie haben sich darin unterhalten.

Im vergangenen März kandidierte Soustelle bei den französischen Parlamentswahlen in seinem alten Lyoner Wahlkreis

Als Abgeordneter hätte er Immunität genossen. Wäre er aber nach Frankreich zum Wahlkampf gefahren, hätte man ihn sofort verhaftet; ein Reisender sah damals im Flughafen Orly seinen Namen unter den ersten einer Liste, auf der Personen mit Einreiseverbot standen. Soustelle schickte eine Rede auf Tonband. Mit achttausend Stimmen kam er auf Platz zwei. Manche meinen, er hätte einfach nach Frankreich einreisen sollen, dort wäre er höchstens eine Nacht lang festgehalten worden. Aber Soustelle ist vorsichtig. Obgleich er mittlerweile Interviews gibt und nicht mehr den Eindruck hat, er müsse ständig mit dem Gesicht zum Hoteleingang sitzen, besteht er noch heute darauf, dass Zusammenkünfte über seinen Rechtsanwalt arrangiert werden. Und dieser ist bei allen Gesprächen dabei – ein Überbleibsel jener Theateratmosphäre, die Soustelle umgab, als er im Mai 1958 von Paris nach Algier floh und mit Hilfe von *Algérie française* General de Gaulle wieder an die Macht bringen wollte. Damals munkelte man, er sei aus Paris – wo er überwacht wurde – im Kofferraum eines Autos entkommen.

Er sagt, davon stimme kein Wort; und in der Tat kommt einem das ganze große Abenteuer sehr unwirklich vor, wenn man ihn inmitten der Blumen und Teppiche eines Grandhotels in der Nachsaison vor sich sieht; wenn er das Gespräch unterbricht, um die Weinkarte zu studieren oder einen beflissenen Kellner um ein Päckchen Players *médium* zu bitten. Er spricht es so aus, dass der Kellner versteht. Soustelles Englisch ist schnell, vokabelreich, umgangssprachlich. Die eingestreuten französischen Wörter – *éveilleur, acharné* – sind solche, für die er nicht so schnell ein englisches Pendant parat hat.

Was auf Fotos auffällt, ist Soustelles massiger Körper, sein Doppelkinn, die feste Form des breiten Mundes, die randlose Brille, die dunklen Tränensäcke unter den prüfend blickenden Augen. Aber im Gesicht gibt es Bewegung; auf Augen und Lippen liegt immer wieder ein Hauch von Humor. Beim Wein kennt er sich aus und spricht gern darüber, dann allerdings detailliert: »Den Weinberg kenne ich.« – »Den Besitzer kenne ich.« Außerdem weist er auf die Zigaretten hin, die er raucht.

Es sind Players; an sie knüpft sich eine Geschichte. In Lyon gewann Soustelle 1927 einen Wettbewerb in englischem Aufsatz. Als Preis erhielt er einen zweiwöchigen Londonaufenthalt. Er wohnte in einem Haus unweit von Clapham Common. Er fuhr viel mit der U-Bahn, und am Automaten einer U-Bahn-Station kaufte er sich sein erstes Päckchen Zigaretten. Es waren Players, und seither raucht er sie.

Sein Verhalten erinnert an einen Universitätsdozenten, der um seinen Ruf weiß und sich nicht aus seinem Fachgebiet herauslocken lassen will. »Wenn *Sie* ihm nichts zu sagen haben«, so sein Anwalt, »hat auch er Ihnen nichts zu sagen.« Ideen interessieren Soustelle nicht um ihrer selbst willen. Stets scheint es, als spreche er von einer sorgfältig präparierten Position aus; und das ist mehr als eine Hinterlassenschaft des Exils. Man gewinnt den Eindruck, als sei er vor langer Zeit, vielleicht schon in früher Jugend, mit sich ins Reine gekommen, und als wären seine Interessengebiete bestimmt durch seine Erfahrungen: Forschertätigkeit, Mexiko, Krieg, Algerien. Noch jetzt kann er das Erlebte mit Staunen betrachten; unaufhörlich, so scheint es, ist er dabei, diese Erfahrung zu verarbeiten und zu verfeinern, sodass sie noch innerhalb ihrer Grenzen an Volumen gewinnt. Das ist ein Vorgehen, das weder dem Gelehrten noch dem Politiker allein geschuldet ist, sondern beiden zusammen; außerdem hat es viel von der Methode des Romanciers, der aus Ichbezogenheit Kunst macht, der aus Fragmenten, die von ferne zusammenhangslos wirken, ein undurchdringliches privates Ganzes schafft.

Man nehme nur die Players-Zigaretten. Für Soustelle sind sie ein Bindeglied zwischen seiner Adoleszenz, seinem frühen akademischen Erfolg, seiner ersten Londonreise – und den Marmorfriesen des Parthenon, den so genannten Elgin Marbles. Damals verbrachte er lange Zeit vor ihnen im British Museum. Sie weckten in ihm den Wunsch, nach Athen zu fahren; doch das konnte er erst im vergangenen Frühjahr wahrmachen, in der ruhigen Abgeklärtheit des Exils. Er war überwältigt, denn er hatte sich die griechischen Monumente kleiner vorgestellt.

Aber es gab eine weitere Überraschung. Seit jeher hatte er die römischen Bauten geliebt; in Athen entdeckte er, dass er sie nicht mehr so mochte, er fand sie plötzlich grobschlächtig. Auf dieser Reise gewann er auch klarere Vorstellungen von den Vereinigten Staaten und der »Provinzialisierung« Europas, Vorstellungen, die sich geradewegs aus den Erfahrungen ableiteten, die er als Gelehrter und Politiker machte.

Provinzialisiert wurde Europa Soustelle zufolge, weil es sich aus den »Weiten« Afrikas zurückzog. Kulturen sind zeitlich und räumlich begrenzt; und dieser Rückzug bedeutet – nicht anders als der Rückzug der Römer aus dem Balkan und aus England – so etwas wie »das erste Alterszeichen, die ersten Altersfalten«. Rom hat Gallien in sein Staatsgebiet eingegliedert; Frankreich hätte dasselbe mit Afrika tun müssen. Stattdessen unterwarf es sich dem »Idol« der Entkolonisierung und dem Druck des Handelskapitals und zerrieb die einfachen Kulturen Schwarzafrikas zur *poussière* von Kleinstdiktaturen.

»Alles, was Frankreich dort zurückgelassen hat, werden sie aufbrauchen: bis zum letzten Traktor, zum letzten Bolzen, bis zum letzten Teelöffelchen. Dann werden sie, ganz wie in Tripolitanien, auf den ehemaligen Weizenfeldern Ziegen weiden lassen.«

Echte Entkolonisierung (mit gleichen Rechten und gleichem Fortschritt für alle), die wäre gerade durch die Eingliederung ins Staatsgebiet erfolgt. Aber man verwarf diesen Weg, weil er zu schwierig war.

Dass Frankreich scheiterte und sich ins eigene »Sechseck« diesseits des Mittelmeers zurückzog, lag nicht an einer militärischen Niederlage – in Algerien hatten die Franzosen gesiegt –; es lag an Dekadenz, an bürgerlichem Egoismus, *les weekends et les vacances d'été et d'hiver*, und am Rassismus: Die Franzosen weigerten sich einzusehen, dass auch Afrikaner, Araber, Berber sowie die maltesischen, spanischen und griechischen *colons* in Algerien französische Staatsbürger hätten werden können.

Alle großen Kulturen, so Soustelle, sind untergegangen; selbst ihre Ruinen werden eines Tages verschwinden; ein Muster oder ein Telos gibt es nicht. Aber es ist hegelscher Schwachsinn zu behaupten, Weltgeschichte sei das Weltgericht; der Stoiker darf nicht aufhören zu kämpfen. Ideen, die nicht in die Tat münden, sind bloße Träume; und ein Tun ohne »ideologische Orientierung« ist nihilistischer Opportunismus.

So saß Soustelle, ehe das Exil ihm Abgeklärtheit und Entlastung bescherte, als Gelehrter und Politiker in der Falle seiner Doppelrolle. Der Politiker ist nur ein Teil dieses Menschen und dessen politische Ansichten können, abgetrennt von seinen Erfahrungen, vereinfacht und von Leuten, denen sie gelegen kommen, benutzt werden. Ganz wie de Gaulle im Jahr 1958 stellt Soustelle alles Mögliche für alle möglichen Menschen dar.

Die diversen Soustelles müssen ursprünglich in der Gegend um Soustelle beheimatet gewesen sein, einem Dörfchen in den Cevennen, das heute etwa hundert Einwohner zählt, darunter viele Soustelles. Jacques Soustelle wurde in Montpellier geboren; aufgewachsen ist er in einem halb ländlichen Vorort von Lyon. Seinen Vater kannte er nicht; als er zehn Jahre alt war heiratete seine Mutter ein zweites Mal; sein Stiefvater, »ein sehr guter Mensch«, war Automechaniker und noch bis vor kurzem in seinem Beruf tätig. Die Familie war protestantisch. Jacques Soustelle lebte als einziges Kind in einem Haus, zu dem auch ein Großvater und drei Tanten gehörten; eine von ihnen führte den Haushalt. Im Ersten Weltkrieg arbeitete seine Mutter in einem Postamt, später in einem Büro. »Wir waren keine Lumpenproletarier. Aber Proletarier.«

Der Klassenlehrer, »ein sehr guter Mensch«, riet Mme. Soustelle, ihr Sohn solle mehr machen als das *certificat d'études* und ein *lycée* besuchen. Er war der Erste jener Lehrer – jener sehr guten Menschen, wie Soustelle sie heute alle in Erinnerung hat –, die ihm geholfen und die Richtung gewiesen haben; sie schickten ihn auch in jene Prüfung, durch die er ein Stipendium erhielt, mit siebzehn Jahren nach Paris und an die Ecole Normale Supérieure kam und drei Jahre später die *agrégation* und das Ethnologendiplom ablegte. »Mit zwanzig hatte ich zwölf Ausscheidungstests hinter mir. In Mathe war ich nicht besonders gut, aber in allen anderen Fächern wurde ich Bester.« In Paris arbeitete er als Ghostwriter an einer Fourier-Anthologie und mehreren Kriminalromanen mit, um sein Stipendium aufzubessern; außerdem gab er Unterricht.

Gelesen habe er immer viel, und schon früh hätten sich seine Interessen herausgeschält. Er las Werke zur Naturgeschichte und Geschichte; schon als Kind liebte er Bücher über das Römische Reich sowie über dessen Niedergang im dritten Jahrhundert, »dieses majestätische und schreckliche Schauspiel«; und weil er gern Jules Verne las, entwickelte er Interesse an Reiseberichten und Büchern über fremde Völker. In Paris wandte er sich ganz von selbst der Ethnologie zu, nachdem er drei überragende Fachgelehrte kennen gelernt hatte. Einer davon war Paul Rivet, Leiter des Musée de l'Homme, des damaligen Musée d'Ethnographie. In diesem Museum arbeitete Soustelle halbtags, umgeben von den Artefakten jener Völker, die er studierte. Für ihn waren diese Dinge nicht bloß Kuriositäten, sondern Kunstwerke, durch die er sich mit ihren Schöpfern verbunden fühlte. Er hatte die fast religiöse Überzeugung gewonnen, das schönste und reichhaltigste Studienobjekt sei der Mensch. Irgendwann kam damals eine Tanzgruppe aus Neukaledonien nach Paris, und Soustelle konnte einen Abend mit den Tänzern verbringen. Noch heute sieht er darin ein Privileg, Teil seines glücklichen Geschicks.

Zu jener Zeit interessierte er sich besonders für die Völker Ozeaniens, das er erst später, im Jahr 1945, als de Gaulles Kolonialminister besuchte. Doch Paul Rivet war 1930 nach Mexiko gereist und erzählte nach seiner Rückkehr begeistert vom Stamm der Otomí, über den noch wenig geforscht worden war. Rivet versprach, sobald Soustelle *agrégé* sei, würde er ihn nach Mexiko schicken, wo es einen französischen Kulturattaché gab. Soustelle konzentrierte sich nun auf Mexiko, und Rivet hielt Wort. Im August 1932 kamen die Ergebnisse der *agrégation*; im Oktober schifften sich Soustelle und seine Frau – sie hatten gerade erst geheiratet – nach Mexiko ein.

Die Soustelles arbeiteten bei den Otomí in Zentralmexiko, außerdem bei dem Kleinststamm der Lacandones im Südosten. Während der Regenzeit gingen sie nach Mexiko City. Dort gerieten sie mitten unter die mexikanischen Intellektuellen und verkehrten auch mit dem Maler Diego Rivera. »Es gab noch immer etwas von der nach-revolutionären Verve und ein allgemeines Interesse an der mexikanischen Vergangenheit. Ich weiß noch, wie jemand eine *velada*, ein Nachtgebet, für den alten Aztekengott Quetzalcoatl organisierte. Andererseits gab es Menschen, oftmals indianischer Herkunft, die meinten, die Vergangenheit der Indios sei blutig und barbarisch gewesen und man solle sie vergessen. Natürlich ergriff ich Partei für die Indios. Aber Mexiko kann nicht entweder das Land der Indios oder das der Spanier sein. Es ist, was es ist: indianisch und spanisch in Einem.«

Der Kosmos der Azteken, wie Soustelle ihn beschrieben hat, war zerbrechlich und ungesichert. Mehr als einmal, so glaubten sie, sei die Welt schon vernichtet worden, und sie würde erneut vernichtet werden. Aufzuhalten sei diese Zerstörung nur durch unaufhörliche Opferung menschlichen Blutes. »Das Menschenopfer hat mich nie am Verständnis der Azteken gehindert. Schon früh war ich zutiefst überzeugt, dass menschliche Moral etwas sehr Relatives ist.« In Soustelles Schriften wird dieses Opfer zur tragischen, zugleich veredelnden und abstoßenden Tat von Menschen, die entschlossen sind, ihre Welt am Leben zu halten. Aber die Zerstörung kam dennoch. Zwischen 1519 und 1521 zerschlugen die Spanier Kopf und Herz dieser in voller Entfaltung begriffenen Kultur. Hätte man die Azteken in Ruhe gelassen, so hätten sie Mexiko, Soustelle zufolge, in eine der Meiji-Zeit in Japan vergleichbare Ära geführt. In seinen Schriften findet man allerdings erstaunlich wenig Zorn über die Zerstörung und wenig Trauer über das, was sich vielleicht entwickelt hätte. »Die Spanier hätten nicht anders handeln können. Und wir dürfen nicht vergessen, wie sehr sich manche von ihnen um Dokumentation und Verteidigung bemüht haben; oder dass sie schließlich für eine Gesellschaft sorgten, in der das Leben der Indios wieder erwachen konnte.«

Diese Erfahrung Mexikos, diese weit greifende, lückenlose Erfahrung – Größe, Zerstörung, Verfall, Eingliederung, neues Leben –, wollte Soustelle zwanzig Jahre später auf Algerien übertragen: vermittels der Gleichsetzung zwischen mexikanischen Indios, die nichts als Mexiko besaßen, und arabischen Guerillakämpfern mit ihrer riesigen muslimischen Welt, die einst fast Europa überrannt hatte.

Als der Krieg ausbrach, war Soustelle gerade in Mexiko, wo er den stellvertretenden Vorsitz eines Amerikanistenkongresses übernommen hatte. Er fuhr mit einem holländischen Schiff nach Ramsgate und schlug sich nach Frankreich durch, um sich dem Regiment, in dem er 1936 seinen Militärdienst geleistet hatte, anzuschließen. Es folgten ein paar Monate Nichtstun. Dann wurde er in das von Daladier gebildete Informationsministerium berufen. Man schickte ihn nach Mexiko zurück, und dort war er, als Frankreich fiel. Damals stellte er sich auf lebenslanges Exil ein. Er beschloss, nach Kanada zu gehen und in einem französisch-kanadischen Regiment Dienst zu tun. Doch ein Freund im britischen Konsulat erzählte ihm, in London sei ein französischer General mit dem Aufbau einer Widerstandsorganisation befasst. Soustelle kabelte nach London; drei Tage später antwortete ihm einer von de Gaulles Adjutanten.

Man bat ihn, noch eine Weile in Mexiko zu bleiben und unter den dortigen Franzosen um Unterstützung für La France Libre, das Freie Frankreich, zu werben. Dann fuhr er auf einem mit Neuseeländern und Australiern – künftigen Piloten – voll gestopften Schiff nach England. »In Liverpool, wo wir im Hafen anlegten, hatte ich es schwer zu beweisen, dass ich vertrauenswürdig war. Aber in Carlton Gardens hatte ich mehr Glück. Durch Zufall war de Gaulles Adjutant ein ehemaliger Schulfreund von mir aus Lyon. Am selben Tag noch konnte ich de Gaulle sprechen. Zwei oder drei Tage später war ich zum Abendessen eingeladen.« Schon damals hatte der General eine frostige Förmlichkeit an sich. Er war fünfzig, Soustelle achtundzwanzig; es begann eine Verbindung, die achtzehn Jahre

Bestand hatte. »Seine großartigen Eigenschaften, die mich damals faszinierten, kann man noch heute in Augenschein nehmen, aber nur als Karikatur.«

Soustelle erhielt einen Posten im »diplomatischen Dienst« und wurde wieder nach Lateinamerika geschickt. Später, in London, war er Informationskommissar beim Befreiungskomitee. Als die Alliierten in Nordafrika landeten, wurde er Leiter des Bureau de Renseignement et d'Action in Algier. Seine Aufgabe bestand darin, die Kräfte des Nachrichtendienstes von La France Libre mit denen des Deuxième Bureau von Vichy zusammenzuführen, das nach der Besetzung Südfrankreichs durch die Deutschen nach Nordafrika geflohen war; außerdem sollte er die französischen Untergrundkämpfer mit Nachschub versorgen. »Uns gingen die französischen Banknoten aus, und zu guter Letzt verteilten wir kleine, von Mendès-France unterzeichnete Papierstücke, auf denen die Zusage stand, dass nach der Befreiung gezahlt würde. Der Winter 1943/44 war entsetzlich. Viele Menschen, die man kannte, verschwanden; sie wurden umgebracht oder begingen Selbstmord. Was für ein Verlust an Menschenleben. Ich glaube nicht, dass der französische Untergrund noch ein Jahr durchgehalten hätte.«

Die Befreiung kam und mit ihr die Enttäuschung. »Alles ging einfach so weiter, wie es vorher gewesen war. Wir hatten das Ausmaß der Résistance überschätzt. Teilgenommen haben ja nur null Komma irgendwas Prozent der Bevölkerung. Ich denke, seit dem Ersten Weltkrieg ging es mit Frankreich bergab. Im Zweiten Weltkrieg kamen zwar weniger Franzosen ums Leben, aber Frankreich war besetzt, und wir haben uns hoffnungslos spalten lassen. In Syrien und Dakar haben wir uns gegenseitig bekämpft. Und nach der Befreiung haben wir uns nicht genügend gemäßigt. Es wäre schwer gefallen, ich weiß.«

General de Gaulle zog sich umgehend aus der Politik zurück. Aber Soustelle blieb dabei. Und seine akademische Karriere setzte sich einfach fort. Im Jahr 1955, als er sein Meisterwerk *La vie quotidienne des Aztèques* publizierte, wurde er mit de Gaulles Segen Generalgouverneur von Algerien, wo am 1. November 1954 mit siebzig verschiedenen Einzelaktionen der Aufstand losgebrochen war.

Schon bald waren 500 000 französische Soldaten durch die Erhebung gebunden. Als sie 1962 zu Ende ging, hatten 14 000 Franzosen und 140 000 Aufständische ihr Leben gelassen; 3000 europäische Zivilisten und 30 000 Araber waren umgekommen.

Der zäh sich haltenden Legende zufolge erlebte Soustelle in Algerien eine Bekehrung. Der Anblick eines Massakers, so heißt es, brachte ihn derart aus der Fassung, dass der reformwillige pro-arabische Liberale über Nacht zum Anhänger der *Algérie française* geworden sei; die endgültige Wende sei eingetreten, als ihm aus einer hunderttausendköpfigen Menge, die ihm am Ende seiner zweijährigen Amtszeit zum Abschied zujubelte, die überschwängliche Verehrung der *colons* entgegenschlug. Die Geschichte vom Massaker soll Soustelle rechtfertigen, aber gerade sie weist er besonders vehement zurück. Auch in Algerien habe er immer die Integration – nach mexikanischem Muster – verfolgt. Das Land einer Bande von Terroristen zu überlassen wäre unverantwortlich, freiheitsfeindlich und töricht gewesen. Die Integration wäre nicht leicht geworden. Sie hätte Zeit und Geld gekostet, aber er hatte vor, die neu entdeckten Rohstoffe der Sahara für den Aufbau dieses neuen Algerien zu verwenden. Im Jahr 1958, so Soustelle, war die Integration mehr als nur eine Möglichkeit. Aber auf de Gaulle machte das alles keinen Eindruck. Und von da an folgten nach Soustelles Worten Verrat und Zerstörung. »Zerstörung ist kein politischer Stil; sie ist die Negation von Stil schlechthin.« Eine Million *colons* haben Algerien verlassen; an die Stelle der einen Diktatur trat eine andere. Das arabische Algerien verfällt; eine Frankreichidee ist zerbrochen.

Soustelles bisheriger politischer Weg liegt zwischen zwei Zeiten des Exils. Der Gelehrte, dessen Nationalismus vor dem Krieg durch die deutsche Bedrohung geweckt wurde, hat nichts als Niederlagen erlebt, und zwar umso größere, je größer sein politisches Ansehen wurde. Auf den Fall Frankreichs folgte der

Fall des französischen Kolonialreiches. Die Vision von der Achse Paris-Algier-Brazzaville schrumpfte zusammen zum Bild eines Frankreichs, das von Dünkirchen bis zur Tuaregstadt Tamanrasset in der Sahara reicht. Und heute gibt es gerade mal Frankreich. Aber ging es gestern noch um Algerien, so könnten morgen schon Korsika und die Bretagne verloren sein: Das wäre die Logik bürgerlichen Desinteresses und Verfalls. Die Dritte Welt, in der Frankreich jetzt die Führung übernehmen möchte, ist eine Chimäre; die auf de Gaulles Person zugeschnittene Regierung hat das Land seinen Freunden entfremdet. Frankreich, so Soustelle, ist politisch kaltgestellt. Ein neues Desaster bahnt sich an.

Beim Thema Niederlage wechselt der auf seinem Fachgebiet so prägnante Wissenschaftler zum emotionalen Pauschalurteil. Technischer Fortschritt fällt heute nach Soustelles Ansicht mit moralischem und ästhetischem Verfall zusammen. »Seit einem Jahrhundert besitzt unsere Kultur keinen großen Stil mehr.« – »Eine Kultur, die sich erschöpft hat, ist nicht mehr attraktiv.« Seine vagen Ängste reichen mittlerweile über die gescheiterte Frankreichidee hinaus und richten sich auf die westliche Zivilisation schlechthin. Ein potenter Feind, ein übermächtiges äußeres Proletariat sei zwar noch nicht in Sicht. Aber das beweise gar nichts.

Über all diese Thesen lässt sich diskutieren. Was vielleicht fehlt, ist eine Definition der bedrohten Kultur: Eine solche Definition könnte zeigen, dass auf dem Grunde der Verzweiflung ein Patriotismus liegt, der von der Niederlage, wie von einer Droge, sowohl aufrechterhalten als auch beschädigt wurde. Soustelles Hauptziel besteht heute darin, in sein Land zurückzukehren. Nichtstun muss nichts Unehrenhaftes sein. »Vielleicht mache ich keine Politik mehr. Aber ich kann es nicht hinnehmen, dass ich geächtet werde, nachdem ich meinem Land siebenundzwanzig Jahre gedient habe.« So etwas speist sich aus der Abgeklärtheit des Exils, und vielleicht wird es damit vorbei sein, wenn das Exil zu Ende geht. Die Gewissheit der totalen Niederlage, nach der es keine Schlacht mehr zu schlagen gibt, ist sich auf gefährliche Weise selber Trost. Sie kann einen Menschen sowohl zu hoffnungsloser Pflichterfüllung als auch zu donquichotteskem Handeln verleiten und ihm die Angst vor dem Scheitern nehmen.

Das Spiel mit dem Gedanken der Niederlage stammt vielleicht auch von jenem Soustelle, der aus seinen Erfahrungen Kunst macht und nun, im Exil, alle Gleichklänge zwischen diesen Erfahrungen entdeckt hat. Der Politiker hat sich geschlagen geben müssen; der Ethnologe studiert ein geschlagenes Volk (unlängst erfuhr er aus einem Brief, dass die Lacandones auszusterben drohen); und das Studium der Ethnologie entstammt seinerseits einer Kultur, die in der Defensive ist. Dieses allzu glatte Muster gehört ins Reich der Kunst – einer Kunst freilich, die zur Konzession an die eigenen Wünsche wird. Sogar der Stoizismus hat etwas vom Heldengedicht: Eines der historischen Tableaus, die Soustelle am liebsten beschwört, ist das Bild Mark Aurels, des Philosophen auf dem Kaiserthron, der im zweiten Jahrhundert die Germanen an der Donau zum Stehen bringt.

Dieses Heldengedicht, in dem sich die Furcht vor dem plötzlich auftauchenden unbekannten Zerstörer verbirgt, lässt sich zurückverfolgen bis in jene Jahre, als Soustelle die von Unruhe erfüllte Welt der Azteken, die der Eroberung durch Cortès harrte, noch gar nicht entdeckt hatte. Als Kind im Lyoner Vorort Villeurbanne liebte er die römischen Geschichten des Ammianus Marcellinus. In einer Fußnote seines jüngsten Buches *Les quatre soleils* erzählt er eine dieser Geschichten nach. An einem Tag des Jahres 241 n. Chr. saßen die Bürger von Antiochia im Amphitheater. Plötzlich unterbrach sich einer der Schauspieler und sagte: »Träume ich? Oder sind das Perser?« Die Zuschauer drehten sich um. Auf dem obersten Rang standen die Bogenschützen des Königs Schapur – mit gespanntem Bogen.

1967

New York mit Norman Mailer

Norman Mailer führte seinen Wahlkampf stets im korrekten dunkelblauen Anzug. Gegen Ende ließ er sich die Haare kurz schneiden. Etwa eine Woche vor dem Wahltag büßten auch einige seiner Wahlhelfer noch Haare ein. Der stämmige dreißigjährige Wahlkampfleiter rasierte sich sein Bärtchen ab, bei anderen wurden die Koteletten gekürzt. Zornige junge Hälse glänzten frisch und sauber; schlichte dunkle Krawatten schlossen offene Hemden. Die erste Anweisung, der das Bärtchen des Wahlkampfleiters zum Opfer fiel, war von Mailer selbst gekommen; dann war sie abwärts gewandert; und an drei oder vier Tagen dieser letzten Woche kam es zu partieller Entfremdung zwischen dem Kandidaten und seinem Team.

»Irgendwie gibt's da eine Rollenverwechslung«, sagte einer der geschorenen jungen Männer.

Die Leute in der Wahlkampfzentrale blieben loyal, aber sie sagten, ihre Loyalität gelte dem Wahlkampf, der politischen Sache, den Ideen. Sie sprachen weniger häufig von »Norman«, stattdessen vom »Kandidaten«, und der Wahltag wurde in ihrem Mund zu einem Tag der Opferung. Neben dem Slogan *Get ready for the Norman Conquest (Achtung, die NORMANnen kommen)*, den jemand an die Wand gepinnt hatte, brachte ein anderer nun mit roter Kreide einen unanständigen Ausfall gegen Mailer an, allerdings versteckt, ohne den Namen zu nennen, nur mit den Initialen.

Die Wahlkampfzentrale (im vergangenen Jahr noch die von Senator Eugene McCarthy) war ein großer schmuddeliger Raum, der im zweiten Stock eines baufälligen Gebäudes am Columbus Circle über zwei Cafés und einer Sauna lag. Der Aufzug funktionierte nicht immer; sicherer war es, um die Ecke zum Treppenhaus zu gehen, wo auf manchen Treppenabsätzen Plastiksäcke mit Müll standen; New York ist mancherorts wie Kalkutta, nur mit Geld. Der Raum der Zentrale war durch niedrige dünne Trennwände, die aus unterschiedlichen Gründen im Zuge des Wahlkampfes eine nach der anderen abgebrochen wurden, in Büros aufgeteilt. Es gab wenig Mobiliar, Zeichentische auf Böcken, alte Klappstühle, Kopiermaschinen – aber überall bedrucktes Papier, an den Wänden, auf dem Boden, auf den Tischen.

Die Helfer bildeten kleine Gruppen innerhalb der größeren Gemeinschaft. Manchmal, wenn junge Frauen mit ihren Babys kamen, die sie sich im Alu-Tragesitz auf den Rücken geschnallt hatten, wirkte das Ganze mit seiner Familienatmosphäre und seinem selbstzufriedenen Engagement wie ein Hippielager. In den Tagen der Entfremdung verschwand diese Intimität; und wie Amateure, die in einem Low-Budget-Film bedrückte Stimmung mimen, kauerten die Helfer hinter der letzten Trennwand um einen Tisch und versuchten, mit Hilfe einiger Bierdosen den – zunächst wie Luft behandelten, dann willkommen geheißenen – Journalisten den Eindruck zu vermitteln, sie gäben sich einem Besäufnis hin.

Es war ein zwiespältiger Wahlkampf gewesen: zugleich professionell und amateurhaft, zugleich politisch und antipolitisch. *The other guys are the joke (Die Witzfiguren sind die andern)* hieß es auf einem Mailer-Button. Aber jetzt war zu spüren, dass die Entfremdung auch Zweifel, vielleicht gar Panik überdecken sollte. Zwei Wochen zuvor hatte ein New Yorker Schriftsteller – kein Mailer-Freund – zu mir gesagt, Mailers Wahlkampf werde an sich selbst zugrunde gehen, nicht anders als Goldwaters Kampagne von 1964. Wie Letzterer habe Mailer Narrenfreiheit. Die Medien würden ihn weiter anfeuern, aber nur in dieser Rolle.

Binnen kurzem werde er sich keiner ernsthaften Beachtung mehr erfreuen; je länger der Wahlkampf dauere, desto schlimmer würde es werden; und zu guter Letzt würden Mailers Ideen, selbst wenn sie gut wären, diskreditiert sein, und Mailer werde sich eilends in Deckung bringen.

Es kam dann nicht so. Aber genau dieses Risiko ging Mailer ein, auf der Höhe seines Ruhms. Ständig klagte er über die dürftige Presse; dabei bekam er eine Menge Artikel, und sie wurden immer seriöser. Am Wahltag stimmten vierzigtausend eingeschriebene Demokraten für ihn. Eine gute Bilanz für jeden beliebigen Schriftsteller; und für Mailer, den sieben Wochen alten Politiker, ein Triumph. Der blaue Anzug, die Stadtspaziergänge, das Händeschütteln: Mailer hatte instinktiv das Richtige getan. Die Zurschaustellung von Tatkraft und der orthodoxe Wahlkampf – die schlichte Selbstironisierung des Politikers – hatten Mailers Seriosität bekräftigt.

Zugleich war der Wahlkampf immer ein intellektuelles Vergnügen geblieben. Bei aller Wiederholung und Vereinfachung klang Mailer doch stets wahr und echt. Nie verlor er seine Formulierungsgabe, sodass seine Äußerungen fast zu Epigrammen wurden. »Anonymität schafft Langeweile.« – »Das Verbrechen wird so lange zunehmen, wie es die interessanteste Betätigung bleibt.« – »Man wird immer mehr Polizei brauchen, um immer schlechtere Regierungen an der Macht zu halten.« Am Ende schlug er sich auch gut im direkten Interview. Seine Antworten – immer eingeleitet von etwas, das wie ein Zungenschnalzer gegen die Oberzähne aussah, als würde ein Kaugummi weggesteckt – waren kurz, schnell und prägnant. Die Fantasie des Schriftstellers, die unentwegt Erfahrung verarbeitet und ordnet (»Immer schreibt man den Roman über sich selbst«, sagte er später zu mir), war jederzeit der Qualitätsprüfung gewachsen.

»Wenn die Demokraten Sie zum Kandidaten nominieren, gegen welchen Republikaner würden Sie gern antreten?«

»Marchi. Er sagt, er sei ein Konservativer. Ich selbst bezeichne mich als linken Konservativen. Wir könnten fantastisch darüber diskutieren, was konservative Grundsätze sind. Viele Leute, die sich als Konservative bezeichnen, sind rechte Reaktionäre. Und das ist etwas ganz anderes.« Nächste Frage. Und diese Antwort gab Mailer bei der letzten Pressekonferenz, als er schon müde vom vielen Reden war.

Weniger gut schlug er sich im späteren Fernsehwettkampf, in dem die Kandidaten kein Streitgespräch führten, sondern der Reihe nach im einminütigen Rededuell antraten. Hier gewannen die Politiker. Obgleich sie Worte benutzten, schienen sie zu dokumentieren, dass Worte unerheblich seien, selbst die eigenen; sie machten deutlich, dass sie im Grunde nur Macht wollten und dass sie wussten, was Macht ist. Die Worte, die Mailer sprach, waren Teil seiner selbst. Als Schriftsteller und Politiker trug er eine doppelte Last; und sein riskantes – so privates, so öffentliches – Spiel wäre lächerlich geworden, hätte er auch nur in einer der beiden Rollen etwas Unverantwortliches getan und damit jenes Desaster heraufbeschworen, das viele kommen sahen.

Er trug große Ideen vor: New York als sterbende Stadt, Entfremdung als zentrales Problem, umfassende politische Neuorganisation als einzige Hoffnung, das heißt New York als einundfünfzigster Bundesstaat, der direkt über seine Finanzmittel verfügt und den mehr oder weniger autonomen Bezirken eigene Lebensformen zugesteht. Es gab verlockende Fantasiebilder: autofreies Manhattan (dafür im Ring um den Stadtstaat eine Einschienenbahn), kostenlose öffentliche Fahrräder sowie einmal im Monat Ruhetag, eine Art »Wonniger Sonntag« (frei nach Steinbeck) ohne jeden Verkehr, an dem »nur die Vögel fliegen«.

Das Wahlprogramm ähnelte der sorgenvollen Erklärung eines Intellektuellen, und die anfängliche Wahlwerbung war die eines Schriftstellers: aufmunternde Zustimmung von Seiten der *New York Times* in einem gedankenschweren, wortspielreichen Leitartikel; Preise für *Miami and the Siege of Chicago* sowie für *Heere aus der Nacht*; Gerüchte, die vom Eine-Million-Dollar-Vertrag für ein neues Buch über den Apollo-Flug zum Mond wissen wollten.

Die erste Wahlveranstaltung – in Greenwich Village – war ein intellektuelles und gesellschaftliches Ereignis. Sie geriet zu lärmender Krakeelerei. In der Presse hieß es, Mailer versuche eine Neuauflage von *Heere aus der Nacht*. Ein falscher Beginn (so räumte man später ein), aber der falsche Beginn eines Schriftstellers: Das neue Buch beginnt oftmals wie die Wiederholung des gerade abgeschlossenen. Dann veränderte sich der Wahlkampf. Er fand, woran es ihm gefehlt hatte: ein politisches Thema. Er wurde politisch und setzte Fleisch an.

Das New Yorker City College (CCNY), an dem es Rassenunruhen gegeben hatte, bereitete gerade eine zweigleisige Zulassung vor: Die Hälfte der Studienplätze sollte Studenten aus unterprivilegierten Bevölkerungsgruppen offen stehen. Sofort erhob sich empörtes Geschrei. Als Benachteiligte habe man ausschließlich Schwarze und Puerto-Ricaner im Auge; jüdische Studenten hätten das Nachsehen; es würde zu einem Absinken des Niveaus kommen. Alle Kandidaten für das Bürgermeisteramt, ob Demokraten oder Republikaner, sprachen sich gegen den Plan aus. Nur Mailer und sein Mitbewerber waren dafür. Der Wahlkampf, der so unterhaltsam begonnen hatte, schien manchen nun riskant zu werden. »Für die hiesigen Juden ist Mailer der Böse«, so lautete die Botschaft eines Wahlhelfers aus der Bronx. Eine Meinungsumfrage ergab, dass sich von neun Bürgern acht gegen die zweigleisige Zulassung aussprachen; in den folgenden Tagen gab sich Mailer fünf-, sechsmal oder häufiger pro Tag alle Mühe mit dem Nachweis, dass das scheinbar Unverantwortliche durchaus Logik und soziale Notwendigkeit besaß. Nach einer Woche kam es zu einem Kompromiss: Das CCNY erklärte, es werde statt 1500 nur 400 unterprivilegierte Studenten zulassen; dann trat das Thema in den Hintergrund. Aber das Wahlkampfteam hatte sich bewährt.

Zu Beginn sagte Mailer manchmal von einem Rivalen: »Hätte ich mir nicht gelobt, nichts Unanständiges von mir zu geben, würde ich sagen: Wagner ist randvoll mit einer unverkäuflichen Ware.« Dies war der Village-Mailer. Am Ende sagte er über Wagner: »Er ist das bleierne Schaukelpferd in einem Feld aus lauter Holzpferden.« Das war witziger, und es hatte politisch mehr

Sinn. Am Wahlabend, als die Schlacht verloren und zugleich gewonnen war, folgte die jubelnde Menge Mailer vom Wahlkampfzentrum über die Eighth Avenue bis zu seinem Auto. Auch seiner Frau und seiner Mutter, die sich beide am Wahlkampf beteiligt hatten, wurde zugejubelt. Der Politiker als Familienvater – so orthodox war die Kampagne geworden.

Drei Wochen zuvor hatte Mailer einem Fernsehreporter gesagt, Wahlkampf sei wie das Schreiben eines Romans. Man brauche dieselbe Zuversicht; es gebe vergleichbare Schaffensprobleme. »Der Kopf arbeitet pausenlos. Der Schriftsteller arbeitet an einer Welt und führt sie einer Lösung zu; diese Welt verändert ihn. Wenn der Schriftsteller einen Roman beendet hat, ist er ein anderer Mensch.«

Wenn Mailer überhaupt eine politische Basis hatte, so war es seine Schriftstelleraura. Aber diese Aura stand ihm auch im Weg.

Beim jährlichen Dinner der Unabhängigen Demokraten im Village sollten zwei Männer sprechen, die mit Senator Eugene McCarthy und dem verstorbenen Senator Robert Kennedy zusammengearbeitet hatten. McCarthy, Kennedy: Das waren die magischen Namen nicht nur der Linken, Protestler oder Liberalen, sondern auch jener, die ihre intellektuelle Distanz wahrten und sich deshalb mit dem Verlieren abfinden konnten. »Ich kenne einen Mann, der engagierte sich für vierzehn Verliererkandidaten«, sagte jemand von den Demokraten in der Lexington Avenue. Mailer würde verlieren; gleichwohl war dieser Besucher nicht bereit, ihn unter seine Verlierer aufzunehmen. Mailers Ideen waren gut, aber er gehörte in einen anderen Bereich amerikanischen Glamours.

Mailer – nunmehr leutselig, noch immer mit mächtigem Körper statt »unfreiwillig fett« (wie er selbst sagt), ein wenig müde nach einem Tag Arbeit an einer Wahlkampfrede, die blauen Augen blinzelnd in einem zermürbten, niemals reglosen Gesicht – war bei den frühabendlichen Cocktails der Unabhängigen Village-Demokraten unbestreitbar eine stattliche Erscheinung.

»Ich habe mit Mr Mailer gesprochen«, sagte eine vierzigjährige Frau. (Über einen steifen, trennenden Büstenhalter hinweg zog sich ihr Ausschnitt endlos hinunter.) »Und er sagt, ich könnte im Presseauto mitfahren, und ich will überall hin, wo er auftritt.« Ihr Begleiter, den sie an der Hand hielt, setzte ein unbestimmtes Lächeln auf.

Der Wahlkampfleiter Banning zählte die Abendtermine auf. Sie würden bis Mitternacht dauern.

Die Frau zögerte, dann entschied sie sich für das Dinner.

Schwartzman, der neunzehnjährige Student in Mailers Organisationsteam, meinte dazu: »Wahrscheinlich hat sie gesagt, sie wäre freie Autorin und schriebe an einem Feature. Solche Leute gibt's halt. Mir persönlich liegt, was die schreibende Zunft angeht, eher die Frau von der Agentur. Ein bisschen groß vielleicht, aber still.«

Die Frau von der Agentur, blond, sonnengebräunt, kühl trotz eines feuerroten Pullovers, war gerade erst zum Wahlkampfteam hinzugestoßen. Auch sie schrieb an einem Feature. Später im Auto zückte sie ihre Kladde.

»Warum sind Sie nicht nach Vietnam gegangen, Mr Mailer?«

»Ich will nicht umgebracht werden.«

»Ich war zwei Jahre dort – ohne umgebracht zu werden.«

»Das ist ein grauenvoller und widerlicher Krieg. Ich hätte irgendwas getan. Man hätte mich umgebracht.«

Banning wandte sich über die Lehne des Vordersitzes und wollte über Wahlkampfpläne reden. Mailer beugte sich vor, und beide sprachen über Stadtspaziergänge und darüber, ob es klug sei, in bestimmten Bars der East Side Wahlkampf zu machen. Mailer wollte nicht in Bars auftreten. Entweder würde er an einem einzigen Ort viel trinken müssen oder einem Wähler über den Weg laufen, der einen Drink spendiert haben will.

»Glauben Sie, Mr Mailer«, fragte die Agentur-Frau, »dass Sie genug politische Vergangenheit haben?«

Mailer wandte sich zu ihr um und lächelte. »Als ein Mann, der viermal verheiratet war – notieren Sie das –, sage ich allen Politikern: Setzt nie auf eure Vergangenheit.«

Während ihre Feder emsig übers Papier flog, sprach Banning von einem in *Life* erschienenen Artikel über den Wahlkampf. »Am Mittwoch waren's vier Seiten. Am Donnerstag zwei. Am Freitag anderthalb.«

Mailer erwiderte, das sei unfair gegenüber dem Journalisten. »Deshalb geht *Life* zugrunde.«

»Die Leute sagen vielmehr«, wandte Banning ein, »*Life* ginge an den Summen zugrunde, die man Ihnen für den Mondflug-Artikel zahlt.«

Mailer lächelte der Agentur-Frau zu. »Vielleicht versuchen sie, mir am Zeug zu flicken.«

»Vielleicht«, sagte die Frau, »sollte ich Sie mal richtig wütend machen. Mr Mailer, warum reden Sie so viel?«

Das waren die Featureschreiber, die der Wahlkampf anlockte.

Wir waren in der Lower East Side. Ein »überlebender« Stadtteil, wie Mailer es liebevoll nannte: baufällige rote Backsteinhäuser, schmale Läden mit schmutzigen Schaufenstern, hier und da ein leeres Grundstück.

»Wenn Sie Litauer sind«, sagte ein Mann auf den Stufen des East Midtown Reform Democratic Club, »wie kommt's dann, dass Sie Mailer heißen?«

»Litauischer Jude«, präzisierte Mailer, »beide Eltern.«

Die Halle war klein, an einer Seite bis zum Boden getäfelt und geschmückt mit KLM-Plakaten, diversen Flaggen sowie der Stars-and-Stripes-Fahne. Auf metallenen Klappstühlen saßen ungefähr vierzig Menschen.

»Schon auf den ersten Blick«, sagte Mailer, »sehe ich, dass ihr kein harmloser Demokratenklub seid. Kommen wir zu den Fragen. Ich glaube, dass derjenige, der die erste Frage stellt, es genauso schwer haben wird wie ich.«

Die erste Frage galt dem einundfünfzigsten Staat. »Meinen Sie, der Gouverneur des Staates New York wird Sie oder sonst wen einfach so ausscheren lassen?«

»Wir wissen alle, womit man eine unglückliche Ehe auflöst: mit einem schlauen jüdischen Anwalt. Ich behaupte, dass ich der schlaueste jüdische Anwalt der Stadt bin.«

Die Stimmung dauerte nicht an. Eine Frau fragte nach dem CCNY. Sie saß neben einem Mann im Tweedjackett, der vielleicht ihr Mann war; beide wirkten wie Lehrer. »Warum schicken Sie sie nicht alle nach Harvard und verschaffen ihnen eine wirklich *gute* Ausbildung?« Das war der jüdische Gegenschlag; sie meinte die Schwarzen und Puerto-Ricaner.

»Sie wissen, dass Sie gerade Ihr Vorurteil formulieren. Harvard ist mein altes College –«

»Deshalb sag ich's ja.«

»Mal angenommen, Harvard geht vor die Hunde –«

»Sie legen ihr Worte in den Mund!«, rief der Mann.

»Unsere Universitäten sind für die Bildung, was der *New Yorker* für die Literatur ist. Ein kleines Organ mit einer großen Aufgabe.« Gelächter machte die Luft wieder rein. »Verzeihen Sie diese Abschweifung. Man sollte einem Redner, der vom Thema abkommt, nicht trauen.« Dann wandte er sich an den Mann: »Merken Sie, wie unglücklich Sie beim Sprechen wirken?« Es war eine direkte, freundliche Nachfrage.

»Ja«, erwiderte der Mann. Seine Antwort kam wie ein Reflex; seine Stimme klang wie bei der Beichte.

Dann ein Moment der Stille: Mann und Frau waren – trotz aller Leidenschaftlichkeit und trotz der korrekten Lässigkeit ihrer Schnäppchen-Kleidung – älter, als sie zunächst ausgesehen hatten.

Es sei keine hundertprozentige Lösung, sagte Mailer, der den Augenblick nutzte. Aber es sei besser, wenn die Colleges ein paar Änderungen vornähmen, statt völlig in Trümmer geschlagen zu werden. Wären die Schwarzen nicht so oft betrogen worden, hätte man ihnen ihre Chance gegeben, »dann hätten Sie Schwarze gehabt, die genauso gemein und hässlich wie alle anderen gewesen wären –«. Seine Bissigkeit war wie die Kehrseite des Zorns; bewusst brach er die Stimmung auf.

»Sie verlangen, dass die Jüngeren dafür bezahlen!«, rief die Frau.

»Lassen Sie ihn ausreden!«

»Die Jüngeren werden«, sagte Mailer über die Stimmen, die

Ruhe forderten, hinweg, »die erfrischende, existenzielle Erfahrung machen, mit Schwarzen zusammen zur Uni zu gehen«.

Das war das Schlusswort. Und unerwartet gab es Applaus, während Mailer forsch zum Ausgang ging, mit ausgestreckten Armen und nach außen gedrehten Handflächen, wie ein Ringer vor dem Angriff.

Die nächste Station, bei der es um Geldbeschaffung ging, war der so genannte Electric Circus im Village. Ein treffender Name: In den Treppenhäusern und Fluren spiegelten sich blaue, rote und malvenfarbige Neonfäden an Wänden, die man offenbar mit Alufolie tapeziert hatte; und am Ende dieser Neonfantasie lag ein großer weißer Saal, voll gestopft mit jungen Leuten. Es waren Parteimitglieder und Mailer-Anhänger. Aber Mailer saß einsam vor seinem Mikrofon und wirkte irritiert. »Ihr seid hier, um mich arbeiten zu sehen, ja?« Die Fragen zeigten zu viel Einklang. »Wenn wir gewinnen, was uns alle mit großer Sorge erfüllen würde –« Aber davon war wenig zu spüren. Es war, als hätte sich Mailer, in dieser sicheren Position, auf Stirnrunzeln und Schweigen kapriziert und als wartete er darauf, provoziert zu werden. »Jetzt hört mal zu. Ich bin viel konservativer als die meisten von euch. Ich werde mich für euren Kiez einsetzen, aber ich glaube nicht, dass ich ihn gutheißen werde.«

Danach zehn Minuten vor Mitgliedern der League of Women Voters in der öffentlichen Bibliothek gegenüber dem Museum of Modern Art. Draußen eine Anti-Rockefeller-Demonstration von Kunststudenten: rascher Austausch der Flugblätter, von einer Kampagne zur anderen. Und dann eine Vermischung der politischen Ziele: Badillo, einer von Mailers Rivalen, kommt mit seinem Team aus der Bibliothek heraus, Mailer geht mit seinen Leuten hinein, alle verteilen Flugblätter an alle. »Überall, wo ich hinkomme, sehe ich Badillo-Buttons. Ich hab den Eindruck, Badillo gibt euch Geld dafür.«

»Norman, Norman«, erwiderte der Badillo-Anhänger, »so was zu sagen ist gar nicht nett.«

Auf dem Programm stand auch ein Termin bei den Demokraten der East Side. Dort war jedoch nur die Frau des Wahlkampffotografen, im rosa Regenmantel, einen Gürtel um die Taille geschlungen. Sie wartete schon seit längerem auf dem Bürgersteig; der Klubraum war verschlossen. Das geschäftige, mit einem Mal sich selbst überlassene Wahlkampfteam sammelte sich; dann bat uns Banning, rasch zu den Demokraten der West Side zu fahren, wir seien schon zu spät dran.

»Die Veranstaltungsplaner haben gute Arbeit geleistet«, sagte jemand im zweiten Auto.

»Ich habe mit Taxifahrern gesprochen«, erzählte ein ausländischer Reporter (der sich uns beim Electric Circus angeschlossen hatte). »Manche haben schon von *Die Nackten und die Toten* gehört. Aber sie wissen nicht, wer der Autor ist.«

»Gestern hab ich in Brooklyn mit einem alten Juden gesprochen. Ich hab ihm von Mailer erzählt. Er sagte: Ist das nicht der Typ, der mit dem Messer auf seine Frau losgegangen ist? Neun Jahre ist das her, und der redet darüber, als hätte er's am Morgen in der Zeitung gelesen.«

»Wahrscheinlich kriegt er die Zeitung etwas spät.«

Dann sprachen sie über die Frau von der Agentur.

»Glaubst du, sie ist echt, sie schreibt wirklich?«

»So wie sie aussieht, kann sie alles Mögliche sein. Aber sie ist ein Groupie. Sie hat es nur auf den Großen abgesehen.«

Bei den Demokraten der West Side kamen wir doch nicht zu spät. Ein schäbiger Saal im ersten Stock mit Blick auf den Broadway, Fotos von Robert Kennedy, Aufkleber vom alten Eugene McCarthy, Stars-and-Stripes-Fahne. Gemischtes Publikum aus etwa fünfzig Leuten, ein paar Puerto-Ricaner, zwei oder drei Schwarze. Gerade sprach noch einer von Mailers Konkurrenten.

»... ich sage euch, eins können wir ganz schnell tun, um die Kriminalität besser in den Griff zu kriegen ...« Es war der Abgeordnete Scheuer, der im Wahlkampf eine halbe Million Dollar ausgab, nur um in der ersten Runde Letzter zu werden, noch hinter Mailer.

Mailer trat ein, seine Haare waren jetzt kraus geworden. Die Fernsehscheinwerfer strahlten ihn an. Allgemeines Köpfewenden und Händeschütteln.

»... Polizisten abziehen: aus allen Wachdiensten und Alltagsjobs ... allen Funktionen, die nicht der Verbrechensbekämpfung dienen ...«

Der Beifall galt nicht dem Abgeordneten. Er galt Mailer, der sich nach seinem verfrühten Auftritt zurückzog. Dann ging der Erstere durch die Menge zum Ausgang, lächelnd, ganz Privatmann.

Aber das Publikum war lustlos, und weil es so lustlos war, gab Mailer sich Mühe. Zuerst mit Ironie. Das CCNY, sagte er, werde im Augenblick von jener kommunistischen Verschwörung heimgesucht, von der Oberbürgermeister Wagner vor ein paar Jahren gesprochen habe. Im Publikum keinerlei Reaktion. »Das war ein Witz.« Mit irischem Akzent erzählte er einen irischen Witz. Schweigen. »Jetzt, wo ich diesen Klub verloren habe ...« Endlich kam Gelächter; die Zuhörer entspannten sich. Mailer sprach zwanzig Minuten; es war die beste Rede des Abends.

Am Morgen stand folgender Artikel in der *New York Times:*

»›WAHLKAMPF‹ VON MAILER STIEHLT
›VILLAGE‹-FESTIVAL DIE SCHAU

... Zuerst aber erlebte das Publikum, das zur letzten Veranstaltung der laufenden Multimediaserie Electric Ears in den Rockschuppen im East Village gekommen war, ein Psychodrama ganz anderer Art: ›Der Wahlkampf‹, mit Norman Mailer in der Hauptrolle ... Während die Fernsehkameras die skurrile Szene festhielten, forderte Mr Mailer Eigenstaatlichkeit ...«

Und im Overseas Press Club herrschte gedrückte Stimmung. Weder die *Times* noch die *Post* oder die *News* hatten am Morgen jemanden zur Pressekonferenz geschickt, in der Mailer und sein Mitkandidat – der beliebte Kolumnist Jimmy Breslin, ein massiger, dunkelhaariger Ire von einschüchternder und aufbrausender Art – ein Papier über Wohnungsprobleme vorstellen wollten. Banning hatte einen Kasten mit Kopien angeschleppt; er fand nur etwa fünfzehn Abnehmer, Leute von Rundfunk und

Fernsehen, die dem Wahlkampf regelmäßig gute Dienste leisteten, ein paar ausländische Journalisten und die Frau von der Agentur, diesmal in Grün. Die Fernsehkameras und -scheinwerfer verweilten ein wenig auf ihr. Sie blieb ungerührt. Mailer verzog das mürrische Gesicht zu einem Lächeln.

Ein Reporter bat um ein Statement zur »Integrität« der New Yorker Presse.

»Das schlichte Statement lautet«, antwortete Breslin, »dass keine Presse hier ist. Sie horcht erst auf, wenn sie Schüsse auf der Park Avenue hört.«

»Electric Circus«, meinte Mailer später beim Blick auf die *Times*, die Banning aufgefaltet hatte, um den Artikel zu zeigen. »Ich mochte den Namen nicht. Ich mochte auch das Gebäude nicht.«

»Es war ein grässliches Gebäude«, sagte Banning.

»Was haben wir da zusammengekriegt?«

»Ein paar Hundert grüne Lappen.«

»Nicht der Rede wert.«

»Ich habe mit einem AP-Mann gesprochen«, sagte Banning, als er die magere Beteiligung an der Pressekonferenz erklärte. »Sie hatten eine Liste da im Büro. ›Diese Artikel bringen wir heut Morgen.‹ Und eine andere Liste. ›Diese Artikel bringen wir später.‹ Morgen um *dieselbe* Zeit berufen wir noch mal eine Pressekonferenz ein. Nur so können wir sie testen.«

Langsam wurde mir klar, dass Bannings Stil etwas mit Inszenierungskunst zu tun hatte. Vielleicht lag es an seiner Diplomatenausbildung; er hatte eine Weile im diplomatischen Dienst der USA gearbeitet. Vielleicht lag es auch an seiner späteren Rundfunktätigkeit. (»Noch heute könnte ich Ihnen nicht sagen«, meinte er nach der Wahlkampagne, »ob meine Hauptliebe der Politik oder dem Showbusiness gilt.«)

Am nächsten Tag kamen etwa dreißig Journalisten. Die Frau von der Agentur war cremefarben gekleidet. Die *Times* schickte einen Mann, desgleichen die *Post*. Am Vorabend hatte es eine Menge Berichte im Fernsehen gegeben – die zufälligen Interviews erhielten eine eigene, gesonderte Realität, wenn sie in die Fernsehnachrichten eingebaut wurden –, aber Mailer klagte noch immer.

»Wir müssen uns wohl in eine Zeitungsredaktion durchknüppeln, um einen kleinen Artikel zu bekommen. Sie versuchen, unseren Wahlkampf lächerlich zu machen, und bis zu einem bestimmten Grad ist ihnen das gelungen. Wir haben Fehler gemacht; wir haben ihnen in die Hände gearbeitet.«

Alle waren reizbarer; man hörte weniger Witze. Mailer sah müde und aggressiv aus; die Niederlage stand ihm ins Gesicht geschrieben. Aber vielleicht spielte er nur Theater: Sein Gesicht war stets in Bewegung, seine Stimmung schwankte so schnell.

Zwei Stunden später bei der Kundgebung in der Wall Street stand er unter dem Washington-Standbild auf den Stufen des Old Treasury Building und war ein anderer Mensch. Die Hände hatte er mal in den Hosentaschen unter dem zugeknöpften Jackett, mal in den Jackentaschen, irgendwie wirkte er großspurig – wie ein Boxer in der ungewohnten Seriosität eines Anzugs –, seiner Zuhörer gewiss, die in Reihen auf den breiten Stufen standen und unten die berühmte schmale Straße füllten. Die Lautsprecheranlage war miserabel. Die Worte verhallten ungehört, einschließlich Breslins Drohung mit den Schüssen auf der Park Avenue. Aber der Auftritt war richtig inszeniert.

Ein Fremder, der mit seinem aus Kinofilmen bezogenen Amerikabild in diesem Moment in die Wall Street gekommen wäre, hätte in der Szene einen vertrauten Glamour entdeckt. Den Mann dort oben hätte er als typische Gestalt des amerikanischen Mythos wahrgenommen: Boxer, Sheriff, Schurke, Gangster, sogar Politiker. Es lag an der Kulisse: die berühmte Straße in der berühmten Stadt, die Gebäude, die Flaggen, dazu Rhetorik und Geschichte in Gestalt des Washington-Standbilds. Aber es lag auch an Mailer: an seinem Gespür für die Stadt und vielleicht seinem Gespür für die große Veranstaltung.

Als ich jedoch eine Woche nach der Wahl mit Mailer sprach, stellte ich fest, dass er nur noch undeutliche Erinnerungen an die Wall-Street-Kundgebung hatte; Einzelheiten des Wahlkampfs, einzelne Szenen und Wörter – alles war undeutlich geworden.

»Hierbei arbeitet man nicht als Schriftsteller. Man sieht nicht, was die Leute anhaben, und nimmt nur die Augen wahr, eine bestimmte Reaktion. Man ist eher Schauspieler.«

Am Tag nach der Wall-Street-Kundgebung, nach vielen weiteren Versammlungen, Reden, Feierlichkeiten, Fragen, Antworten und Erklärungen, sagte Mailer: »Ich bin stumpfsinniger geworden. Verlässlich, seriös, stumpfsinniger. Ich bin ein Politiker geworden.«

Er saß in der Zentrale, in Hemdsärmeln. Die schmutzigen Fenster wurden aufgestoßen; der Nachmittag war gewittrig. Gerade hatte er ein zwanzigminütiges »ausführliches« Fernsehinterview gegeben, das in die für den ganzen Wahlkampf kennzeichnende Verschwendung hineingehörte: In den Samstagnachrichten des Senders würde dieses exzellente Interview samt dem Wochenrückblick etwa fünf Minuten ausmachen.

Er habe festgestellt, sagte er, dass Politik harte Arbeit sei. Er träume nur noch vom Schlafen, und jetzt begreife er, wieso Schlafen zum Sex des Politikers werden kann. »Das müsste man mal in Freudschen Kategorien analysieren: was es heißt, Politiker zu sein. Ständig geht es um Oralität. Politiker sind die oralsten Leute, die es gibt. Meine Zunge fühlt sich an wie die eines Nilpferds. Ständig geht es um Zunge und Lippen. Das ist mir so gänzlich fremd, so anders als das, was ich als Schriftsteller tue. Bisher habe ich immer gedacht, wenn ich über etwas rede, kommt es mir abhanden. Dann bin ich losgezogen und habe einen Artikel geschrieben. Wenn ich heimkam und meine Frau mich danach fragte, konnte ich keine Antwort geben. Deshalb glaube ich, dass ich über das alles hier kein Buch schreiben kann.«

»Was halten Sie von ihm?«, fragte Schwartzman mich später.

Dieselbe Frage stellte Mailer manchmal seinem Team nach einer Versammlung; und diese Frage stellten die Wahlhelfer häufig den Reportern, die sie kennen lernten. Das war die Bürde des Künstlerglanzes: Das Team verlangte von Mailer, dass er nie versagte, nicht einmal in einem kurzen Wortwechsel mit einem Reporter.

»Freitag ist Vergnügungstag«, sagte Banning. »Er fährt nach Aqueduct zum Pferderennen.«

»Vergnügung?«, fragte ich. »Also kein Wahlkampf?«

»Es werden siebzigtausend Leute da sein.«

Die eigens eingesetzten Expresszüge schleusten sie aus Manhattan und Brooklyn dorthin; und vom Bahnsteig, der auf gleicher Höhe lag wie der Boden der Waggons, strömten sie die überdachte Rampe hinunter bis zur Zuschauertribüne und störten die symmetrische Anordnung nur dort, wo sie sich ins Sonnenlicht ergossen – die riesigen Parkplätze glitzerten wie das offene Meer –, um zu den Zwei-Dollar-Eingängen zu gelangen. Mailer und seine Leute standen zunächst auf der überdachten Rampe (die zu den Fünf-Dollar-Eingängen führte), dann in der Sonne, das Gesicht dem Menschenstrom zugewandt: Breslin, der Kolumnist, der hier bekannter war als Mailer, Mailer in hellen karierten Hosen und Blazer, ein schüchternes Lächeln auf den Lippen, und Mailers kleine Frau, eine Schauspielerin, in nüchternem Olivgrün – sie gehörte mittlerweile zum Wahlkampfteam dazu.

Die Menge strudelte an ihnen vorbei. Aber ganz so, wie Kieselsteine es auf einem glatten Strand tun, verursachte die Wahlkampfgruppe einen kleinen Stau, und um sie herum entstanden weitere Staus: rasches Händeschütteln, ein Wortwechsel, eine winzige Menschenansammlung, und das reichte schon für die Fotoapparate und sogar eine kleine Tonkamera. »Dieser Typ hat mir zu denken gegeben. Ich wollte ihn sehen. Er ist für die zweigleisige Zulassung.« – »Da hast du nicht die Spur einer Chance, du Penner!« Dann ging die Gruppe durch die Fünf-Dollar-Eingänge und fuhr mit der Rolltreppe in das Menschengewühl hinauf, wo sie rasch unauffindbar war.

Ich schloss mich einem ebenfalls umherirrenden jungen Mann vom Liberation News Service an. Er war stark behaart und hippiehaft und fühlte sich ungerecht behandelt. Am Morgen hatte er sich ins Wahlkampfauto durchboxen müssen und nicht einmal ein Interview mit Mailer bekommen. Er zeigte mir die Aufzeichnung eines Gesprächs, das er mit Banning geführt hatte.

»Banning: Also, von euch total bekloppten Neuen Linken brauchen wir doch zu allerletzt Artikel ... Wenn ihr in dieser Stadt gewinnen wollt, braucht ihr ja Stimmen aus allen möglichen Wahnsinnsecken ... Auf die Unterstützung der Linken kann er wirklich scheißen.«

»Mailer bietet keine Alternative zur amerikanischen Politik«, sagte der Mann von Liberation News, als wir durch die Menschenmenge gingen und nach dem Wahlkampfteam Ausschau hielten. »Was er bietet, ist nur eine entstellte Version des alten Politikstils.«

Das leuchtend grüne Mittelfeld der Rennbahn war mit Blumenmustern verziert; in der Ferne stiegen aus dem Dauer-Kerosindunst des Kennedy Airport pausenlos die Flugzeuge auf.

»Das Problem ist, dass Mailer sich als existenzialistischen Helden sieht. In Amerika, wo die Intellektuellen die Stirn runzeln, wenn es ums Handeln geht, sagt der existenzialistische Held: ›Das Schlimmste auf der Welt ist die Langeweile. Wir müssen Dramatik reinbringen, indem wir selber handeln.‹ Aber diese Hochspannung stellt Mailer her, ohne zu analysieren, warum die Welt langweilig und stumpfsinnig ist. Er sagt: ›Sie ist langweilig und stumpfsinnig, aber wenn ich mich einbringe, wird sie interessant.‹«

Existenzialistisch: Ich lernte da gerade ein Mailer-Wort; es drückte viel von dem aus, was ich über den Wahlkampf dachte, über dessen Glamour und Zwiespältigkeit. Er war erst neunzehn, dieser Mann von Liberation News, aber die sichere Wortwahl der jungen Amerikaner überraschte mich schon nicht mehr.

»Besonders wichtig ist, dass, wenn Mailer verliert, niemand seine Niederlage auf das unreformierbare und korrupte New Yorker System zurückführen wird. Man wird sie zu seinem persönlichen Scheitern erklären. Als kritischer Mensch hat er dann eine großartige Chance vertan zu zeigen, wie undemokratisch die amerikanische Politik im Grunde ist.«

Es war sonnenklar, warum Banning ihn nicht um sich haben wollte. Dabei suchte ihn der Mann von Liberation News im Augenblick ganz besonders dringend: Er hatte im Auto des Wahlkampfteams einen belichteten Film liegen lassen.

Wir stießen auf einen der Fernsehfotografen. Ich fragte ihn, wie er die heutige Kampagne einschätze.

»Ach, wir machen sie ein bisschen größer, als sie ist.«

»Ist das die offizielle Strategie?«, fragte der Mann von Liberation News.

»Das machen wir mit allem.«

Vor dem Restaurant – in dem Mailer ohne Eile zu Mittag aß – sahen wir den umtriebigen und geschäftsmäßigen Banning. Sein Bärtchen hob sich kaum; er ignorierte uns.

»Er *hasst* mich«, sagte der Mann von Liberation News und blickte auf seine weichen Wildlederstiefel.

Ich wollte gern in Begleitung nach Manhattan zurückfahren. Daher gab ich dem Mann von Liberation News einige meiner Notizen und überredete ihn, seinen belichteten Film zu vergessen. In der Bahn wimmelte es von rot gebrannten Jungen und Mädchen, die vom Strand kamen. Alle im Mailer-Team sprachen von einer kranken Gesellschaft. Dem Besucher indessen schien es, als sei kaum eine Stadt reicher an Lebensgenuss und besser dafür ausgestattet. Und Mailers Ausflug zur Pferderennbahn ergab einen dreispaltigen Artikel mit Foto in der *New York Times*: Das war die Realität unseres Nachmittagsausflugs.

»Das Irre an diesem Wahlkampf«, sagte die junge Frau in der Zentrale, »ist, dass er so was unglaublich Verführerisches hat.« Sie war vierundzwanzig und hatte eine schmale kleine Nase. »Die Männer hier beim Team sind alle wie Norman. Sie haben dasselbe kolossale Ich, und deshalb ist es toll, mit ihnen zusammen zu sein. Sie sind so fantastisch lebendig, in jeder Minute.

So ist sonst fast niemand.« Sie kam aus New Jersey. »Ich musste weg, weil ich dort als richtiges Monstrum angesehen wurde. Ich bin so was wie« – sie seufzte, und ihre Augen weiteten sich hinter der getönten Nickelbrille – »na ja, eine Sozialistin.« Nach dem Wahlkampf wollte sie während der Sommerferien bei GI Resistance (dem gegen den Vietnamkrieg opponierenden Soldatenverband) arbeiten. »Es wäre idealistisch zu behaupten, ich tue das, weil ich einen Bruder in Vietnam habe. Es ist mehr wie, na ja, eine Sucht.«

»Ich weiß nicht«, sagte Banning, als der Wahlkampf vorüber war, »wie diese Idee, dass man etwas ganz Eigenes macht, so unantastbar werden konnte. Ich weiß nicht, ob es typisch ist für Amerika oder einfach für die Jugend. Ich kenne die ganze Verkommenheit des Establishments. Ich habe zwanzigtausend Dollar Schulden – na ja, sagen wir fünfzehntausend. Aber vielleicht bin ich weniger desillusioniert als alle andern. Vielleicht sind alle überempfindlich. Denken Sie an den Unterschied zwischen den Kennedy-Anhängern, die wir hatten, und den McCarthy-Anhängern. Die Ersteren wollen gewinnen. Die Letzteren sind süchtig nach aussichtslosen politischen Zielen, oder vielmehr: nicht nach ihnen, sondern nach einer Idee der aussichtslosen Ziele. Sie möchten eine Erklärung abgeben und dann dastehen und im Recht sein. ›Ich weiß, was falsch ist, ich bin der Gute.‹ Das kann ich nicht akzeptieren.«

McCarthy-Anhänger, Kennedy-Anhänger, die Neuen Linken, die Süchtigen, die von Mailers Glanz Geblendeten, die vom Glanz der Wahl Geblendeten (Megafone, Lautsprecherwagen, Aufkleber): Selbst mit der Heldenfigur Mailer war es ein reines Wunder, dass das Wahlkampfteam zusammenhielt und einen professionellen Eindruck machte, dass die Spannungen nicht stärker sichtbar wurden.

Die Reporter kamen und gingen. Die Presse wurde immer besser. Dustin, der für die Veranstaltungsplanung zuständig war, erzählte mir, der Artikel der Agentur-Frau sei erschienen. »Sie müssen viel gestrichen haben«, sagte er. Gelegentlich wurden interne Probleme angedeutet: ein öffentlicher Wutausbruch über schlampig gehängte Plakate; eine Ausstellung von Amateurmalern, die nicht eröffnet wurde, weil Mailers Frau sich davonmachte, statt die netten Worte zu sprechen, die Mailer selbst nicht herausbrachte. Dann verlor Banning seinen Bart.

Der düsterste Tag in der Zentrale war der Freitag vor der Wahl. Für diesen Tag war eine Kundgebung in Harlem geplant. Aber Clarence 27x Smith, eine Black-Muslim-Lokalgröße, wurde am Morgen in einem Aufzug erschossen (New York war für Dramatik nicht weniger ausgestattet als für Genuss), und Mailer sagte die Kundgebung ab. Die Leute in der Zentrale fanden, Mailer habe sie im Stich gelassen; die Show müsse weitergehen. Das Bühnen- und Musikensemble von *Hair*, so erfuhr ich, sei engagiert und stehe bereit; schwarze Bodyguards könnten für hundert Dollar angeheuert werden.

»Stellen Sie Banning nicht zu viele Fragen«, riet man mir, »er wird Sie abblitzen lassen wie Norman.«

Banning, ohne Krawatte und Jackett, eine Bierdose in der Hand, war deprimiert und reagierte grob. Er sagte, über dem Wahlkampf läge »eine Atmosphäre des politischen Todes«. Ich fragte nach dem Tagesprogramm. »Bleiben Sie hier«, erwiderte er, indem er meine Aussprache nachäffte, »Sie werden's erfahren.« Zum ersten Mal fiel mir auf, dass er eine gute Mikrofonstimme hatte.

»Es liegt nicht nur an Norman«, sagte die junge Frau aus New Jersey. »Halb liegt's auch daran, dass das Ganze am Dienstag zu Ende ist und alle, die jetzt beim Wahlkampf mitmachen, danach nichts mehr zu sagen haben, wie früher. Der Rest geht eben einfach weiter. Am 17. Juni hört das hier auf, diese Nähe und Vertrautheit mit Leuten, die dein ganzes Leben geworden sind. Und diese Leutchen, die legen sich mit Norman an, aber sie gehen zu den Versammlungen. Und wenn Norman dann aufsteht und sagt, wie es ist, dann schmelzen sie dahin, man sieht es an ihren Augen. Und deswegen kommen sie am nächsten Tag wieder.«

Am folgenden Tag war Banning nicht im Büro. Aber Dustin und seine Frau und ein paar andere waren dort, und nach dem Mittagessen fuhren wir durch den Regen zum Kaufhaus Macy's, wo Mailer – niemand wusste es genau – unter den Kunden Wahlkampf machte. Alles, was wir vom Auto aus sahen, waren ein paar blutjunge Wahlhelfer, die feuchte Flugblätter verteilten; sie wussten nicht, wo Mailer war.

Wie sich herausstellte, war er zusammen mit Mrs Mailer im Innern des Kaufhauses gewesen, bis der Wachmann beide aufforderte, den Wahlkampf nach draußen zu verlegen.

Als wir um den Häuserblock gingen, fanden wir sie. Junge Mädchen, freiwillige Wahlhelferinnen, fragten die Leute: »Haben Sie Mr Mailer gesehen?« Und die Mailers schüttelten Hände. Mailer sah abgespannt und zerstreut aus, er arbeitete nur mit den Augen; seine kürzer geschnittenen Haare wirkten grauer. Mrs Mailer war gelassen wie immer. »Ich bin Schauspielerin«, sagte sie später, »das war das größte Publikum, vor dem ich je gespielt habe.« Neben Mailer stand ein Blinder, rasselte mit Münzen in einem grünen Becher und stieß seinen Stock auf den Boden; seine Lider waren über eingefallenen Augenhöhlen fest verklebt, sodass sein ausdrucksloses Gesicht wie das einer Schaufensterpuppe wirkte.

Es war ein erstaunlicher Auftritt, eine Lächelszene. Die Mailers lächelten; die Menschen, denen sie die Hand schüttelten, lächelten, und lächelnd warteten sie, um zuzusehen, wie andere an die Reihe kamen. Die Helferinnen lächelten; wir lächelten alle.

»So ist's gut«, sagte Dustin, und sein Trübsinn verflog. »Wir könnten gewinnen.« Dustin war Kennedy-Anhänger gewesen.

Mailer stieg ins Auto und rief Dustin zu sich. Eine der Helferinnen wandte sich mit weit geöffneten Augen zu mir um. »Ich bin ganz hin!« Eine Minute zuvor wirkte sie noch sehr gesetzt. »Ich *liebe* ihn! Ich hab alle seine Bücher gelesen. Jetzt hab ich ihn zum ersten Mal *gesehen*! Ich *liebe* ihn!« Sie ließ sich auf den Tisch mit den Wahlbuttons fallen. »Ich bin ganz hin!«

Dustin kam zurück, frohlockend. »Er will einen Autokorso.« Dustin mochte Autokorsos sehr.

Später, auf dem Jahrmarkt in der Sullivan Street – alte Backsteinhäuser mit Feuerleitern, die Straße voll Matsch und Abfall, unnahbare Italienerinnen mit bandagierten Knöcheln und Beinen neben Essens- und Spielzeugständen sitzend, Grillwürstchen über Holzkohlenfeuer –, sprachen Dustin und Mailer noch einmal miteinander.

»Gucken Sie mal«, sagte Dustins Frau zu mir. »Finden Sie nicht, dass sie ein bisschen Ähnlichkeit haben, jetzt mit den Haaren?«

Am Montag, bei der letzten Pressekonferenz, war Mailer noch einmal voll in Form – nach einem müden, verkrampften Fernsehauftritt am Vortag. Banning war da, nun wieder freundlich, im Anzug und wie immer als Organisator hinter den Kulissen. Draußen warteten die vier Wagen des Autokorsos. Ein deutscher Produzent sagte: »In Deutschland ist der Film vorbei. Er lief Samstagabend.« Einer jungen Frau mit ausländischem Akzent wurde mitgeteilt, es seien Presseplätze für die New Yorker Presse reserviert. Mailer, Mrs Mailer und Breslin saßen im dritten Auto. Banning saß im Lautsprecherwagen an der Spitze; er sollte sprechen.

»Mailer-Breslin und der einundfünfzigste Staat. You've had the rest. Choose the best. (Das Übrige hattet ihr. Wählt das Beste.)«

Die gereimte Partie war der Slogan des Autokorsos. Es hieß, ein Schwarzer habe ihn Mailer vorgeschlagen. Banning mochte ihn nicht, aber er sprach ihn mit Überzeugung. Auf dem Broadway gab es Winken und Zurufe. Aber in Harlem mit seinen düsteren Einzelhäusern, wo grelle Protzerei mit Vernachlässigung einherging, herrschte Stille. In der South Bronx kamen die Durchsagen auf Spanisch; Banning bewies ein ganz neues Talent: *»... dos coches atrás, en el carro abierto ...«* Er hatte eine gute spanische Aussprache. Aber auf den Bürgersteigen blieb das Echo aus. Im Verkehrsgewühl kam der Autokorso immer langsamer voran, dann verschwand er darin.

Mailer gab ein Signal aus dem offenen Auto. Banning lief hinüber und beriet sich mit ihm, dann kam er zu uns. »Okay, wir treffen uns an der Ecke 50. Straße, Sixth Avenue, vor dem Time-Life-Gebäude. Noch ein bisschen Händeschütteln, und dann ist dieser Scheißkorso zu Ende.« Ihm hatte die Idee gar nicht gefallen. Der Autokorso löste sich auf; schweigend, ohne Lautsprecherlärm, rasten die Autos einzeln zurück nach Manhattan.

Der Empfang vor dem Time-Life Building war fantastisch. Mailer, für den New York aus zwei Städten bestand, sprach sich stets leidenschaftlich für die Unterprivilegierten aus. Aber sein bestes Publikum war die Mittelschicht: die Gebildeten, die Bohemiens, die Menschen, die ihm Respekt einflößten.

In der Zentrale hatten sie sich mit Bier eingedeckt. Fernsehkameras und Monitore waren installiert. Die letzte Trennwand war fort, und am Ende des Raums hatte man ein Podium aufgebaut; die Wand dahinter zierten Wahlkampfplakate – jetzt schon zu Souvenirs, zu Sammelobjekten geworden. Die Stimmung war gut. Es war eine Siegesstimmung, und Sieg hieß, nicht an letzter Stelle zu stehen.

»Er war wichtig für mich«, fasste Banning sein Urteil über den Wahlkampf zusammen. »Mailer wird bestimmt noch eine bedeutende Rolle in der amerikanischen Geschichte spielen. Entweder wird er unter den großen Zerstörern oder den großen Baumeistern sein. Jedenfalls wird er was anderes tun, als *Heere aus der Nacht* zu schreiben.«

Abends begann der Saal sich zu füllen: mit Medienleuten (auch Fernsehreportern, die ernst waren, weil sie die Missgunst der Jugendlichen spürten), freiwilligen Helfern aus den Stadtbezirken, etlichen Stadtstreichern. Eine junge Frau in halb mexikanischer, halb indischer Aufmachung saß vor einer roten Kerze auf dem Boden. Sie hatte nicht mitbekommen, worum es hier ging; außerdem die Menschenmenge unterschätzt. Die Frau aus New Jersey tauchte mit einem Schwarzen auf. Banning, elegant gekleidet und mit einem überraschenden blassblauen Seidenhalstuch, stand auf dem Podium wie ein Schauspieler im Scheinwerferlicht und bat wiederholt um Ruhe. Dann kamen die ersten Ergebnisse. Mailer lag vor dem Abgeordneten Scheuer, bei fünf bis sechs Prozent der Stimmen; Breslin hatte in seinem Kampf um den Vorsitz im Stadtrat sogar noch besser abgeschnitten, er bekam zehn Prozent. Es gab Applaus und Trampeln mit den Füßen. Banning warnte, das Gebäude werde einstürzen. »Auch wenn ihr euch selbst den Tod wünscht – aber bitte nicht den anderen.«

Sie waren rebellisch, und es herrschte Hochstimmung. Aber zugleich waren sie Amerikaner und daher behutsam, niemals rücksichtslos im Umgang mit der eigenen Person. Sie mäßigten sich.

Etwa um Mitternacht kamen Mailer, Mrs Mailer und Breslin, vor sich Kameras und Scheinwerfer. Hände schüttelnd gingen sie zum Podium.

»Einen Sieg können wir kaum beanspruchen«, sagte Mailer. Das war ihre Art von Witz, denn sie waren dabei, den Sieg zu feiern. »Also, ihr wart fantastisch. Wir haben mehr erreicht – mit weniger. Wir haben ein Zehntel von dem ausgegeben, was Wagner eingesetzt hat. Ich habe fünf Prozent der Stimmen, er hat dreißig Prozent. Also waren wir doppelt so gut wie er.« Er spielte den Schelm und war seinen Anhängern als Held zurückgegeben. Banning stand neben mir, er schmolz dahin; es war genauso, wie es die junge Frau aus New Jersey gesagt hatte.

Die Fernsehscheinwerfer verstärkten die Farbe und steigerten Mrs Mailers Schönheit. Mailers Augen leuchteten in hellstem Blau. Die Plakate an der Wand glühten. Der Saal war schmal und das Podium genau in der Mitte, sodass der Auftritt auf den Monitoren wie eine Szene aus einem durchorganisierten Film aussah. Dieser letzte Augenblick des Glamours erinnerte an jenen anderen auf den Stufen des Old Treasury Building in der Wall Street.

Auch an die eine Ankündigung hatte man gedacht: *Alle, die an der Mitarbeit bei GI Resistance in diesem Sommer interessiert sind, bitte hier unterzeichnen* ... Am Nachmittag waren es erst vier Unterschriften; jetzt war das Blatt voll.

Eine Woche später saß ich mit Mailer beim Mittagessen. Er war ein paar Tage in Cape Cod gewesen und am Vorabend beim Kampf Frazier gegen Quarry; heute wollte er noch einen Film schneiden, und bald würde er mit der Arbeit an seinen Mondflugartikeln beginnen müssen. »Das wird ein seltsamer Auftrag. Die Astronauten werden nicht mit mir reden. Sie schreiben ihr eigenes Buch.« Sein Schriftstellerleben war im Begriff, ihn wieder einzuholen.

Die Politik schien weit weg zu sein. Dennoch reagierte er empfindlich auf den Vorwurf, er habe die liberalen Stimmen gespalten und der Sache des Backlash gedient. Er meinte, viele von denen, die für ihn gestimmt hätten, wären sonst der Wahl fern geblieben. Außerdem fand er, er sei nicht gut genug gewesen; in der letzten Woche habe er Stimmen eingebüßt; er habe nicht genug Leute erreicht. Es wunderte ihn, dass Menschen, die ihm die Hand geschüttelt und ihn freundlich empfangen hatten, nicht für ihn stimmten.

Wieder sagte er, als Politiker sei er stumpfsinniger geworden. Aber er begreife jetzt, dass die Politiker keinen Witz machen, wenn sie vom »Dienen« reden. Ein Politiker habe zu dienen, er müsse sich unentwegt selbst darbieten, seinen Anhängern ebenso wie der Öffentlichkeit. Ein Schwachpunkt sei zum Beispiel, dass er nicht antworten könne, wenn Leute ihn fragen, ob er den Müll von ihren Straßen wegschaffen werde. Seinen Ideen – einundfünfzigster Staat, mehr Macht für die Stadtteile – sei er zwar treu geblieben, aber es scheine ihm, als hätte ein anderer Kandidat, selbst ein sehr stumpfsinniger, politisch vielleicht mehr aus ihnen machen können.

Stumpfsinnig: Das Wort kam immer wieder; als ob Mailer im Laufe des Wahlkampfs seine Schriftstellerrolle in Negativkategorien umdefiniert hätte. Er konnte nicht einschätzen, wie viel der Wahlkampf wert war. »Wenn man nicht gewinnt, ändert man sich kaum.« Vielleicht würden einige Ideen sich halten, das müsse die Zeit zeigen. »Oder alles war nur ein Kuriosum. Vielleicht sagt jemand in vier Jahren, bei der nächsten Wahl: ›Wisst ihr noch, wie der Schriftsteller Bürgermeister werden wollte?‹«

1969

Steinbeck in Monterey

Der Schriftsteller, das sind am Ende nicht seine Bücher, das ist sein Mythos. Und diesen Mythos hüten andere.

Die Cannery Row in Monterey, ebenjene, über die Steinbeck geschrieben hat, verschandelt mehr als anderthalb Kilometer hübscher kalifornischer Küste. Früher wurden in den Konservenfabriken Sardinen verarbeitet; doch nicht lange nachdem Steinbeck 1945 sein Buch veröffentlicht hatte, verschwanden die Sardinen aus der Monterey Bay; heute produziert nur noch eine einzige Fabrik. Die anderen sind, wenn sie nicht durch Brände zerstört wurden, stehen geblieben: weiße Wellblechgebäude, gedrungen und schmucklos wie Lagerhallen, nach hinten über eine niedrige Klippe ins Meer vorstoßend, abgestützt mit Holz und tonnenweise Beton, der nur durch Sprengen zu beseitigen wäre. Einige sind endgültig aufgegeben und haben zerbrochene Fenster; andere werden als Lagerhallen genutzt; wieder andere sind zu Restaurants, Boutiquen und Geschenkläden umgebaut worden.

Die alte Row ist verschwunden: der Gestank von Fisch und Fischdünger; die Sardinenschneider und -packer, die manchmal bis zu sechzehn Stunden am Tag arbeiten mussten, wenn ein neuer Fang kam; die Weinsäufer; die menschlichen Wracks, die in Rohren auf verlassenen Grundstücken schliefen; die Huren. All dies hat Steinbeck beschrieben, aber zugleich umgestaltet. Geblieben ist davon so etwas wie eine kollektive Erinnerung, die Erinnerung an Gemeinschaft, Wein, Sex und Gespräche. Ihretwegen kommen die Touristen. Cannery Row, so wurde die Straße 1958 offiziell benannt, lange nachdem die Sardinen verschwunden waren; bis dahin hieß sie Ocean View Avenue. Und am heutigen Tag treffen sich in Ring's Café, gleich neben dem Steinbeck-Theater am Steinbeck Circle – das Ganze am Standort einer ehemaligen Konservenfabrik –, die neuen Ladeninhaber und Geschäftsleute der Row, um zu besprechen, mit welchen Mitteln sie dieses Jahr, 1970, die Touristen anlocken könnten.

Im Jahr 1770 haben die Spanier Monterey gegründet. Bei Ring's erinnern sich einige Gäste noch an eine Einhundertjahrfeier, die 1947 stattfand; hundert Jahre zuvor hatten die Amerikaner Monterey in Besitz genommen. Damals wurde die Hauptstraße der Stadt – sie ist heute ein Ödland und harrt der Erneuerung – golden angestrichen, und in den Straßen wurde getanzt. Geschichte auf der Monterey-Halbinsel besteht in solchen Lustbarkeiten. Zornentbrannt schrieb Steinbeck über indianische Leibeigenschaft und amerikanische Landnahme; hier dagegen kursiert ein Mythos, der gemischt ist aus froher, unbeschwerter mexikanischer Vergangenheit, heroischer spanischer Missionsarbeit und einigen indianischen Sklaven, die alle bekehrt waren und für religiöse Fehltritte freudig die Peitsche hinnahmen. Im verfallenden Monterey wird jedes Adobe-Haus aus mexikanischer Zeit geschützt und beschildert; es gibt sogar Bestrebungen, den ersten spanischen Missionar, den »ersten Kalifornier«, heilig sprechen zu lassen. An jedem 4. Juli wird die amerikanische Inbesitznahme mit einem von der Navy League und der History and Art Association von Monterey erdachten historischen Aufzug gefeiert: Friedlich vereint lauschen altmodische *señoritas* und Yankees, wenn die Annexion proklamiert wird.

Ring's Café gibt es in Monterey schon seit geraumer Zeit, aber an der Row erst seit gut einem Jahr. Wie viele andere neue Lokale würdigt auch Ring's die Fischerei-Vergangenheit mit einem Fischnetz, das mitsamt den darin gefangenen Holzfischen im Fenster hängt. Der Besitzer ist ein alter Hase in der Werbebranche; über das Café vertreibt er *The Monterey Foghorn (Das Monterey-Nebelhorn)*, ein vierseitiges Satireblatt, in dem es um die Cannery Row, um Frohsinn und Jugend geht. Ring's bietet neben Bier auch »Kegeln und Futtern« an; es behauptet, »keinen Manager« zu haben und die »weltweit französischste französische Küche« anzubieten. An der Wand hängen Bilder, denn auf der Halbinsel wimmelt es von Künstlern. An der oberen Innenwand des Raumes wird die abgesteifte Holzdecke der Konservenfabrik in einem Trompe-l'Œil fortgesetzt. Und über der Bar hängt zwischen anderen Plakaten eines, das »Docs Geburtstag« ankündigt.

Veranstaltet wurde die Feier im vergangenen Jahr bei Ring's; sie sollte eine Episode des Buches lebendig und vielleicht sogar unvergesslich machen. »Doc« ist der Meeresbiologe in *Cannery Row (Die Straße der Ölsardinen)*, der gebildete Mann, der von Müßiggängern umgeben ist. Mack und seine Jungens geben Doc zum Geburtstag eine Party, und die läuft erwartungsgemäß völlig aus dem Ruder. Doc war eine reale Person an der Row gewesen: Doc Ricketts; *Cannery Row* ist ihm gewidmet. Steinbeck borgte ihm Geld, damit er das niedrige, aus unbearbeitetem Holz gebaute Labor kaufen konnte, das eingequetscht zwischen zwei Konservenfabriken steht und heute, als Herrenklub, unter Denkmalschutz steht. An einem Abend des Jahres 1948 raste eine Lokomotive der Southern Pacific auf dem Bahnübergang gleich oberhalb der Row in Docs Auto, und Doc kam ums Leben. Auf der Theke im Ring's steht im Glasrahmen ein großes Foto von dem Unfall: Doc auf einer Bahre im Gras, der erbärmlich zugerichtete Ford, die Lokomotive, die Menschenmenge.

Faktum, Fiktion, Folklore, Tod, Frohsinn, Huldigung: Es wird einem unbehaglich dabei. Aber so wird der Mythos gebildet. Doc als die alles überragende »Gestalt« an der Row – das ist heute ebenso unbestritten wie der Mythos des Frohsinns. Niemand im Ring's weiß zu sagen, warum Doc so beliebt war. Er war zu allen freundlich, so erzählt man sich; er trank viel; er mochte junge Frauen. Natürlich spielt das Buch eine Rolle und auch Steinbeck. Aber das Buch tritt in den Hintergrund.

Im Ring's sind etwa dreißig Menschen versammelt. Kräftige, kahlköpfige Männer und jüngere mit Sonnenbrillen; Damen mittleren Alters im Kostüm; eine überkandidelte junge Frau mit Karokostüm und dazu passender Jagdmütze; eine Mutter zweier Kinder mit den gähnenden Kindern; eine Chinesin. Der ernste junge Mann mit Nickelbrille, herabhängendem Schnauzbart, Lederweste und Flickenjeans gehört zu den Künstlern der Halbinsel; er und seine Frau betreiben eine ambitionierte Boutique namens Pin Jabs (Nadelstiche). Früher kam er von Monterey mit dem Fahrrad zur Row. Aber die meisten Leute sind neu. Viele haben *Cannery Row* gelesen und sagen, sie fänden es wunderbar; aber manche haben sonst gar nichts von Steinbeck gelesen.

Der Diskussionsleiter, ein freundlicher, langsam sprechender vierundsechzigjähriger Bildhauer, gehört zu den wenigen an der Row, die Steinbeck noch kannten. Er lebt seit langem in Kalifornien; mit Steinbeck traf er in den dreißiger Jahren zusammen, in der Zeit des Bankrotts und der Armut, als man »ohne Kenntnis seiner Lebensumstände nicht gewusst hätte, dass er Schriftsteller war«. Steinbeck sprach nie von seiner Arbeit; äußerlich war er wie die Menschen, unter denen er lebte und über die er schrieb. Aber der Bildhauer erinnert sich, wie die letzte Seite von *The Grapes of Wrath (Früchte des Zorns)* geschrieben wurde. Der Roman endet mit einer schwarzen Überschwemmungsnacht, in der Rose of Sharon, deren Welt leer geworden, deren Baby tot geboren und deren Familie in alle Winde zerstreut ist, einem einsamen und verhungernden Alten die Brust gibt.

»Damals übernachtete ich zufällig bei ihm – in seinem Häuschen, das er in Los Gatos besaß. Es war ungefähr drei Uhr morgens. Ich lag schon im Bett, da hörte ich, wie er rief: ›Ich hab's! Ich hab's!‹ Ich stand auf, die anderen auch, und er las das letzte Stück vor. Das war der einzige Text, den ich ihn je habe lesen hören.«

Steinbecks spätere Bücher sind dem Bildhauer nicht so wichtig; die frühen, kalifornischen Bücher dagegen, »als er dort wie daheim war«, verehrt er aus tiefstem Herzen; und seine Haltung gegenüber Steinbeck ist nicht weit von Anbetung entfernt.

Nun erhebt er sich, ruft die Versammelten zur Ordnung und bittet um Vorschläge für Darbietungen oder »Projekte«, die etwas zum Thema Cannery Row beitragen und Aussichten haben könnten, vom Festkomitee für die Zweihundertjahrfeier finanziert zu werden und im nächsten Jahr die Touristen anzulocken.

»Das einzige Projekt, das wir bislang haben, ist Folgendes: Wir könnten vielleicht einen der alten Dampfkessel bekommen und daraus eine kleine Behausung machen, in der wir Informationen über die dort lebende Familie ausstellen.« In *Cannery Row* schlagen die Malloys ihr Domizil in einem alten leeren Dampfkessel auf; durch die Feuerklappe kriechen sie hinein. Ein paar umherliegende Rohre vermieten sie an andere Leute; aber dann beginnt Mrs Malloy nach Vorhängen zu schreien und nörgelt ihrem Mann die Ohren voll. »Das Einzige, was wir bisher haben. Wir brauchen Projekte. Und ich brauche unbedingt eure Hilfe.«

»Ich hab gerade *Cannery Row* ausgelesen«, sagt eine junge Frau. Was mag nach dieser Floskel kommen? Sie empfiehlt »eine Art Stadtspaziergang. Mit Plan. Die verschiedenen Schauplätze, zum Beispiel, wo Doc wohnte, zeigen, was damals dort war, was heute dort ist …«

»Also Beschilderung der Gebäude?«

»Wir wollen nicht allzu historisch werden.«

Die junge Frau mit der Jagdmütze rät zu einer Besichtigung der noch arbeitenden Konservenfabrik.

»Sie meinen, die Maschinen abklappern? Wo der Fisch reinkam, wo er rauskam …«

»Was wir wollen, ist eine Broschüre wie zu Hearst Castle –«

»Dies ist aber nicht Hearst Castle. Hier ist alles ziemlich auseinander gezogen.«

»– und gleichzeitig die historische Seite herausarbeiten.«

Gesprochen wird langsam, schleppend. Die Einfälle kommen zögernd, verweilen ein wenig, verschwinden wieder. Ein Steinbeck-Filmfestival. Steinbeck-Schauspiele. Eine »auffällige Persönlichkeit« engagieren, die auf der Row umhergehen soll. Jeden Laden nach einem Steinbeck-Buch dekorieren.

»Vielleicht könnte man einen Basar organisieren«, sagt die junge Frau von Pin Jabs.

»Wir haben viele leere Grundstücke. Ein Großteil der Romanhandlung spielt auf leeren Grundstücken, und –«

»Dann passiert alles auf dem leeren Grundstück, und wir haben keine Aktivitäten anderswo. Wir suchen etwas, das umfassende Aktivität bringt, überall.«

»Vielleicht mehr wie Docs Geburtstag. Lasst doch Cannery Row einfach Cannery Row und die Stadt Stadt sein.«

»Ihr redet hier über etwas, das drei, vier Monate lang mit Leben gefüllt werden muss.«

»... auf den Straßen tanzen.«

»Drei, vier Monate?«

»... auf den leeren Grundstücken. Alle zwei Stunden eine andere Band.«

»Das Problem ist, wir sprechen bloß vom sonnigen Kalifornien. Aber abends wird's ganz schön kalt.«

»Sie könnten so was wie eine Dauerkarte für Cannery Row kriegen. Die würde fünf Dollar kosten, und dafür bekommen Sie dann an den verschiedenen Schauplätzen was zu trinken. Dauerkarte. Der Goldene Schlüssel zur Cannery Row.«

»Wollt ihr denn die alten Leute abschrecken?«

Die Mutter von zwei Kindern erhebt sich mit den Kindern, die jetzt ganz benommen sind. Sie sagt, sie müsse gehen. Aber sie wolle noch etwas sagen. Sie ist Mutter von zwei Kindern, rundlich, hübsch und total ernst; sie erntet respektvolle Aufmerksamkeit. Man müsse ja Geld für die Werbung beschaffen, sagt sie; und sie hat zwei Vorschläge. »Man könnte einen Jahrmarkt hier machen oder so was. Den ganzen Tag.« Schon fällt das Publikum von ihr ab. Außerdem empfiehlt sie Versteigerungen. »Die Restaurants könnten eine Mahlzeit versteigern.«

Die Restaurantbetreiber zucken nicht mit der Wimper. »Andere könnten –«

Nachdem sie mit ihren zwei Kindern gegangen ist, gibt es eine dezente Pause.

»Im Moment geht's um Versteigerungen und Sachen dafür. Es geht um die Penunzen.«

Sie sind keine Großunternehmer, diese Leute, die in den Namen Cannery Row investiert haben; ein wenig wirken sie, als wären sie von der Atmosphäre, für die sie werben, selbst infiziert worden. Sie nennen sich »die kleinen Leute«. Die Großen sind hinter den Kulissen: die Besitzer der Fabrikgebäude, die Grundeigentümer, an die die Mieten und ein prozentualer Teil der Gewinne gehen. Ältere nicht touristische Betriebe könnten sich weiter halten, wie etwa das Naturkunde-Institut, das seit mehr als einem Jahrzehnt – neben anderem – präparierte Katzen anbietet. »Sofortiger Versand jeder gewünschten Menge. Alle präparierten Katzen werden in wasserdichten Plastiksäcken geliefert.« Aber unter den kleinen Leuten mit ihren Klamotten-und Kramläden herrschte in den letzten sechs oder sieben Jahren ein Kommen und Gehen. Wo ist die »Antikenhöhle«, die es gestern noch gab? Können die Leute von »Anti-Makassar-Fabrik und psychedelische Teewärmer« auf ihren Sinn für Witz bauen? Nicht alle Unternehmungen an der Row überleben; mindestens einer der Bildhauer hat sich erhängt.

In fünfzehn Jahren, wenn die Mietverträge ablaufen, werden auf diesem umworbenen Stück zauberhafter kalifornischer Küste die vielstöckigen Hotels in die Höhe schießen. Aber bis dahin wird der Cannery-Row-Mythos, den die emsigen kleinen Leute geschaffen haben, hart wie Stein geworden sein.

Mythen wachsen hier schnell. Das Kalifornien der Sonne und der Früchte und der kühlen Pazifikküste: Hierher kommen die Amerikaner, wenn sie von Amerika entkräftet sind. Und die sechzehn oder achtzehn Quadratkilometer der Monterey-Halbinsel sind etwas Besonderes. »Hier hat es«, sagt Wesley Dodge, einer der jetzigen »großen Leute« an der Row (er hat achtzigmal so viel aus Fabrikgebäuden und Maschinen herausgeholt, wie er hineingesteckt hatte), »hier hat es wohl immer schon eine Gruppe oder so gegeben, die gegen das ist, was die große Masse interessiert.« Es waren Beatniks und Hippies. (»Hippies haben Geld«, bemerkt die Frau von Pin Jabs mit Respekt und Hoffnung in der Stimme.) Früher einmal waren es die Gammler mit ihren »Bündeln«, die aus allen Landesteilen als blinde Passagiere in Güterwagen zur Halbinsel kamen.

Und nicht bloß Gammler und Beatniks. Vor vielen Jahren verkündete ein hinduistischer Yogi, dass in Pacific Grove im Westen von Monterey – der Ort beginnt, wo die Cannery Row zu Ende ist – die Schwingungen genauso gut seien wie alles, was er vom Himalaya her kenne. Der führende Buchladen von Monterey, der zwischen Restaurants und Geschenkläden auf einem Pier namens Fisherman's Wharf liegt, hat einen deutlichen Hang zur Mystik. Und ein Hauch mystischer Heiterkeit liegt auch über den sauber angelegten Kiefernwäldern und den Holzhäusern von Asilomar, eines renommierten Kongresszentrums, in dem man sich sogar an diesem Wochenende des 4. Juli zum philosophischen Gespräch am runden Tisch versammelt.

Päng! Bum! Mit AUREN, die ebenso farbenfroh blitzen und funkeln wie die Feuerwerksraketen des 4. Juli, FEIERN wir hier unser jüngstes Beisammensein innerhalb der Kongressreihe. WILLKOMMEN ALLE MITEINANDER!! Wir haben ein vergnügliches und reichhaltiges PROGRAMM zu bieten. Wir bitten alle, noch einmal TRÄUME, VISIONEN, IMPRESSIONEN zu notieren und den anderen vorzulesen. Und nicht vergessen: das KOSTÜM »AUS DEM VERGANGENEN LEBEN« auf unserer GROSSEN JUBILÄUMSPARTY.

Gesprächsthema am runden Tisch ist die Reinkarnation. Aber das dünne Mädchen aus San Diego, dessen Schwester schon früher mitgemacht hat, erklärt, man wolle »die Menschen irgendwie zu Gott zurückführen«. Das Mädchen hat grün geschminkte Augenlider; die gemalten Augenbrauen sind schräg und geschwungen. Das Wochenende kostet fünfundvierzig Dollar.

In Pacific Grove findet auch ein berühmtes Fest zu Ehren des Chrysippusfalters statt; passend dazu erfand man die

Geschichte von einer verirrten Prinzessin und ihren besorgten indianischen Untertanen. Im Süden der Schwingungen und der Schmetterlinge liegt ein großes Areal mit Golfplätzen und ländlichen Freizeitzentren unter dem Thema *Schatzinsel*. Stevenson war als junger Mann nach Monterey gekommen und hatte die Topographie eines Teils der Halbinsel in sein Buch eingearbeitet; alles trägt den entsprechenden Namen. Und dann gibt es noch Carmel-by-the-Sea.

Während das rund drei Kilometer entfernte Monterey mexikanisch wirkt, ist Carmel eher englisch: das heißt klein. Klein sind die Häuser, klein die Schilder und die Geschäfte, in deren Schaufenstern die kleinsten Dinge liegen. Kleiner und kleiner wird alles, bis es so winzig ist, dass es Größe hat: Winzigkeit im amerikanischen Maßstab. Auf einer Hauptstraße steht eine Ansammlung rustikaler Puppenhäuser mit Geranien vor den winzigen Fenstern; bei näherem Hinsehen erweist sie sich als ein teures Motel. Man sieht kleine krumme Dächer und kleine krumme Gartenpforten. Ein Geschäft heißt »Hänsel und Gretel«, ein Haus »Der Holzschuh«.

Steinbeck nannte die Leute in Carmel einmal »Elfenvölkchen«. Nach dem Ersten Weltkrieg, in den zwanziger Jahren, wurden hier Puppenhäuser für Menschen regelrecht Mode. In Carmel gibt es keine Straßenlaternen, keine Postboten; die Häuser haben keine Hausnummern, und der Stadtrat ist strikt auf Bewahrung des Alten bedacht. Mittlerweile ist dieses zwergenhaft-englische Etwas verquickt mit einem Ideal der Literatur und Kunst, oder besser: des Literaten- und Künstlerlebens, der Kultur, wie sie nur in einer bestimmten »Atmosphäre« gedeihen kann: getrennt vom kommerziellen Amerika. Und das Ganze ist ein überwältigender kommerzieller Erfolg. Jedes Jahr kommen vier Millionen Touristen, und viele von ihnen nicht nur einmal. Es gibt hundertfünfzig Geschäfte und Boutiquen. Alle Blöcke des rustikalen Einkaufszentrums sind, manchmal auf mehreren Etagen, von kreuzweise angelegten Passagen durchzogen: jede mit einem Ladenverzeichnis aus zusammengebundenen Holzscheiben, die an einem gusseisernen Ständer hängen.

Carmel handelt vor allem mit Kunstobjekten. In Galerien, die aussehen wie die in der Bond Street, in Studios mit großer Glasfront, die an Kino-Drehorte erinnern und alle Erwartungen an den Glamour des Künstlerlebens erfüllen, brechen sich Wellen an Felsklippen, Wellen im Sonnen- und Mondlicht, Wellen bei Sonnenaufgang und -untergang; und Monterey-Zypressen neigen sich im Wind, gemalt in allen nur denkbaren Stilformen des zwanzigsten Jahrhunderts. »Die Kunstgalerie Verdult zeigt Bilder von ›Dutch Master‹ William Verdult.« – »Dass ihr Werk vom Publikum sofort angenommen wurde, bestärkte sie in dem Entschluss, die Malerei als Beruf auszuüben und die allgegenwärtige Herausforderung eines sich ständig verändernden Meeres zu ihrem künstlerischen Spezialgebiet zu machen.« – »In der Oberschulzeit arbeitete Garcia ... für Ed Ricketts, den bekannten Meeresbiologen, der Steinbeck in seinem Roman *Cannery Row* für ›Doc‹ Modell stand ... Garcia malte zwar in erster Linie impressionistisch, hatte jedoch ein Stilspektrum von realistisch bis abstrakt.«

Was dem Besucher in solcher Umgebung Unbehagen bereitet, ist die Masse, in der diese Kunst da ist, ihre naive Selbstverständlichkeit – und dann wieder die Masse. Das Ganze wirkt, als ob eine Kultur an ihren geographischen Grenzen sich selbst parodiert: Hier zahlt die reiche Mittelschicht Amerikas, in jeder Hinsicht mittel, ihren Urlaubstribut an die Kunst, an die Idee des Künstlers und der Freiheit und kauft sich was Hübsches.

In Seaside beginnen die Schwarzen gerade irgendeinen Boykott. In dem nur wenige Kilometer entfernten Fort Ord trainieren Soldaten im grünen Kampfanzug für Vietnam. Dahinter die endlosen, flachen Salatfelder von Salinas, die herbe Landschaft der gekrümmten Arbeitsrücken. Aber wo Monterey beginnt, endet Amerika. Auf der Halbinsel ist alles Märchenland.

Ins Märchenland eingelassen werden: Für Steinbeck, den Romancier des sozialen Gewissens, den zornigen Mann der dreißiger Jahre, der für die Gewerkschaften warb, den Mann, der nur Hohn und Spott für die Fähigkeit dieser Halbinsel zur Mythenbildung übrig hatte, ist das ein seltsames Los. Man frage einmal die Ladenbesitzer: Da erfährt man, dass Steinbeck sich nach Docs Tod einen Dreck darum scherte, was mit dessen Labor geschah. Man werfe einen Blick ins Archiv des *Monterey Peninsula Herald*: Da wird man feststellen, dass Steinbeck 1957, als man über Denkmalschutz nachdachte, aus Manhattan (wo er mittlerweile wohnte) schrieb, er sei dafür, die ganze Row abzureißen.

Oder vielleicht, so Steinbeck, sollten die Konservenfabriken »erhalten bleiben: als Stätte der Erinnerung an das amerikanische Know-how. Denn dieser vorausschauende Intellekt tötete die Fische, fällte die Bäume und verringerte damit die Niederschläge. Im Übrigen ist dieses Know-how noch gar nicht tot. Gerade ist es dabei, mit Hilfe tiefer Brunnen den Grundwasserspiegel zu senken, sodass Kalifornien sich noch zu unseren Lebzeiten in die Wüste verwandeln wird, auf die wir uns alle freuen.«

Dies ist der Zorn, den Monterey vergibt und vergisst. Zwar stieg während des Krieges der jährliche Sardinenfang mit einem Mal auf das Doppelte, auf fast eine Viertelmillion Tonnen. Aber für die Legende ist es besser, wenn die Fische von Monterey ebenso geheimnisvoll bleiben wie die Schmetterlinge von Pacific Grove. Es ist besser zu sagen – wie die Dame aus Carmel es tat –, dass »die Sardinen einfach mit den Schwänzen schnippten und auf und davon schwammen«.

Auch Steinbeck selbst hat ein wenig dazu beigetragen. Seine Rührseligkeit ist, wenn Zorn und Gewissen hinter ihr stehen, Teil seiner Stärke als Schriftsteller. Wenn der Zorn oder ein Anlass zum Zorn fehlen, schreibt er Märchen. Er bewegt sich in den Grenzen seiner Halbinsel. Verführt durch den Erfolg von *Cannery Row*, schrieb er den Fortsetzungsband *Sweet Thursday (Wonniger Donnerstag)*. Er parodierte den eigenen Zauber; er verwandelte die Row ins Märchenland.

Don Westlakes Mutter arbeitete von 1936 bis 1950 in einer Konservenfabrik. Westlake selbst begann, als er zwölf war, mit einem Teilzeitjob in der Cafeteria der Fabrik. Im Jahr 1952 machte er seinen Abschluss an der städtischen Oberschule; heute ist er Anfang dreißig. Seine Mutter und sein Stiefvater, deren Familien seit fünf Generationen in Kalifornien lebten, sind im vergangenen Jahr von Monterey nach Oregon übergesiedelt. Heute lebt Westlake in San Francisco und arbeitet in der PR-Abteilung eines pharmazeutischen Unternehmens.

Er ist groß und schlank, ungezwungen, der Inbegriff des gesunden, gebildeten Kaliforniers; und dass er etwas mit der Cannery Row zu tun hat, kommt für mich völlig überraschend. Aber gerade die Cannery Row hat ihn angespornt, und das galt, wie er sagt, für viele Söhne der so genannten »Okies«, jener Migranten aus Oklahoma, die an der Row arbeiteten.

»Es waren nicht nur Italiener und Polen. Viele wissen das gar nicht. Okie: Das war die schlimmste Beleidigung überhaupt. Das hieß fast so viel, wie ein Tier zu sein. Aber heute muss man sich hüten. Die Söhne dieser Leute sind die führenden Köpfe Kaliforniens. Benutzt man das Wort in feiner Gesellschaft, so erntet man seltsame Blicke.« Nicht alle schafften den Sprung. »Einige der Jungen, die ich kannte, verfielen wieder in die Lebensweise ihrer Eltern. Andere sind im Gefängnis gelandet. Ich persönlich finde, man könnte die ganze Row runterbrennen. Für die Touristen ist es okay. Aber sie und Steinbeck romantisieren etwas, das es nicht gab. In Rohren und Kesseln wohnen, das war kein Spaß. Diese Leute waren menschliche Wracks. Sie hatten keine andere Bleibe.«

Westlakes Stimme klingt nicht unbedingt zornig, eher traurig. Er spricht wie jemand, der nicht von einer persönlichen Kränkung loskommt.

»Und die ganze Gegend *stank*. Nicht nur der Fisch. Die Köpfe und Schwänze haben sie abgeschnitten und zu Dünger verarbeitet. Jede Konservenfabrik hatte eine eigene Düngemittelabteilung. Morgens früh kamen die Fische. Damals gab es keine Sonargeräte. Man konnte die Sardinen nur nachts aufspüren, an Hand der Phosphoreszenz. Jede Fabrik hatte ein spezielles Pfeifsignal, und wenn der Fang kam, ließ sie zuerst ein Signal für die Sardinenschneider und später ein anderes für die Packer ertönen. Wenn man sein Signal hörte, stand man auf und fuhr zur Row runter. Wir wohnten in Seaside; dort waren die Häuser der Unterklasse, der Arbeiter.

Die Frauen standen an einem langen Trog, vor sich etwas, das wie das Profil eines Traktorreifens aussah. In jede Profilrille warfen sie eine Sardine. Um drei Uhr morgens fingen sie an und arbeiteten zwölf, vierzehn, sechzehn Stunden, bis das Verpacken beendet war. In den dreißiger Jahren wurden die Frauen nach Dosen bezahlt. Manchmal verdienten sie nur fünfundzwanzig Dollar pro Woche. Während des Krieges, als die Gewerkschaft kam, erhielten sie Stundenlohn.

Etwas, was heute nicht mehr viel erwähnt wird, war die Fischvergiftung. Die Kalifornische Sardine enthält ein Gift, auf das manche Menschen allergisch reagieren. Die Hände werden rot und rau und schrundig und schuppen wie Fischhaut. Bei einer Blutvergiftung können die Hände bis zum Arm rot anlaufen. Manche Leute haben durch Wundbrand Finger verloren. Früher bestand das einzige Heilmittel gegen Fischvergiftung darin, die Hände in Bittersalz zu baden. Bei meiner Mutter war es nie so schlimm. Aber oft sah man, wie diese Menschen voller Panik ihre Hände in Bittersalz tauchten. Sie hatten Angst, weil sie mit kranken Händen in der restlichen Fangsaison keine Arbeit mehr bekamen. Und wenn die Saison vorüber war, hatte niemand mehr Arbeit. Es war ein Segen für Monterey, als diese Konservenfabriken schließen mussten und die ausgebeuteten Menschen wegzogen. Obwohl die meisten dieser Monterey-Flüchtlinge noch immer als Packer arbeiten. Obst abpacken, in den Tälern.«

Der einzige Ort, an den Westlake sich mit Rührung erinnert, ist die Bear Flag, das Bordell, das Steinbeck beschrieben hat, eines von sechsen in der Zeit des Krieges, als die Row auf dem Höhepunkt ihrer Entwicklung stand.

»Das war mein Lieblingsort, als ich fünf war. Manchmal fuhr ich abends mit meinem Stiefvater meine Mutter abholen, und oft mussten wir warten, bis das Abpacken zu Ende war. Dann holten mich die Frauen aus dem Auto ins Haus. Ich weiß nicht mehr, wie sie aussahen. Alles, was ich noch weiß, ist, dass es große, mütterliche Frauen waren. Für mich war es immer warm und gemütlich dort.«

»Rührselig?«, fragt Wesley Dodge, der Millionär aus der Nachkonservenzeit der Row. »Soll man rührselig werden beim Gedanken an Huren? Die reden über Sachen, mit denen ich nichts zu tun hatte. Ich hatte nichts mit Huren zu tun.«

Dodge ist ein dicker Mann mit rosa Haut und Brille. Er ist vierundsechzig und meint, er sei zu alt, um glücklich zu sein; aber er lächelt oft. Sein Büro in einer umgebauten Konservenfabrik liegt genau dort, wo die Frauentoiletten lagen. »Zwanzig auf der einen Seite, zwanzig auf der anderen.« Der Kauf dieser Fabrik war eines seiner Bravourstücke. »Flause verlangte zweihundertvierzigtausend Dollar. Ich sagte: ›Mr Flause, ich will Ihnen keinen Preis nennen. Wir sind zu weit auseinander. Alles was ich Ihnen gebe, Mr. Flause, sind siebzigtausend Dollar.‹ Zwei Jahre lang rief ich jeden Tag bei dem Mann an. Niemals habe ich vom Preis gesprochen. Ich machte einen Rundgang mit ihm durch die Fabrik und sah mir die Maschinen an. Und regelmäßig warf er die Motoren an, um alles in Ordnung zu halten. Eines Tages setzte er seinen Fuß auf eine Pumpe, sie kippte um, und er sagte: ›Dodge, Sie haben gerade eine Konservenfabrik gekauft.‹ Ich machte eine Anzahlung, und als ich die Maschinen verkauft hatte, bezahlte ich ihn ganz.«

Wären die stillgelegten Fabriken alle auf einmal zum Kauf angeboten worden, wären Dodge und seine Teilhaber wohl nicht imstande gewesen, die siebzig Prozent der Cannery Row zu kaufen, die sie sich dann tatsächlich aneigneten. Doch die Fabrikbesitzer blieben hartnäckig, in der Hoffnung, die Sardinen würden zurückkommen. Eine Zeit lang produzierten manche von ihnen eingelegte Anchovis, die sie »sardinenartig« nannten. »Über neun Jahre zog sich das Fabrikensterben hin. Eine nach der anderen gingen sie ein.«

An die sterbende Row kam Wesley Dodge, weil er mit gebrauchten Maschinen handelte. In Fresno geboren und zu einem Achtel Cherokee, war er Autodidakt und von Kindheit an gewöhnt, »bis zum Geht-nicht-mehr« zu arbeiten; er hatte bereits zwei große Vermögen gemacht und dann verloren: im Obstgeschäft während der dreißiger, in der privaten Luftfahrt während der vierziger Jahre. Seine Kenntnisse über den Handel mit Gebrauchtmaschinen verdankte er seiner Liebe zu Maschinen und der »Beobachtung anderer nationaler Gruppen«, vor allem der Juden. »Ich bin einer der wenigen Nichtjuden im Secondhand-Geschäft mit Maschinen.« Das Geheimnis liegt im guten Einkauf. »In Amerika ist jedermann Verkäufer. Ich habe gelernt, Käufer zu sein. Wenn man richtig kauft, ist Verkaufen kein Problem.« Die Maschinen der Cannery Row verkaufte er in die ganze Welt. »Für Apfelkonserven, Fischzerlegen, aber auch Talgherstellung, die mit Hühnerabfällen arbeitet. Ich musste nicht unbedingt wieder an Fischfabriken verkaufen.« Manchmal bekamen sie für die Maschinen mehr, als sie für die Fabrik bezahlt hatten.

Außerdem interessierte sich Dodge für Küstengrundstücke. »Mein Leben lang wollte ich Landbesitz an der Küste haben. In Nebraska gibt's keinen Ozean. Sagt Ihnen das was? Kein Ozean in Oklahoma. Da der Atlantik, da der Pazifik. Dazwischen weit und breit kein Ozean. Seit ich Geschäftsmann bin, haben's alle geschafft, die Grundbesitz an der Küste hatten.«

Es gab noch eine demontierte Konservenfabrik zu besichtigen, die letzte. Wir fuhren in seinem Cadillac hin.

»Er hat Klimaanlage«, sagte er, als ich mich am Wagenfenster zu schaffen machte.

Im Fabrikgebäude war es schon fast dunkel; das Wellblechdach wirkte von innen höher. Kleine Motoren, deren Gehäuse einen frischen grauen Farbanstrich hatten, nahmen die Hälfte des Betonbodens ein. Auf der anderen Seite standen, nun ohne Verbindung untereinander, die großen, komplizierten Maschinen, eingehüllt in Polyäthylen. Dodge ging leichtfüßig umher, während er auswickelte, anfasste, fühlte, erklärte. Hier die nach den zwanzig Jahren Nichtgebrauch fast fabrikneu wirkenden »Traktorprofile«, in die die jungen Frauen – heute erwachsen und in alle Winde zerstreut – die Sardinen warfen, eine nach der anderen, viele Stunden lang; hier die Geräte zum Ausweiden der Sardinen; hier die Greifarme aus Metall, die so fein austariert waren, dass nur gefüllte Dosen sie auf das Förderband herunterdrückten, auf dem diese zur Verschlussmaschine transportiert wurden.

»Vor Ihnen stehen etwa achtzigtausend Dollar«, sagte Dodge. »Ich lebe mit diesen Maschinen. Maschinen haben gar nichts Schwieriges, wenn man mit ihnen *lebt.*«

Es war Zeit für einen Drink. Dodge trinkt heute, nach langjährigem Whiskykonsum (achtzehn bis zwanzig Gläschen pro Tag), nur noch Orangensaft und Seven-up. Wir gingen zu einer Kneipe namens Outrigger (Ausleger). Sie lag auf der Seeseite einer umgebauten Fabrik, hinter Geschenkläden, an deren Mauern rosafarbene Bougainvillea in Tropfenform herabhing. Am Eingang flackerten drei Gasflammen auf hohen Metallstangen. Ein Scheinwerfer beleuchtete einzelne Felsen im Meer. Wir durchquerten eine mit Teppich ausgelegte grüne Grotte, die etwas Polynesisches hatte und in der ein Wasserfall rauschte, und traten ins Freie: auf den alten Fabrikpier, der nun mit Teppich ausgelegt, neu mit Holz verkleidet und von Glaswänden umgeben war. Wir befanden uns über dem Wasser, mitten in der Bucht, die geschwungene Lichterkette von Seaside und Monterey zog sich weit nach rechts hin. Nach der Trostlosigkeit der Row kam die Schönheit der Felsen und des Wassers ganz unvermittelt. Sie war die Zukunft.

»Der Quadratmeterpreis der Grundstücke wird um ein Vielfaches höher liegen als zu Steinbecks Zeiten«, sagte Dodge. Er zeigte auf eine Stelle, an der sich eine korbähnliche Metallkonstruktion aus dem Meer erhob. »Der alte Fülltrichter. Dort haben sie die Fische entladen. Dann wurden sie durch ein Rohr in die Fabrik gepumpt.«

Aus der Hochhaus- und Sommerfrischenzukunft der Cannery Row hat sich Dodge zurückgezogen. Für zwei Millionen Dollar in bar haben er und seine Teilhaber an einen Millionär aus San Francisco verkauft. »Er ist fünfundsiebzig, aber er stellt sich sein Leben anders vor als ich mir meins.« Dodge findet, hinter ihm liege ein erfolgreiches Leben als Geschäftsmann; als er schon an der Row war, stieg er noch einmal ins Obstgeschäft ein, in dem er dreißig Jahre zuvor Bankrott gemacht hatte, und »verdiente viel Geld damit, viel Geld«. Dodge, der selbst keine Kinder hat, interessiert sich mittlerweile für die Ausbildung der Kinder von Verwandten und Freunden. Gern würde er auch ein Krankenhaus unterstützen oder irgendeine Forschungsarbeit; aber er will sein Geld unbedingt arbeiten lassen. »Bei einer Stiftung bekommt man nicht den wirklichen Wert seines Dollars raus. Man zahlt gerade mal die Gehälter der Leute an der Spitze.«

Später, als wir die Row zurück ins Stadtzentrum von Monterey fuhren, nahm er an einem leeren, umzäunten Grundstück das Gas weg. »Das gehört Frank Raiter. Eine richtige Cannery-Row-Figur. Über achtzig, hat mehrere Millionen. Seine Fabrik brannte vor zwei Jahren ab. Aber jeden Morgen kommt er hierher und sitzt dann in seinem – nee, kein Cadillac, so ähnlich, ich hab's vergessen – und liest zwei, drei Stunden lang das *Wall Street Journal.*«

Die Row beschrieb eine Kurve und lief dann wieder geradeaus. An dieser Stelle starb 1948 Doc Ricketts – die Szene im Glasrahmen, in Ring's Café. Dodge sprach von Steinbeck. Begegnet ist er ihm nie; einmal hat er mit ihm gesprochen, am Telefon über den Atlantik hinweg, weil er die Erlaubnis brauchte, das Steinbeck-Theater nach ihm zu benennen.

»Er hat Kalifornien einen furchtbaren Schlag verpasst. Ich mag *Tortilla Flat* und auch *Cannery Row*. Ich kenne die *paisanos*, ohne sie zu kennen, wenn Sie verstehen, was ich meine. Aber er schrieb auch *Früchte des Zorns*. Mir fehlen die Kenntnisse, um sagen zu können, dies Buch ist besser als jenes, aber als ich *Früchte des Zorns* gelesen habe, das war wie ein Schlag. Er ist nicht bei den Tatsachen geblieben. Wissen Sie, was ein Okie ist? Sie kamen *scharenweise* her. Tausende. Tausende *täglich*. Ich verdiente damals fünf bis sechs Dollar pro Stunde in der Obstverpackung. Als sie kamen, haben sie für fünfzehn

Cent, zwanzig Cent gearbeitet. Fünfzig Cent Tageslohn. Jeder beliebige Tageslohn. Und schon war ich arbeitslos. Damals, 1932, hatten wir ohnehin Probleme. Dann kamen sie und verschlimmerten unsere Probleme noch. Aber Steinbeck schrieb *Früchte des Zorns*. So sehen uns die Leute nun, uns Kalifornier. Und das Buch war ein Bestseller. Der Schaden ist unvorstellbar.«

1970

Argentinien und das Gespenst von Eva Perón

1972-1991

---

1. Der Leichnam am Eisernen Tor

Buenos Aires, April – Juni 1972

Die Zusammenfassung liest sich wie eine Geschichte von Borges.

Der Diktator wird gestürzt und über die Hälfte des Volkes jubelt. Der Diktator hatte die Gefängnisse gefüllt und die Staatskasse geleert. Wie so viele Diktatoren hatte er gar nicht schlecht angefangen. Er wollte sein Land groß machen. Aber er war selbst kein großer Mann, und vielleicht taugte auch das Land nicht dazu, groß gemacht zu werden. Siebzehn Jahre vergingen. Das Land hat nach wie vor keine großen Männer; die Staatskasse ist immer noch leer; die Menschen sind am Rande der Verzweiflung. Sie fangen an, sich daran zu erinnern, dass der Diktator die Vision hatte, das Land groß zu machen, und dass er ein starker Mann war; sie fangen an, sich daran zu erinnern, dass er den Armen viel gegeben hat. Der Diktator lebt im Exil. Die Menschen fangen an, sich für seine Rückkehr einzusetzen. Der Diktator ist inzwischen sehr alt. Aber die Menschen erinnern sich auch an die Frau des Diktators. Sie liebte die Armen und hasste die Reichen, und sie war jung und schön. So ist sie geblieben, weil sie jung starb, mitten in der Zeit der Diktatur. Und, o Wunder, ihr Körper ist nicht verwest.

»Das«, sagte Borges, »ist eine Geschichte, wie ich sie *niemals* schreiben könnte.«

Mit sechsundsiebzig, nach sieben Jahren der Ächtung und

Verbannung, diktiert Juan Perón aus dem Madrider Vorort, der unter dem Namen Eisernes Tor bekannt ist, dem argentinischen Militärregime die Friedensbedingungen. Im Jahr 1943 wurde der Erznationalist Perón, ein Oberst der Armee, zu einer Macht in Argentinien; von 1946 bis 1955 herrschte er diktatorisch und feierte zwei triumphale Wahlsiege. Seine Ehefrau Eva hatte kein offizielles Amt inne, herrschte aber bis 1952, als sie starb, an der Seite Peróns. Sie wurde aufwendig einbalsamiert, und heute befindet sich ihr Leichnam bei Perón am Eisernen Tor.

Im Jahr 1956, ein Jahr nach seinem Sturz durch die Armee, schrieb Perón aus Panama: »Meine Sorge war, dass irgendein Schlaufuchs die Macht ergreifen würde.« Heute, nach sieben Präsidenten, von denen es sich bei sechsen um Militärs handelte, steckt Argentinien in einer Krise, die kein Argentinier völlig erklären kann. Das mächtige Land, das so groß ist wie Indien, mit einer Bevölkerung von dreiundzwanzig Millionen, das reich an Rindern und Getreide ist und über patagonisches Erdöl und den ganzen mineralischen Reichtum der Anden verfügt – dieses Land treibt unerklärlicherweise richtungslos dahin. Alle sind unzufrieden. Und mit einem Mal ist fast jeder Peronist. Nicht nur die Arbeiter, die Perón damals mit Wohltaten überhäufte, sondern auch Marxisten und sogar die jungen Leute aus dem Mittelstand, deren Eltern Perón als einen Tyrannen, Folterer und Dieb in Erinnerung haben.

Der Peso ist im Keller: bekam man 1946 für einen Dollar fünf Peso, so betrug der Wechselkurs 1949 eins zu 16, 1966 eins zu 250, 1970 eins zu 400, im Juni letzten Jahres eins zu 420, im April dieses Jahres eins zu 960 und im Mai eins zu 1100. Die Inflation, die seit den Tagen Peróns regelmäßig bei 25 Prozent lag, ist mittlerweile auf 60 Prozent hochgeschnellt. Die Banken bieten 24 Prozent Zinsen. Hat die Inflation erst dieses rasante Tempo erreicht, profitiert nur noch die Feuerversicherungsbranche von ihr. Die Prämien steigen, während die Anzahl der Ansprüche fällt. Wenn die Preise Woche für Woche in die Höhe schnellen, brechen Feuer merklich seltener aus.

Für alle anderen ist es ein Albtraum. Kapital zusammenzubringen ist fast unmöglich; und selbst wenn man es schafft, braucht man den Kauf einer Wohnung nur eine Woche lang hinauszuschieben, um zwei- oder dreihundert Dollar zu verlieren (viele Geschäftsleute schließen ihre Geschäfte lieber in Dollars ab). Gehälter, Preise, Wechselkurse: Alle reden über Geld; jeder, der es sich leisten kann, kauft Dollars auf dem Schwarzmarkt. Und nicht lange, da packt die Hysterie sogar den Besucher. Binnen zwei Monaten steigt der Preis für ein Hotelzimmer von 7000 Peso auf 9000, eine Dose Tabak von 630 auf 820. Geld darf man nur in kleinen Mengen tauschen; man muss den Markt ständig im Auge behalten. Der Peso stürzt eines Tages auf 1250 per Dollar. Handelt es sich dabei um einen Ausreißer oder um den Beginn eines neuen Kursverfalls? Dass ich den Tag ungenutzt verstreichen ließ, war ein Fehler: Der Peso sprang zurück auf 1100. »Man bekommt das Gefühl«, sagt Norman Thomas di Giovanni, der Übersetzer von Borges, dessen dreijähriger Aufenthalt in Buenos Aires gerade zu Ende geht, »dass man seine besten Jahre beim Geldwechsler vertut. An manchen Nachmittagen gehe ich dorthin wie andere Leute zum Einkaufen gehen. Nur um zu sehen, was so angeboten wird.«

Die pauschalen Lohnerhöhungen, die von der Regierung in Abständen verfügt werden – 15 Prozent im Mai, und weitere 15 Prozent sollen in Kürze folgen –, können mit den Preisen nicht Schritt halten. »Mittlerweile sind wir so weit«, sagt die Frau des Botschafters, »dass wir voraussagen können, wann auf die Lohnerhöhung die Preissteigerung folgt.« Die Menschen nehmen eine zweite Arbeit an und manchmal sogar eine dritte. Alle sind besessen von dem Zwang, mehr Geld zu verdienen und es gleichzeitig schnell auszugeben. Die Leute suchen ihr Glück im Spiel. Sogar in der konservativen Andenstadt Mendoza ist das Kasino überfüllt; beim Großteil der Besucher handelt es sich um Handwerksleute, deren durchschnittlicher Monatslohn fünfzig Dollar entspricht. Die Warteschlangen, die sich an Donnerstagen überall in Buenos Aires bilden, bestehen aus Leuten, die ihre Toto-Scheine abgeben wollen. Die Verkündigung der Ergebnisse eine Woche später ist jedes Mal ein nationales Ereignis.

Als Mitte April ein paraguayischer Arbeiter rund 330 Millionen Peso gewann, war das interessant genug, um die gleichzeitige politische Krise zu entschärfen. In Mendoza hatte es Unruhen gegeben, und die Armee war aus der Stadt verjagt worden. In der folgenden Woche brachte dann eine Guerilla-Gruppe in Buenos Aires den Fiat-Manager um, den sie zehn Tage zuvor entführt hatte. Am selben Tag geriet in der nahe gelegenen Industriestadt Rosario General Sánchez, der Befehlshaber des Zweiten Armeekorps, der als Folterer verrufen war, in einen Guerilla-Hinterhalt und wurde getötet. Das schrie nach Vergeltung: In den Streitkräften gab es Gruppen, die dafür waren, die Verhandlungen mit Perón abzubrechen und die für das folgende Jahr versprochenen Wahlen zu streichen. Das Glück des Paraguayers aber heiterte jedermann auf, schürte Optimismus und beruhigte die Nerven. Die kleine Krise ging vorüber.

Die Guerillas verüben nach wie vor Überfälle, Räubereien und Sprengstoffanschläge; sie entführen immer noch gelegentlich Leute und bringen ab und zu jemanden um. Die Guerillas sind jung und kommen aus dem Mittelstand. Einige sind Peronisten, andere Kommunisten. Nach all den Banküberfällen sind ihre Organisationen reich. Nach meinen Informationen erhielt letztes Jahr in Córdoba ein Student, der sich den peronistischen Montoneros anschloss, monatlich 70 Dollar bezahlt; Rechtsanwälte erhielten ein Honorar von 350 Dollar. »Man erkennt die Montoneros an ihren Autos, ihrer Aggressivität, ihrem großspurigen Auftreten. Es sind James-Dean-Typen. Sehr auffällig.« Ein anderer unabhängiger Zeuge äußert über die Guerillas, die er in Buenos Aires kennen gelernt hat: »Sie sind antiamerikanisch. Einer von ihnen aber hatte in einem amerikanischen Unternehmen einen hohen Posten. Sie sind gespaltene Persönlichkeiten; manche von ihnen wissen echt nicht, wer sie sind. Sie halten sich für Helden aus einem Comic. Tagsüber im Büro sind sie Clark Kent, nachts Superman mit einer Kanone in der Hand.«

»Hat man sich erst einmal entschieden [sagt die dreißigjährige Frau], fühlt man sich besser. Die meisten meiner Freunde sind für die Revolution, und sie fühlen sich viel besser. Manchmal allerdings sind sie wie Kinder, die nicht allzu viel Vorausblick haben. Neulich ging ich mit meinem Freund ins Kino. Er ist dreiunddreißig. Wir sahen uns *Sacco und Vanzetti* an. Danach sagte er: ›Ich schäme mich, dass ich kein *guerrillero* bin. Ich fühle mich als Komplize dieses Staats, dieser Art zu leben.‹ Ich sagte: ›Aber du bist nicht gewalttätig genug. Ein *guerrillero* muss *despejado* sein – er darf nicht zu viel Einbildungskraft oder Sensibilität haben. Man muss so handeln, wie es einem befohlen wird. Sonst kommt nichts Gutes dabei heraus. Es ist wie eine Religion, eine Glaubenslehre.‹ Und er sagte darauf: ›Findest du das denn nicht *beschämend*?‹«

Der Filmemacher erklärt:

»Ich denke, die Leute sind seit Marx sehr geschichtsbewusst. Der Niedergang des Kolonialismus, die Entstehung der Dritten Welt – sie sehen sich in diesem Prozess eine Rolle spielen. Das ist genauso gefährlich, wie gar keine Vorstellung von Geschichte zu haben. Es macht die Menschen ungeheuer eingebildet. Sie leben in einer Art von intellektueller Versponnenheit. Nimmt man ihnen den Jargon und die Idee einer Revolution weg, bleibt nichts mehr übrig.«

Ihre Anregungen holen sich die Guerillas aus der nördlichen Hemisphäre. Aus dem Paris von 1968 stammt der Traum von den Studenten und Arbeitern, die sich vereinigen, um die Feinde des »Volkes« niederzuschlagen. Die Guerillas haben die Probleme Argentiniens auf einen griffigen Nenner gebracht. Wie die Campusrevolutionäre und Salonkommunisten des Nordens haben sie den Feind ausgemacht: die Polizei. Und so verwandeln sich die soziointellektuellen Verirrungen des Nordens im intellektuell weniger stabilen Süden in schreckliche Realität. Dutzende von Polizisten wurden umgebracht. Und die

Polizei beantwortet Terror mir Terror. Auch sie entführt und bringt um; sie foltert, vorzugsweise im Genitalienbereich. Ein Gefangener der Polizei springt aus dem Fenster: *La Prensa* widmet dem Ereignis ein paar Zentimeter Text. Menschen werden festgenommen und dann, der amtlichen Verlautbarung nach, wieder »entlassen«; manchmal tauchen sie wieder auf, manchmal nicht. Ein ausgebrannter Lieferwagen wird eines Morgens in einer Straße entdeckt. Darin liegen zwei verkohlte Leichen: Männer, die zwei Tage vorher von zu Hause abgeholt wurden. »In was für einem Land leben wir?«, fragt eine der Witwen. Am nächsten Tag aber ist sie ruhiger; sie zieht die Anschuldigungen gegen die Polizei zurück. Jemand hat sie »besucht«.

»Freunde von Freunden erzählen mir diese Gräuelgeschichten«, sagt Norman di Giovanni, »und sie machen einen krank. Aber niemand hier scheint überrascht über das, was vorgeht.«

»Der Vetter meiner Frau war ein *guerrillero*«, erzählt mir der Geschäftsmann aus der Provinz beim Mittagessen. »Er brachte einen Polizisten in Rosario um. Vor acht Monaten verschwand er dann. *Está muerto*. Er ist tot.« Mehr sagt er nicht; wir wechseln das Thema.

An manchen Abenden patrouillieren Soldaten in Knobelbechern und schwarzen Lederjacken mit ihren Schäferhunden in der Florida, einer zur Fußgängerzone erklärten Einkaufsstraße; die Hunde halten sich mit gekrümmtem Buckel und zurückgelegten Ohren dicht neben ihren Herren. Die Chevrolets der Polizei sind in den neonbeleuchteten Straßen unablässig auf Streife. Überall sieht man Polizisten mit Maschinengewehren. Dann gibt es noch die berittene Polizei in schiefergrauer Uniform, die blau behelmte Antiguerilla-Motorradbrigade und junge Männer in gut geschnittenen Anzügen, die aus dem Nichts auftauchen, Zivilisten, die aus zivilen Fahrzeugen springen. Nicht zu vergessen die AMX-Panzer und die Alouette-Hubschrauber der Armee. Ein eindrucksvoller Apparat, und er funktioniert.

Es ist, als flösse die ganze Energie des Staates jetzt in die Aufgabe, den Staat zusammenzuhalten. Recht und Ordnung sind zum Selbstzweck geworden: Das gehört mit zu der Unfruchtbarkeit und Kraftverschwendung Argentiniens. Die Menschen sind tapfer, sie foltern und werden gefoltert; sie sterben. Die Vorgänge bleiben indes privat und zusammenhanglos, werden von einer freien, aber der Situation nicht gewachsenen Presse vermauschelt, die offenbar unfähig ist, in dem Geschehen, über das sie berichtet, ein Muster zu entdecken. Und vielleicht hat die Presse Recht. Vielleicht ist nur sehr wenig von dem, was in Argentinien passiert, wirklich berichtenswert, weil es keine Vorwärtsbewegung gibt, keine Lösung von Problemen. Die Nation wirkt so, als triebe sie mit sich selbst ihr Spiel; das politische Leben in Argentinien gleicht dem Leben eines Ameisenhaufens oder eines afrikanischen Urwaldstamms: Es ist ereignisreich, voll von Krisen und Todesfällen, aber das Leben dreht sich im Kreis, und das Jahr endet, wie es begann. Nicht einmal General Sánchez beschwor durch seinen Tod eine Krise herauf. Er hatte umsonst gefoltert, starb umsonst. Er lebte einfach nur seine dreiundfünfzig Jahre; seiner hohen Stellung ungeachtet, hinterließ er keine Spuren. Ereignisse sind größer als Menschen. Nur ein einziger Mann scheint imstande, sich der Geschichte einzuprägen, ihren Lauf jetzt so zu verändern, wie er das schon einmal in der Vergangenheit tat. Und er wartet am Eisernen Tor.

»Leidenschaft ließ unsere Feinde blind werden [schrieb Perón 1956] und richtete sie zugrunde ... Die Revolution [die mich stürzte] ist ohne Anliegen, weil sie nur Reaktion ist ... das Militär regiert, aber niemand gehorcht wirklich. Das politische Chaos zieht herauf. Die Ökonomie, die den Buchhaltern überlassen bleibt, verschlechtert sich von Tag zu Tag und ... Anarchie bedroht die gesellschaftliche Ordnung ... Diese Diktatoren, die von nichts viel Ahnung haben und nicht einmal wissen, in welche Richtung sie gehen, die sich von Krise zu Krise bewegen, werden sich auf einer Straße, die nirgendwohin führt, hoffnungslos verirren.«

Die Rückkehr von Perón, der Triumph des Peronismus, wird allgemein erwartet. Nach Schätzungen sind bereits zwischen sechs und acht Milliarden Dollar aus Argentinien herausgeschafft worden. »Die Menschen lässt das kalt«, sagt die Frau des Botschafters. »Und Sie dürfen nicht vergessen, dass Leute, die Geld haben, keine Argentinier sind. Nur wer kein Geld hat, ist Argentinier.«

Aber selbst dort, wo Reichtum und Sicherheit herrschen und wo man Rettungspläne ausgearbeitet hat, selbst bei dieser feinen Abendgesellschaft im Barrio Norte etwa, verschafft sich die Erregung Luft. »Ich *sterbe*«, sagt die Dame plötzlich und ballt die Fäuste. »Ich sterbe – ich sterbe – ich sterbe. Das ist kein Leben mehr. Jeder klammert sich mit letzter Kraft irgendwo fest. Dieses Land ist *tot*. Manchmal gehe ich nach dem Mittagessen einfach ins Bett und stehe nicht mehr auf.« Der ältliche Butler trägt weiße Handschuhe; die gesamte Vertäfelung des Raums wurde um die Jahrhundertwende aus Frankreich importiert. (Wie leicht und rasch sich der Aufstieg dieser argentinischen Aristokratie vollzogen hat, wie kurze Zeit sie erst etabliert ist!) »Die Straßen sind aufgerissen, die Lampen Funzeln, nirgends kann man anrufen.« Das Marihuana (fünfundvierzig Dollar kostete das letzte Pfund) macht die Runde; die Stimmung ändert sich nicht. »Das hier war früher eine große Stadt und ein großer Hafen. Vor zwanzig Jahren. Jetzt ist alles im Arsch, Süße.«

Für Intellektuelle und auch Künstler, die besseren unter ihnen, die keine Angst vor der Welt draußen haben, ist es eine schreckliche Vorstellung, in Argentinien eingekerkert zu sein und nicht hinaus zu können, seine schöpferischen Jahre in einer Revolution zu vergeuden, durch die man nichts gewinnen kann, oder unter einer blutrünstigen Diktatur oder im schieren Chaos. Durch die Inflation und den Sturz des Peso sitzen bereits viele in der Falle. Menchi Sábat, der herausragende Karikaturist des Landes, meint: »Für uns ist es leichter, durchs Fernsehen auf den Mond zu kommen. Aber Bolivien oder Chile oder auch nur Uruguay kennen wir nicht. Warum? Weil das Geld fehlt. Was wir jetzt erleben, ist eine Art kollektive Raserei. Weil es früher hier immer leicht war, an Geld zu kommen. Jetzt sind wir von allem abgeschnitten. Leute von draußen können nicht ohne weiteres verstehen, was das bedeutet.«

Die Wintersaison beginnt nach wie vor im Mai mit einer Opernaufführung im Colón-Theater; die Orchesterplätze, die einundzwanzig Dollar kosten, sind rasch ausverkauft. Aber das Land ist seines kostbaren Mythos beraubt, des Mythos vom Reichtum, einem Reichtum, der so groß war, wie man von Argentiniern hört, dass Rinder geschlachtet wurden, nur um ihre Zunge zu essen, und dass sich der Reisende auf der Pampa bei den Rindern frei bedienen konnte, vorausgesetzt, er ließ dem Grundbesitzer die Haut des Tieres zurück. Hat die feuchte Pampa eine drei Meter dicke Schicht Mutterboden? Oder sind es sogar vier Meter? So reich ist dieses Argentinien, so gesegnet mit seinem Land.

Im Jahr 1850 gab es noch weniger als eine Million Argentinier; das Territorium der Indios begann hundertfünfzig Kilometer westlich und südlich von Buenos Aires. Dann, vor weniger als hundert Jahren, wurden in einem sechs Jahre dauernden Gemetzel die Indios aufgespürt und vernichtet; die Schatztruhe der Pampa öffnete sich. Riesige *estancias* auf dem gestohlenen, blutbesudelten Land: eine aus dem Boden gestampfte, habsüchtige koloniale Aristokratie. Dazu kamen Einwanderer, ein Arbeitskräfteheer: Im Jahr 1914 gab es acht Millionen Argentinier. Die Einwanderer, hauptsächlich aus Nordspanien und Süditalien, kamen nicht als kleine Landnehmer oder Siedler, sondern um auf den *estancias* zu dienen und in der Hafenstadt Buenos Aires zu arbeiten, die Dienstleistungszentrum für die *estancias* war. Eine riesige, blühende Kolonialwirtschaft auf der Grundlage von Rinderherden und Weizen, eng mit dem britischen Imperium verknüpft; ein städtisches Proletariat, das so plötzlich entstand wie die Aristokratie der *estancias*; eine ganze, unvermittelte, künstliche Gesellschaft, die dem flachen, trostlosen Land aufgepfropft wurde.

In »Mythische Gründung von Buenos Aires« erinnert sich Borges 1929 an die proletarische Entfaltung der Großstadt:

Una cigarreria sahumó como una rosa
El desierto. La tarde se había ahondado en ayeres,
Los hombres compartieron un pasado ilusorio.
Sólo faltó una cosa: la vereda de enfrente.

Das Gedicht lautet in der Übersetzung von Gisbert Haefs:

Ein Zigarrenladen räucherte wie eine Rose
diese Öde. Der Abend war schon tief voll von Gestern,
die Menschen teilten eine Illusion von Vergangenheit.
Eines nur fehlte noch: der Gehsteig von gegenüber.

A mi se me hace cuento que empezó Buenos Aires:
La juzgo tan eterna como el agua y el aire.

Dass Buenos Aires jemals begonnen hat, kann ich kaum glauben:
mir erscheint es so ewig wie die Luft und das Wasser.

Die halb fertige Stadt lebt in Borges' Erinnerung. Und mittlerweile ist sie schon im Verfallen. Das britische Empire hat sich *ordenadamente*, wohl geordnet, zurückgezogen, und die koloniale, auf Landwirtschaft basierende Ökonomie hat sich beim planlosen Industrialisierungsversuch, beim Bemühen, Ausgewogenheit und Selbständigkeit zu erreichen, zugrunde gerichtet. Das Künstliche dieser Gesellschaft tritt unverhohlen zutage: das Fehlen von Bindungen zwischen den Menschen, zwischen den Gruppen von Einwanderern, zwischen Aristokraten und Handwerkern, Stadtbewohnern und *cabecita negra*, »Schwarzköpfen«, den Menschen aus dem Landesinneren; das Fehlen einer Bindung zwischen den Menschen und dem nichtssagenden flachen Land. Und die Armen, die jetzt Argentinier sind, die Söhne und Enkel jener kürzlich Eingewanderten – sie sind nun zum Bleiben verurteilt.

Sie haben immer ihre *curanderos* und *brujas* gehabt, ihre Wundertäter und Zauberer; sie wissen, wie man sich gegen die Gespenster und Poltergeister schützt, mit denen sie das fremde Land bevölkert haben. Jetzt freilich braucht es einen umfassenderen Glauben, die Kenntnis einer schützenden Gottheit. Ohne Glauben drehen diese allein gelassenen Spanier und Italiener durch.

Ende Mai kündigte eine Kirche in Buenos Aires eine besondere Messe gegen den bösen Blick, *el mal de ojo*, an. »Wenn Sie Schaden erlitten haben oder meinen, Schaden erlitten zu haben, dann versäumen Sie nicht zu kommen.« Fünftausend Bewohner der Stadt tauchten auf, viele von ihnen im Auto. Es gab ein halbes Dutzend Stände, die heilige oder heilsame Objekte verkauften; es gab kleine Kabinen für religiös-medizinische Beratungen, die zwischen dreißig Cents und einem Dollar kosteten. Es war ein bisschen wie auf einem Markt am Samstagmorgen. Der Priester, der die Messe abhielt, erklärte: »Jedes Individuum ist ein individueller Kraftquell und den unmerklichen mentalen Schwingungen ausgesetzt, die Krankheit oder Elend bringen können. Das ist dann das sichtbare Zeichen des bösen Geistes.«

»Ich kann einfach nicht glauben, dass wir das Jahr 1972 schreiben«, sagt der Buchhändler, der auch als Verleger tätig ist. »Mir scheint, wir befinden uns immer noch im Jahr Null.« Er beschwert sich nicht; er selbst macht mit Okkultismus und Mystik Geschäfte, und die Geschäfte gehen gut. Mag sein, dass der argentinische Mittelstand Europa und die USA nachahmt. Weiter unten allerdings wird das Land von dem neuen, begeisterten Kult des *espiritismo* überflutet, einem ganz und gar heimischen Gewächs aus spiritistischen Medien, Massenverzückungen und Wunderheilungen, das sich unter der Schirmherrschaft Jesu Christi und Mahatma Gandhis entfaltet. Die *espiritistas* reden nicht von geistigen Schwingungen; ihre Medien vollbringen ihre Heilungen dadurch, dass sie ungreifbare, heilsame »Fluida« aussenden. Die *espiritistas* behaupten, mit Politik nichts mehr zu schaffen zu haben; sie verehrten Gandhi wegen seiner

Gewaltlosigkeit. Sie glauben an die Wiedergeburt und die Vervollkommnung des Geistes. Ihnen zufolge befinden sich Fegefeuer und Hölle mittlerweile auf der Erde; die einzige Hoffnung, die dem Menschen bleibt, ist die Wiedergeburt auf einem höher entwickelten Planeten. Ihr Ziel ist das Leben in einer »unwiderruflich« entkörperlichten Welt, in der sich nur verklärte Geister sammeln.

Verzweiflung: Ablehnung des Landes, Nichtssein als Traum. Einer allerdings verspricht Hoffnung, einer versucht, das Land wieder heil und heilig zu machen. Bei Perón am Eisernen Tor befindet sich José López Rega, der all die Jahre des Exils hindurch Perón als Begleiter und Privatsekretär gedient hat. Von Rega weiß man, dass er mystischen Neigungen frönt und sich für Astrologie und *espiritismo* interessiert; von ihm erzählt man sich, er verfüge mittlerweile über große Kräfte. Ein Interview mit ihm füllt zehn Seiten in der neuesten Ausgabe von *Las Bases*, dem vierzehntägig erscheinenden Parteiblatt der neuen Peronisten. Die Argentinier entstammten vielen Ethnien, sagt Rega; aber sie alle hätten heimische Vorfahren. Die Rassenmischung der Argentinier sei »durch Indioblut angereichert«; und »Mutter Erde hat alles rein gemacht ... Ich kämpfe für die Freiheit«, fährt Rega fort, »weil ich so gemacht bin und weil durch meine Adern das Blut der Indios rinnt, deren Land dies ist.« All seiner Vagheit und unfreiwilligen Komik zum Trotz ist dies ein erstaunliches Bekenntnis, weil bis zu dieser Krise der Argentinier seinen ganzen Stolz darein setzte, dass er nicht wie die Brasilianer »vernieggert« oder wie die Bolivianer mestizisch sei, sondern europäisch; gerade davor fürchteten sich die Argentinier, dass Außenstehende sie für Indios halten könnten. Jetzt wird der Geist der Indios beschworen und dem zerstörten Land eine geheimnisvolle, reinigende Kraft zugesprochen.

Andere bieten an, was sie schon immer angeboten haben: politische und wirtschaftliche Programme. Was Péron und der Peronismus zu bieten haben, ist eine Religion.

Und dazu eine Heilige: Eva Perón. »Ich erinnere mich, dass ich viele Tage lang sehr traurig war«, schrieb sie 1952 in *La Razón de Mi Vida* (Wofür ich lebe), »als ich herausfand, dass es in der Welt arme Menschen und reiche Menschen gab; und dass es Arme gab, bereitete mir merkwürdigerweise weniger Qualen als das Bewusstsein, dass es gleichzeitig Menschen gab, die reich waren.« Das bildete die Grundlage ihres politischen Handelns. Sie predigte schlichten Hass und schlichte Liebe. Hass auf die Reichen: »Sollen wir den Barrio Norte niederbrennen?«, pflegte sie den Massen zuzurufen. »Soll ich euch Feuer geben?« Und Liebe für das »einfache Volk«, *el pueblo*: Sie führte dieses Wort ständig im Munde und ließ es Aufnahme in den peronistischen Wortschatz finden. Sie trieb bei jedermann Gelder für ihre Eva-Perón-Stiftung ein und saß bis drei oder vier oder fünf Uhr morgens im Arbeitsministerium, um Stiftungsgelder an Bittsteller zu verteilen, eine Art von persönlicher ausgleichender Gerechtigkeit zu üben. Das war ihr »Werk«: Macht, Gerechtigkeit und Vergeltung aus der Sicht eines Kindes.

Sie starb 1952 im Alter von dreiunddreißig. Und jetzt, nach den Jahren ihrer Ächtung, dem Versuch, ihren Namen auszulöschen, ist sie in Argentinien wieder gegenwärtig. Ihr Foto sieht man überall, retuschiert, selten scharf und häufig absichtlich kitschig, wie Heiligenbildchen für die Armen: eine junge Frau von großer Schönheit, mit blondem Haar, einer ganz weißen Haut und den knallroten Lippen der vierziger Jahre des zwanzigsten Jahrhunderts.

Sie kam aus dem Volk und vom Land. Geboren wurde sie 1919 in Los Toldos, der trübsinnigsten aller kleinen Städte in der Pampa, die an der Stelle eines früheren Indiolagers errichtet worden war, über 200 Flachlandkilometer westlich von Buenos Aires. Auch die Stadt selbst vermittelt den Eindruck der Flachheit, der völligen Schutzlosigkeit unter dem hohen Firmament. Die staubigen roten oder weißen Backsteinhäuser sind niedrig, mit flacher Frontseite, flachem Dach und hin und wieder einer Balustrade; die *paraíso*-Bäume haben weiß gekalkte Stämme und sind massiv gestutzt; die breiten Straßen, soweit sie fern vom Zentrum liegen, sind nach wie vor ungepflastert.

Sie war unehelich, war arm und verbrachte die ersten zehn Jahre ihres Lebens in einem Haus mit nur einem Raum, das heute noch steht. Mit fünfzehn ging sie nach Buenos Aires, um Schauspielerin zu werden. Sie hatte eine schlechte Aussprache, hatte den Kleidergeschmack eines Mädchens vom Land, hatte kleine Brüste, plumpe Waden und dickliche Fesseln. Binnen drei Monaten aber hatte sie ihre erste Anstellung. Und danach machte sie dank ihrer weiblichen Reize Karriere. Mit fünfundzwanzig lernte sie Perón kennen; im folgenden Jahr heirateten die beiden.

Ihre niedere Herkunft, ihre Schönheit, ihr Erfolg: Das alles trägt zu ihrem Heiligenstatus bei. Und ihr Sexappeal. »*Todos me acosan sexualmente*«, äußerte sie während ihrer Zeit als Schauspielerin einmal verärgert. »Jeder will mit mir ins Bett gehen.« Den Männern erschien sie als ideale Beute – wer weiß, ob dem argentinischen Macho die knallroten Lippen nicht immer noch von der Fellatio-Fertigkeit künden, die ihr nachgesagt wurde? Sehr bald freilich hatte sie den Sex hinter sich gelassen und war wieder rein. Mit neunundzwanzig bekam sie einen tödlichen Gebärmutterkrebs und blutete durch die Vagina; ihr rundlicher Leib schwand dahin. Als es zu Ende ging, wog sie noch achtzig Pfund. Eines Tages sah sie sich einige alte Fotos von offiziellen Anlässen an und begann zu weinen. Ein anderes Mal betrachtete sie sich in einem hohen Spiegel und sagte: »Wenn ich daran denke, wie viel Mühe es mich gekostet hat, meine Beine schlank zu halten! *Ahora que me veo estas piernitas me asusto*. Jetzt jagt mir der Anblick dieser Streichhölzer einen Schrecken ein.«

Politisch freilich wurde sie niemals schwach. Die peronistische Revolution entwickelte sich schlecht. Der Reichtum, den Argentinien in Kriegszeiten angehäuft hatte, schwand dahin; die nicht umgestaltete, ausgeplünderte, schlecht geführte koloniale Wirtschaft fing an zusammenzubrechen; die Arbeiter, denen man so viel gegeben hatte, bewiesen nicht immer Loyalität. Eva Perón aber hätschelte unbeirrt ihren besonderen Schmerz darüber, dass es »Menschen gab, die reich waren«. Kurz vor ihrem Tod erklärte sie einer Versammlung von Provinzgouverneuren: »Wir dürfen den Menschen, die uns zur Besonnenheit mahnen, nicht zu viel Beachtung schenken. Wir müssen fanatisch sein.« In der Armee regte sich Unruhe. Sie war bereit, sich mit der Armee anzulegen. Sie wollte die Gewerkschaften bewaffnen; und sie kaufte durch Vermittlung von Prinz Bernhard von den Niederlanden 5000 Maschinenpistolen und 1500 Maschinengewehre, die allerdings Perón, der stärker zur Besonnenheit neigte, der Polizei übergab, als sie eintrafen.

Und die ganze Zeit über wurde ihre private Tragödie als ein öffentliches Passionsspiel der Diktatur zelebriert. Für sie, die aus dem Peronismus eine Religion gemacht hatte, war der Heiligenstatus schon lange vorgesehen; es wird erzählt, dass sich während der letzten fünfzehn Tage vor ihrem Tod der Mann bei ihr aufhielt, der sie einbalsamieren sollte, um aufzupassen, dass ihrem Körper nichts Schädliches zustieß. Kaum war sie tot, wurde der Vertrag über ihre Einbalsamierung geschlossen. Belief der sich auf 100 000 oder auf 300 000 Dollar? Die Berichte hierüber sind widersprüchlich. Dr. Ara, der spanische Einbalsamierer – laut Perón »ein Meister« –, musste als Erstes den Leichnam für eine fünfzehntätige öffentliche Aufbahrung herrichten. Für die eigentliche Einbalsamierung brauchte er sechs Monate. Der Vorgang selbst ist nach wie vor geheimnisumwoben. Einer Zeitung in Buenos Aires zufolge hat Dr. Ara zwei Kapitel seiner Memoiren (die erst nach seinem Tod erscheinen sollen) der Einbalsamierung von Eva Perón gewidmet; auch Farbfotos von dem Leichnam sind uns in Aussicht gestellt. Berichtet wird, das Blut sei zuerst durch Alkohol und dann durch erhitztes Glyzerin (Perón selbst spricht von »Paraffin und anderen Spezialsubstanzen«) ersetzt worden, wobei man die Flüssigkeiten durch die Ferse und ein Ohr in den Körper gepumpt habe.

»Ich ging dreimal hin, um nach Evita zu schauen«, schrieb Perón im Jahr 1956, nachdem er gestürzt und der einbalsamierte Leichnam verschwunden war. »Die Türen … kamen mir vor wie die Pforten zur Ewigkeit.« Seinem Eindruck nach schlief sie nur. Als er das erste Mal hinkam, wollte er sie berühren, fürchtete aber, beim Kontakt mit seiner warmen Hand werde sie zu Staub zerfallen. Dr. Ara sagte damals: »Keine Sorge. Sie ist jetzt so unversehrt (*intacta*) wie zu Lebzeiten.«

Und nun, zwanzig Jahre später, wartet ihr einbalsamierter, ausgeweideter Leichnam mit Perón am Eisernen Tor – der verschwundene und wiedergefundene Körper, der, wie es heißt, nicht größer ist als der eines zwölfjährigen Mädchens und bei dem nur das blonde Haar so üppig geblieben ist wie damals, als sie gesund und munter war.

Sie tauchte überraschend auf, diese *villa miseria* oder Slumsiedlung unmittelbar neben dem braunen Fluss im Bezirk Palermo, nicht weit entfernt von dem großen Park, einer Art Bois de Boulogne von Buenos Aires, wo die Leute ihre Pferde ausreiten. Ein Elendsviertel mit ungepflasterten Straßen und Abflusskanälen voller schwarzen Unrats; die Gebäude allerdings sind aus Backstein und haben manchmal ein Obergeschoss: ein etablierter Ort, über fünfzehn Jahre alt, mit Läden und Schildern. Siebzigtausend Menschen wohnen dort, fast alle Indios, ausdruckslos und mit einem Anflug von Schwachsinn im Gesicht; sie kommen aus dem Norden und aus Bolivien und Paraguay und erinnern einen plötzlich daran, dass man nicht in Paris oder Europa, sondern in Südamerika ist. Der zuständige Geistliche gehörte den »Priestern für die Dritte Welt« an. Er trug eine schwarze Lederjacke, und sein kleiner Kirchenschuppen aus Beton, übertrieben schlicht, wurde von irgendeinem argentinischen Song erschüttert, der aus dem Lautsprecher dröhnte. Man hatte mir zugeflüstert, der Priester komme aus einer sehr angesehenen Familie, und vielleicht war es der Milieuwechsel, der ihn überheblich hatte werden lassen. Er sei natürlich Peronist, erklärte er, und alle seine Indios seien Peronisten. »Nur ein Argentinier kann den Peronismus verstehen. Ich kann Ihnen fünf Jahre lang davon erzählen, und Sie werden es immer noch nicht verstanden haben.«

Aber könnten wir es nicht wenigstens probieren? Den Peronisten gehe es nicht um ökonomisches Wachstum; sie lehnten die Konsumgesellschaft ab. Habe er sich nicht aber gerade noch über die Arbeitslosigkeit im Land beklagt, die das Ergebnis der törichten Politik der Regierung sei und für jeden Indio, der seine Slumsiedlung verlassen könne, zwei neue schicke? Er habe nicht genug Zeit, sagte er, um sie mit einem *norteamericano* zu verplempern; manche Leute hätten nichts als das Bruttosozialprodukt im Kopf. Er ließ uns stehen, um sich mit breitem Lächeln auf einige Indios zu stürzen, die sich gerade näherten. Der Wind vom Fluss war feucht, der Betonschuppen unbeheizt, und ich wollte weg. Meinem Begleiter aber war unbehaglich zumute. Er wollte den Pater wenigstens noch wissen lassen, dass ich kein Amerikaner sei. Das geschah denn auch. Und der beschämte Pater erklärte, dem Peronismus gehe es in Wahrheit um die Entwicklung des menschlichen Geistes. Eine solche Entwicklung habe in Kuba und in China stattgefunden; in diesen Ländern habe man der Industriegesellschaft den Rücken gekehrt.*

Die Anwälte waren mir als eine Gruppe vorgestellt worden, die sich für »Bürgerrechte« einsetzten. Sie waren jung, modisch gekleidet und trafen sich an diesem Morgen, um eine Eingabe gegen die Folter zu entwerfen. Die Wohnung im obersten Stockwerk war schmuddelig und karg möbliert; Besucher wurden durch den Türspion beäugt; alle flüsterten; die Luft war von Zigarettenrauch geschwängert. Intrigen, Gefahr. Einer der Anwälte ließ sich von mir zu einem Mittagessen entführen, und beim Essen – er hatte einen kräftigen Appetit und kostete mich ein rundes Sümmchen – stellte er klar, dass die Folter, gegen die sie protestierten, nicht mit der Folter zu Peróns Zeiten verwechselt werden dürfe.

---

* Der Priester wurde zwei Jahre später, 1974, von Unbekannten erschossen und schmückte als peronistischer Märtyrer ein paar Tage lang die Plakatwände.

»Wenn die Gerechtigkeit vom Volk ausgeht«, sagte er, »kommt es manchmal zu Übertreibungen. Aber das Entscheidende ist letztlich, dass die Gerechtigkeit im Namen des Volkes geübt wird.« Wer seien die Feinde des Volkes? Seine Antwort kam wie auf Knopfdruck, wie aus der Pistole geschossen. »Der amerikanische Imperialismus. Und seine hiesigen Verbündeten. Die Oligarchie, die abhängige Bourgeoisie, der Zionismus und die ›Sepoy‹-Linke. Mit Sepoys meinen wir die kommunistische Partei und den Sozialismus allgemein.« Es klang nach einer kompletten Liste. Wer seien die Peronisten? »Der Peronismus ist eine revolutionäre, nationale Bewegung. Wir sind keine Stalinisten, und ein Peronist ist jeder, der sich Peronist nennt und wie ein Peronist handelt.«

Seiner antijüdischen Haltung zum Trotz war dieser Anwalt selber Jude; er stammte aus einer antiperonistischen Mittelstandsfamilie. Im Jahr 1970 war er Perón in Madrid begegnet, und dieser hatte einen überwältigenden Eindruck auf ihn gemacht; seine Stimme zitterte, als er wiedergab, was Perón damals zu ihm gesagt hatte. »General«, hatte er gefragt, »warum erklären Sie dem Regime nicht den Krieg und setzen sich an die Spitze aller wahren Peronisten?« Perón hatte geantwortet: »Ich bin der Führer einer nationalen Bewegung. Ich muss die gesamte Bewegung führen, in ihrer Totalität.«

»Innere Feinde haben wir nicht«, erklärte der Gewerkschaftsführer mit einem Lächeln. Gleichzeitig aber meinte er, die Folter werde es in Argentinien auch weiterhin geben. »Eine Welt ohne Folter ist eine Idealvorstellung.« Außerdem sei Folter nicht gleich Folter. *»Depende de quien sea torturado*. Es kommt darauf an, wer gefoltert wird. Ein Missetäter, das geht in Ordnung. Aber ein Mensch, der das Land zu retten sucht – das ist etwas anderes. Folter ist nicht nur der Elektroschocker, müssen Sie wissen. Armut ist Folter, vereitelte Hoffnung ist Folter.« Er war kultiviert; man hatte mir gesagt, er sei der intellektuellste unter den peronistischen Gewerkschaftsführern. Er empfing mich pünktlich; sein Büro war aufgeräumt und adrett;

auf seinem Schreibtisch, unter Glas, stand ein großes Foto vom jungen Perón.

Die erste peronistische Revolution fußte auf dem Mythos vom Reichtum, von einem Land, das darauf wartete, ausgeplündert zu werden. Jetzt gibt es keinen Reichtum mehr. Und der Peronismus ist wie ein Bestandteil der Armut. Er ist Protest, Verzweiflung, Glaube, Machismo, Magie, *espiritismo*, Vergeltung. Er ist alles und nichts. Man nehme Perón weg, und die Hysterie ist nicht mehr einzudämmen. Man nehme die Streitkräfte weg, diese sterilen Hüter von Recht und Ordnung, und der triumphierende Peronismus löst sich in hundert Privatfehden auf; jeder stürzt sich auf seinen persönlichen Gegner.

»Gewalt, in den Händen des Volkes, ist keine Gewalt: Es ist Gerechtigkeit.« Diese Sentenz von Perón fand sich auf der Titelseite einer neuen Ausgabe des peronistischen Blattes *Fe* abgedruckt. In finsterer Verzerrung äfft so der Süden den Revolutionsjargon des Nordens nach. Wo der Jargon lebendige Probleme in abstrakte Sentenzen verkehrt (»Die Folter wird erst dann aus Argentinien verschwinden«, erklärten die Trotzkisten, »wenn die Arbeiter an der Macht sind und die Bourgeoisie gestürzt ist«) und wo Jargon bloß noch mit Jargon wetteifert, haben die Menschen nichts mehr, worum sie kämpfen. Sie haben nur noch Feinde; nur die Feinde haben Realität. Seit dem Auseinanderbrechen des spanischen Weltreichs ist dies der Albtraum Südamerikas.

War Eva Perón blond oder brünett? Kam sie 1919 oder 1922 zur Welt? Wurde sie in der Kleinstadt Los Toldos oder in dem vierzig Kilometer entfernten Junín geboren? Nun, sie war brünett, färbte aber ihr Haar blond; sie wurde 1919 geboren, behauptete aber, sie sei 1922 zur Welt gekommen (und ließ 1945 ihre Geburtsunterlagen vernichten); sie verbrachte die ersten zehn Jahre ihres Lebens in Los Toldos, wollte aber danach von der Stadt nie mehr etwas wissen. Niemand weiß warum. *La Razón de Mi Vida* zu Rate zu ziehen, das später in den argentinischen Schulen Pflichtlektüre war, nutzt nichts. Die Autobiographie enthält keinerlei Faktum oder Datum; verfasst wurde sie von einem Spanier, der später den peronistischen Behörden den Vorwurf machte, sie massiv verändert zu haben.

Die Wahrheit macht sich also aus dem Staub; für die Heiligenlegende spielt sie keine Rolle. Messen werden für Eva Perón abgehalten und mittlerweile von vielen Studenten besucht; aber Nachforschungen über ihr Leben gibt es nicht. Ungekennzeichnet und selten besucht (auch wenn eine Frau sich erinnert, dass einmal Leute vom Fernsehen auftauchten), verfällt das einräumige Haus aus braunen Ziegelsteinen in Los Toldos. Der ältliche Autowerkstattbesitzer nebenan (zwei Fahrzeuge stehen in seiner Werkstatt, eines davon ein Ford »Model T« ohne Motor), dem das Haus jetzt gehört, benutzt es als Lagerraum. Gras sprießt auf dem Flachdach, und über der hinteren Veranda knickt das Wellblechdach ein.

Nur einen Versuch hat es in Argentinien gegeben, eine Biographie über Eva Perón zu schreiben. Sie sollte zwei Bände umfassen, aber der Verleger machte Bankrott, und der zweite Band erschien nicht mehr. Lebte Eva Perón noch, sie wäre jetzt erst dreiundfünfzig. Hunderte von Menschen sind noch am Leben, die sie gekannt haben. Nach zwei Monaten indes war ich kaum über das allgemein Bekannte hinausgelangt. Erinnerungen sind erschienen; die Menschen singen Lobeshymnen auf sie oder hassen sie; Letztere allerdings weigern sich, über sie zu reden. Das Elend der frühen Jahre in Los Toldos hat man erfolgreich ausgeblendet. Die Geschichte der Eva Perón ist unwiederbringlich dahin; geblieben ist nur die Legende.

Eines Abends, nach seinen Seminaren an der Katholischen Universität, während draußen die Polizeisirenen kreischten, erzählte mir Borges: »Wir hatten ein Gefühl, dass es das Beste war, alles zu vergessen. Hätten die Zeitungen geschwiegen, es gäbe heute keinen Peronismus – anfangs schämten die Peronisten sich ihrer selbst. In der Öffentlichkeit, vor einem Publikum, würde ich nie seinen Namen in den Mund nehmen. Ich würde von *el prófugo*, dem Flüchtling, und von *el dictador* reden. So wie man in Gedichten bestimmte Wörter vermeidet – würde ich diesen Namen in einem Gedicht verwenden, es würde in Trümmer fallen.«

Das ist die argentinische Haltung: unterdrücken, ignorieren. Viele Akten aus der peronistischen Zeit sind vernichtet. Wenn heute die Jugend aus dem Mittelstand peronistisch ist und Studenten das alte Lied der Diktatur singen –

Perón, Perón, qué grande sos!
Mi general, cuánto valés!

Perón, Perón, wie bist du groß!
Wie unschätzbar bist du, mein General!

– wenn die Diktatur selbst in ihren schlimmsten Auswüchsen wieder achtbar erscheint, dann nicht, weil die Vergangenheit erforscht und aufgrund der Befunde neu bewertet worden wäre, sondern einfach deshalb, weil sich die Einstellung vieler Menschen zum Mythos Perón gewandelt hat. Die Leute haben ihre Meinung geändert.

Argentinien kennt keine Geschichte. Es gibt keine Archive, nur Graffiti und Kampfparolen und Schulunterricht. Regelmäßig werden Schulkinder in weißen Kitteln durch das Cabildo-Gebäude auf der Plaza de Mayo in Buenos Aires geführt und bekommen die Trophäen des Unabhängigkeitskrieges gezeigt. Dieser Krieg ist ein glorreiches, einzigartiges Ereignis und steht weder in den Schulbüchern noch im Bewusstsein der Öffentlichkeit in irgendeinem Zusammenhang mit dem, was unmittelbar darauf folgte: mit dem Verlust des Rechts, der Jagd auf den Feind, endlosen Bürgerkriegen, Gangsterherrschaft.

An einem anderen Abend sagte Borges. »Die Geschichte Argentiniens ist die Geschichte seiner Getrenntheit von Spanien.« Wie Perón da hineinpasse? »Perón repräsentierte den Abschaum der Menschheit.« Aber er habe doch sicher auch für etwas typisch Argentinisches gestanden? »Leider muss ich zugeben, dass er Argentinier ist – ein Argentinier unserer Zeit.« Borges ist ein *criollo*, einer, dessen Vorfahren vor der großen Einwanderungswelle ins Land kamen, bevor das Land wurde, was es ist; an die Stelle des Nachdenkens über die Geschichte seines Landes setzt Borges einen Ahnenkult. Wie viele Argentinier hat er ein bestimmtes Bild von Argentinien; was da nicht hineinpasst, fällt durch die Maschen. Und Borges ist der bedeutendste Kopf Argentiniens.

Eine Haltung gegenüber der Geschichte, eine Haltung gegenüber dem Land. Magie ist wichtig in Argentinien; das Land ist voller Hexer und Zauberer und Wunderheiler und Medien. Dem Besucher aber sagt man, er müsse diesen Aspekt des argentinischen Lebens ignorieren, weil er nicht echt sei. Das Land ist voller *estancias*; aber diese bestimmte *estancia* brauche der Besucher nicht zu besuchen, weil sie nicht typisch sei. Sie sei aber doch da und funktioniere. Ja, aber sie sei nicht echt. Und auch das da sei nicht echt, ebenso wenig wie das da und das da. So wird das ganze Land weggeredet; und schließlich findet sich der Besucher an eine Art Gaucho-Andenkenladen verwiesen. Das ist kein Argentinien, in dem jemand lebt, schon gar nicht die einheimischen Begleiter des Besuchers; aber dafür ist es *echt*, ist es eben *Argentinien*. »An sich lieben wir alle dieses Land«, erklärte ein Argentinier angelsächsischer Herkunft. »Aber es soll, bitte schön, unserem Bild von ihm entsprechen. Und für diese Fantastereien müssen viele von uns jetzt büßen.« Eine kollektive Weigerung, die Augen aufzumachen, sich mit dem Land zu arrangieren: eine künstliche, zerrissene Kolonialgesellschaft, die an ihren Mythen krankt und durch sie zur Falschmünzerei verführt wird.

Argentinier zu sein hieß nicht etwa, Südamerikaner zu sein. Es hieß, Europäer zu sein, und viele Argentinier wurden europäisch, waren in Europa zuhause. Das Land, dem ihr Reichtum entstammte, war nichts weiter als ein Außenposten. Für diese argentinischen Europäer stellten Buenos Aires und Mar del Plata Sommerfrischen dar, mit einem an die Saison gebundenen Gesellschaftsleben. Zwischen den Kriegen gab es eine stabile argentinische Gemeinde in Paris, die sich auf Hunderttausend belief; damals war der Peso eine wirkliche Währung.

»Nach Ansicht vieler«, sagte Borges, »wäre ein Sieg der Engländer [1806-7, als die Briten zweimal in Buenos Aires einfielen] entschieden das Beste gewesen, was uns hätte passieren können. Ich frage mich allerdings, ob man als Kolonie gut bedient ist – ob man nicht an Provinzialismus und Langeweile zugrunde geht.«

Europäischer Argentinier zu sein stellte freilich die zerstörerischste Form der kolonialen Existenz dar. Man lebte parasitär. Wie die Gruppen der Weißen in den Kolonien der Karibik erhob man Anspruch auf die Leistungen und das Ansehen Europas. Man verlangte sich selbst weniger ab (in Trinidad, wo ich aufwuchs, herrschte die Überzeugung, Weiße und Reiche bräuchten keine Bildung). Weil man sich in falscher Sicherheit wiegte, fand man sich mit dem Mittelmaß der eigenen Gesellschaft ab.

Und da war der Reichtum Argentiniens: die britischen Eisenbahnen, die aus allen Ecken der Pampa Weizen und Fleisch zum Hafen von Buenos Aires schafften, von wo es nach England verschifft wurde. Mythen vom Lohn harter Arbeit, die zu Pionierleistungen hätten anspornen oder ein Nationalbewusstsein hätten stiften können, gab es nicht. Das Land war leer, flach wie ein Handtuch und extrem reich: unerschöpflich reich. Und es zeigte sich unendlich nachsichtig. *Dios arregla de noche la macana que los Argentinos hacen de día*: Gott bringt nachts wieder in Ordnung, was die Argentinier tagsüber vermasselt haben.

Argentinisch zu sein hieß, eine magische, lähmende Welt zu bewohnen. Reichtum und Europäertum kaschierten die kolonialen Realitäten einer agrarischen Gesellschaft, in der wenig Bedarf an talentierten Menschen bestand und die auch nur wenige hervorgebracht hatte, die große Männer nicht brauchte und in der auch keine auf den Plan getreten waren. »Nichts hat sich hier *ereignet*«, erklärte Norman di Giovanni eines Tages verärgert. Und jeder, von Borges angefangen, erklärt: »Buenos Aires ist eine Kleinstadt.« Acht Millionen Menschen: ein monströses plebejisches Gewimmel, mittelmäßig, monoton und sinnlos: dabei aber nur eine Kleinstadt, zerfressen von kolonialer Minderwertigkeit und Gehässigkeit. Wenn das Gefühl vorherrscht, dass sich die wirkliche Welt draußen befindet, dann erscheint alles zu Hause unzulänglich und talmihaft. Ein Kellner in Mendoza erklärte mir: »Argentinier arbeiten nicht. Wir können nichts Großes schaffen. Alles, was wir machen, ist klein und läppisch.« Ein Künstler erklärte: »Es gibt hier sehr wenige *Könner*. Damit meine ich Leute, die was mit sich anzufangen wissen. Niemand weiß, warum er das macht, was er macht. Deshalb bist du, wenn du tust, was ich tue, mein Feind.«

Camelero, chanta: Das sind Ausdrücke, die man in Argentinien täglich hört. Ein *camelero* ist ein Aufschneider, einer, der eigentlich gar nichts zu bieten hat. Der Mann, der mir anbot, mich zu einer *estancia* zu bringen, und zwar in seinem Privatflugzeug, machte nur *camelo*. Der *chanta* ist einer, der zu allem bereit ist, ein Mann ohne Prinzipien, ohne Substanz. Fast jeder, angefangen vom Präsidenten, wird von jemand anderem als *chanta* abqualifiziert.

Das andere Wort, das man immer wieder hört, ist *mediocre*. Die Argentinier hassen das Mittelmaß und fürchten, selber als mittelmäßig zu gelten. Der Ausdruck zählte zu den Schmähworten Eva Peróns. Ihr erschien die argentinische Aristokratie stets als medioker. Und sie hatte Recht. In wenigen Jahren zertrümmerte sie den Mythos vom aristokratischen Kolonialland Argentinien. Und kein anderer Mythos, kein anderes Bild von dem Land hat sich gefunden, um den zerstörten Mythos zu ersetzen.

2. Borges und die gefälschte Vergangenheit

Über den Ruhm des Schriftstellers äußert Borges: »Das Wichtige ist das Bild, das man von sich selbst in den Köpfen der anderen schafft. Viele Menschen halten Robert Burns für einen mittelmäßigen Dichter. Aber er steht für vieles, und die Menschen mögen ihn. Wie bei Byron ist dieses Bild am Ende vielleicht wichtiger als das Werk.«

Borges ist ein großer Schriftsteller, ein liebenswerter, melancholischer Dichter; Menschen, die gut Spanisch können, bewundern ihn wegen seiner geradlinigen, schlichten Prosa. Der Ruf aber, den er in den angelsächsischen Ländern genießt, sein Ruf als blinder, ältlicher Argentinier, als Verfasser weniger, kurzer, dunkelmännischer Geschichten, ist so übermächtig und falsch, dass er seine Größe überschattet. Möglich, dass er ihn den Nobelpreis gekostet hat; und möglich auch, dass, wenn sich das falsche Image, wie nicht anders möglich, eines Tages auflöst, die guten Sachen zugleich damit verschwinden.

Die Ironie dabei ist, dass Borges' beste Schriften weder dunkelmännisch noch schwierig sind. Seine Gedichte lassen sich leicht verstehen; viele davon sind von geradezu romantischer Schlichtheit. Seine Themen sind sich während des letzten halben Jahrhunderts gleich geblieben: Es geht um seine soldatischen Vorfahren, ihren Tod in der Schlacht, den Tod als solchen, die Zeit und das alte Buenos Aires. Und es gibt etwa ein Dutzend erfolgreiche Geschichten. Zwei oder drei sind einfache, geradezu altmodische Kriminalgeschichten (eine davon erschien in *Ellery Queen's Mystery Magazine*). Einige erzählen mit kinematographischer Detailgenauigkeit vom Leben der unteren Schichten im Buenos Aires der Wende vom neunzehnten zum zwanzigsten Jahrhundert. Gangster erhalten episches Format; sie steigen auf, stoßen auf Widerstand, und manchmal nehmen sie die Beine in die Hand.

Bei den anderen Geschichten – sie haben die Kritiker in den Wahnsinn getrieben – handelt es sich um intellektuelle Späße. Borges nimmt sich ein Wort wie »unsterblich« vor und spielt damit. Nehmen wir an, sagt er, die Menschen wären wirklich und wahrhaftig unsterblich. Nicht einfach Menschen, die immer älter werden und nicht sterben, sondern unzerstörbare kraftvolle Menschen, die als solche in alle Ewigkeit leben. Was hätte das für Folgen? Seine Antwort – in Form seiner Geschichte – lautet, dass dann jedem Menschen irgendwann jede nur denkbare Erfahrung zustieße und jeder Mensch irgendwann jede nur denkbare Rolle spielte und dass Homer (der verkappte Held dieser Geschichte) im achtzehnten Jahrhundert vielleicht vergessen hätte, dass er einst die *Odyssee* schrieb. Oder nehmen wir den Begriff »unvergesslich«. Angenommen, etwas wäre im strengen Sinn unvergesslich und ließe sich auch nicht eine Sekunde vergessen; angenommen, dieses Etwas gelangte wie eine Münze in unseren Besitz. Bauen wir diese Vorstellung aus. Nehmen wir an, da ist ein Mann – halt, nein, es muss ein Junge sein –, der nichts vergessen konnte und dessen Gedächtnis sich deshalb mit allen unvergesslichen Einzelheiten jeder Minute seines Lebens immer weiter aufblähte.

So sehen Borges' intellektuelle Spielereien aus. Und sein vielleicht erfolgreichstes Prosastück, zugleich sein kürzestes, ist ein reiner Scherzartikel. Es trägt den Titel »Del rigor en la ciencia« (»Von der Strenge der Wissenschaft«) und gibt vor, ein Auszug aus einem Reisebuch des siebzehnten Jahrhunderts zu sein:

»... In jenem Reich erlangte die Kunst der Kartographie eine solche Vollkommenheit, dass die Karte einer einzigen Provinz den Raum einer Stadt einnahm und die Karte des Reichs den einer Provinz. Mit der Zeit befriedigten diese maßlosen Karten nicht länger, und die Kollegs der Kartographen erstellten eine Karte des Reichs, die die Größe des Reichs besaß und sich mit ihm in jedem Punkt deckte. Die nachfolgenden Geschlechter, die dem Studium der Kartographie nicht mehr so ergeben waren, waren der Ansicht, diese ausgedehnte Karte sei unnütz, und überließen sie, nicht ohne Verstoß gegen die Pietät, den Unbilden der Sonne und der Winter. In den Wüsten des Westens überdauern zerstückelte Ruinen der Karte, behaust von Tieren und von Bettlern; im ganzen Land gibt es keine anderen Überreste der geographischen Lehrwissenschaften.«

Das ist ebenso perfekt wie absurd: die genaue Parodie, der groteske Einfall. Die Rätsel und Scherze von Borges können süchtig machen. Aber sie müssen als das gesehen werden, was sie sind; für die metaphysischen Deutungen, die ihnen zuteil werden, sind sie nicht immer tragfähig. Es gibt allerdings genug, was den akademischen Kritiker für sie einnehmen kann. Manche von Borges' Scherzen setzen ein hohes Maß an ausgefallener Gelehrsamkeit voraus – unter der sie manchmal auch verschwinden. Und dann ist da noch die gelegentlich barocke Sprache der frühen Geschichten.

»Die kreisförmigen Ruinen« – eine kunstvoll gearbeitete, fast an Science-Fiction gemahnende Geschichte von einem Träumer, der entdeckt, dass er selbst nur im Traum eines anderen existiert – beginnt mit den Worten: *»Nadie lo vió desembarcar en la unánime noche«*, zu Deutsch: »Niemand sah ihn an Land gehen in der einmütigen Nacht.« Norman Thomas di Giovanni, der seine letzten vier Jahre vollständig damit zugebracht hat, Borges zu übersetzen und mehr als jeder andere dafür getan hat, Borges' Werk in der englischsprachigen Welt bekannt zu machen, erzählt:

»Sie können sich vorstellen, was alles über dieses ›einmütig‹ geschrieben worden ist. Ich bin mit zwei Übersetzungsvorschlägen zu Borges gegangen, ›umgebend‹ und ›umhüllend‹. Und ich habe gefragt: ›Borges, was haben Sie eigentlich mit der einmütigen Nacht gemeint? Das gibt doch keinen Sinn. Wenn die Nacht einmütig sein kann, warum dann nicht auch teetrinkend oder kartenspielend?‹ Und seine Antwort hat mich erstaunt. Er hat gesagt: ›Di Giovanni, das ist nur ein Beispiel für die Unzurechnungsfähigkeit, mit der ich früher zu schreiben pflegte.‹ In der Übersetzung haben wir dann ›umhüllend‹ genommen. Viele der Professoren allerdings wollten sich ihre einmütige Nacht nicht nehmen lassen …

Da gab es diese Frau. Sie schrieb einen Artikel über Borges für ein Buch. Sie konnte kein Spanisch, und baute ihren Artikel auf zwei ziemlich mittelmäßigen Übersetzungen ins Englische auf. Einen langen Artikel, ungefähr vierzig Seiten. Und eine ganz *entscheidende* These darin ist, dass Borges eine sehr romanische Prosa schreibe. Ich musste sie darauf aufmerksam machen, das Borges gar nichts anderes übrig bleibe, da er Spanisch schreibe, und Spanisch eine romanische Sprache sei. Das

Fundament für ihren Artikel legte sie, ohne jemanden um Rat zu fragen. Und am Ende schreit sie um Hilfe, und man rennt hin und sieht, wie der riesige Wolkenkratzer im Treibsand versinkt.«

Di Giovanni begleitete Borges 1969 auf einer Vortragsreise durch die USA:

»Borges ist ein Gentleman. Wenn die Leute zu ihm kommen und ihm den tieferen Sinn seiner Geschichten erklären – schließlich hat er sie ja auch nur geschrieben –, hat er den herrlichsten Sermon parat, den ich je gehört habe. ›Oh, danke schön! Sie haben Sinn in meine Geschichte gebracht. Sie haben mir ein großes Geschenk gemacht. Um diese Wahrheit über mich und meine Geschichte zu erfahren – deshalb bin ich den weiten Weg von Buenos Aires hierher, nach X – sagen wir, Lubbock, Texas –, gekommen.‹«

Borges genießt seit Jahren beträchtlichen Ruhm in der spanischsprachigen Welt. In einem »Autobiographischen Essay« freilich, der 1970 als Kurzbiographie in *The New Yorker* erschien, erklärte er, »praktisch unsichtbar – nicht nur in der Welt, sondern auch zu Hause in Buenos Aires« gewesen zu sein, bis man ihm 1961 – er war damals zweiundsechzig – den Formentor-Preis verlieh. Mit dieser Art von Übertreibung nervt er etliche seiner frühen argentinischen Anhänger; manche würden sagen, seine »Unzurechnungsfähigkeit« sei zusammen mit seinem Ruhm gewachsen. Aber Borges war schon immer unzurechnungsfähig. Buenos Aires ist eine kleine Stadt; und was vielleicht nicht weiter anstößig war, solange Borges nur zu dieser kleinen Stadt gehörte, erregt vielleicht größeren Anstoß, seit Ausländer Schlange stehen, um ihn zu interviewen. Borges' Begeisterung für seine soldatischen Vorfahren und ihren Schlachtentod schmeichelte damals zweifellos der ganzen Gesellschaft, weil es ihr das Gefühl gab, Vergangenheit zu haben und komplett zu sein. Jetzt wirkt diese Begeisterung eher ausschließend, eher wie eine Form der Selbsterhöhung; in den Augen vieler ist es nichts weiter als egoistisch und anmaßend. In einer kleinen Stadt berühmt zu sein bringt so seine Probleme mit sich.

Borges gibt viele Interviews. Und jedes Interview gleicht irgendwie dem anderen. Er lässt die Fragen ihre Bedeutung verlieren; er spielt, wie eine argentinische Dame sich ausdrückte, seine *discos*, seine Platten, ab; er produziert sich. Die spanische Sprache, sagt er, sei sein »Verhängnis«. Er kritisiert Spanien und die Spanier: Er ficht immer noch den alten kolonialen Krieg aus, wobei sich allerdings die einstigen Streitfragen mit einem primitiveren argentinischen Vorurteil gegen die armen, rückständigen Einwanderer aus Nordspanien verquickt haben. Er reißt seine geschmacklosen, erwartungsgemäßen Witze über die Indios der Pampa. Geschmacklos deshalb, weil gerade einmal zwanzig Jahre, bevor er zur Welt kam, diese Indios systematisch ausgerottet wurden; und erwartungsgemäß deshalb, weil ein Gemetzel dieses Ausmaßes nur dann akzeptabel wird, wenn man sich über die Opfer lustig macht. Er spricht über Chesterton, Stevenson und Kipling. Er spricht über das Altenglische mit der Begeisterung eines Menschen, der sich ganz allein in ein akademisches Thema eingearbeitet hat. Er spricht über seine englischen Vorfahren.

Seine Selbstdarstellung ist merkwürdig geprägt von Kolonialbewusstsein. Er ist stolz auf seine argentinische Vergangenheit und macht daraus kein Hehl; schließlich ist er Patriot. Er ehrt die Landesfahne, von der ein Exemplar am Balkon seines Büros in der Landesbibliothek (deren Direktor er ist) flattert. Und wenn er die Nationalhymne hört, erfasst ihn Rührung. Aber gleichzeitig legt er offenbar Wert darauf, seine Distanz zu Argentinien zu demonstrieren. Es könnte scheinen, als zielte Borges mit dieser Selbststilisierung auf die neue akademische Leserschaft, die er im angloamerikanischen Raum gewonnen hat und der er dadurch in vielerlei Hinsicht schmeichelt. Tatsächlich aber reicht sie weit zurück.

In Buenos Aires erinnert man sich noch, dass er 1955, wenige Tage nach Peróns Sturz und dem Ende seiner neunjährigen

Diktatur, vor den Damen der Gesellschaft für Englische Kultur einen Vortrag hielt – ausgerechnet über Coleridge. Eine Reihe von Coleridges Versen, sagte er damals, zählten zum Besten, was englische Dichtung, »*es decir la poesía* [mit anderen Worten, Dichtung]«, hervorgebracht habe. In einer Zeit nationaler Erhebung glichen diese vier Worte einer gezielten Ohrfeige für die argentinische Seele.

Norman di Giovanni erzählt mir die Gegengeschichte dazu.

»Im Dezember 1969 waren wir in der Georgetown University in Washington, D.C., zu Gast. Der Mann, der die einführenden Worte sprach, war ein Argentinier aus Tucumán und nutzte die Gelegenheit, um darauf hinzuweisen, dass die Universität von Tucumán durch das Militärregime geschlossen worden war. Bis wir uns auf dem Weg zum Flughafen befanden, verschwendete Borges keinen Gedanken an die Worte des Mannes. Dann fing jemand an, davon zu reden und Borges war plötzlich wütend. ›Haben Sie gehört, was dieser Mann behauptet hat? Dass sie die Universität in Tucumán geschlossen hätten.‹ Ich fragte ihn, warum er so wütend sei, und er antwortete: ›Dieser Mann hat mein Land angegriffen. So darf man nicht über mein Land reden.‹ Ich sagte: ›Borges, wen meinen Sie mit *dieser Mann*? Dieser Mann ist Argentinier. Und er kommt aus Tucumán. Und was er sagt, stimmt. Das Militär *hat* die Universität dichtgemacht.‹«

Borges ist mittelgroß. Seine fast blinden Augen und sein Stock verleihen seiner Erscheinung einen zusätzlichen Zug von Vornehmheit. Er kleidet sich sorgfältig. Er sei, sagt er, ein Schriftsteller des Mittelstands, und ein mittelständischer Autor dürfe weder allzu dandyhaft noch übertrieben leger auftreten. Er ist höflich: Mit Sir Thomas Browne vertritt er die Ansicht, ein Gentleman sei, wer möglichst wenig Aufsehen errege. »Aber Sie sollten das in *Religio Medici* nachschlagen.« Demnach könnte man den Eindruck gewinnen, dass sich in Borges' Umgänglichkeit, in seiner Bereitschaft, lange Interviews zu geben, die

Wiederholungen bereits gegebener Interviews sind, das mittelständische Ideal der Selbstzurücknahme und die guten Manieren des Gentleman mit der Reserviertheit des Autors verbinden, mit seinem Bedürfnis, sich für sein Werk aufzusparen.

Einen Hinweis auf diese Reserviertheit (in aller Umgänglichkeit) erhält man, wenn man sieht, wie er angesprochen werden will. Höchstens vielleicht ein Dutzend Menschen genießen das Privileg, ihn bei seinem Vornamen, Jorge, zu nennen, den sie in die Koseform »Georgie« verwandeln. Für alle anderen möchte er einfach »Borges« sein, ohne das Señor, das er spanisch und gespreizt findet. »Borges« schafft natürlich Distanz.

Und selbst der fünfzigseitige »Autobiographische Essay« ändert nichts an dieser Reserviertheit. Er liest sich wie ein weiteres Interview. Er verrät wenig Neues. Im Jahr 1899 in Buenos Aires geboren, als Sohn eines Rechtsanwalts; soldatische Vorfahren; der siebenjährige Aufenthalt der Familie in Europa von 1914 bis 1921 (als der Peso etwas wert und Europa billiger war als Buenos Aires); all dies auch hier wieder skizzenhaft erzählt, wie in einem Interview. Und es dauert nicht lange, da ist der Essay nichts weiter als der Abriss, den ein Schriftsteller von seinem schriftstellerischen Leben gibt, von den Büchern, die er gelesen, und den Büchern, die er geschrieben hat, den literarischen Gruppen, denen er sich anschloss, und den Zeitschriften, die er gründete. Nur die spärlichsten Andeutungen findet man von der Krise, die er in seinen späten Dreißigern und frühen Vierzigern durchgemacht haben muss, als er – nachdem das Geld der Familie verloren war – alle möglichen journalistischen Jobs übernahm, als sein Vater starb und er selbst ernsthaft erkrankte und »um [seine] geistige Gesundheit fürchtete«, als er in einer Stadtbibliothek Hilfsdienste leistete, als Autor außerhalb der Bücherei ebenso bekannt wie in ihren Räumen unbekannt. »Ich erinnere mich, dass einem Kollegen in einer Enzyklopädie einmal der Name eines gewissen Jorge Luis Borges aufstieß – über den Zufall der Gleichheit unserer Namen und Geburtsdaten konnte er sich nicht genug verwundern.«

»Neun Jahre massiven Unglücks«, sagt er; aber nur vier Seiten widmet er dieser Zeit. Die Reserviertheit beginnt, die Züge einer ausschließenden Privatheit anzunehmen.

Un dios me ha concedido
Lo que es dado saber a los mortales.
Por todo el continente anda mi nombre;
No he vivido. Quisiera ser otro hombre.

Gisbert Haefs übersetzt:

Ein Gott hat mir gewährt
zu wissen, was Sterbliche wissen können.
Der Kontinent kennt meinen Namen. Ich
hab nicht gelebt. Ich wäre gern ein andrer.

Das schreibt Borges über Emerson, aber er könnte es auch über Borges schreiben. Im »Autobiographischen Essay« fehlt das Leben tatsächlich. So dass alles, was an dem Mann wichtig ist, im Werk gefunden werden muss, das Borges zufolge im Wesentlichen aus den Gedichten besteht. Und alle Themen, denen er im Laufe eines langen Lebens nachgeforscht hat, sind, wie er selbst sagt, bereits in seinem allerersten Gedichtband enthalten, der 1923 erschien – ein in fünf Tagen gedrucktes Buch, dessen 300 Exemplare er freizügig verschenkte.

Hier stirbt der soldatische Vorfahr in der Schlacht. Hier schon, im Alter von vierundzwanzig, verwandelt sich ihm die Betrachtung des Ruhmes in das Nachsinnen über Tod, Zeit und den »Tand« des individuellen Lebens:

… cuando tú mismo eres el espejo y la réplica
de quienes no alcanzaron tu tiempo
y otros serán (y son) tu inmortalidad en la tierra.

In Gisbert Haefs' Übertragung:

… obgleich du selbst der Spiegel und die Antwort
jener bist, die deine Zeit nicht erreichten,
und andere werden sein (und sind) deine Unsterblichkeit auf Erden.

Irgendwann um diese Zeit kam das Leben zum Stillstand; und alles, was folgte, war Literatur: eine Beschäftigung mit Worten, ein nicht endendes Bemühen, den Gefühlen jener so besonderen Vergangenheit nahe zu bleiben und sie nicht zu verraten.

Ich bin, doch bin ich auch der andre, Tote,
der andre meines Bluts und meines Namens.

So lautet Haefs' Übersetzung eines Gedichts, das dreiundvierzig Jahre nach jenem ersten Buch geschrieben wurde:

Soy, pero soy también el otro, el muerto,
El otro de mi sangre y de mi nombre.

Seit der Abfassung jenes ersten Buchs hat nichts, außer vielleicht seine Entdeckung altenglischer Dichtung, Borges Stoff zu solch intensivem Nachdenken geliefert. Nicht einmal die bitteren Jahre Peróns, als er »aufgrund einer ›Beförderung‹ zum Aufseher über den Geflügel- und Kaninchenverkauf auf den öffentlichen Märkten die Bibliothek verlassen musste« und seinen Abschied nahm. Und auch nicht seine kurze, unglückliche, späte Ehe, die in Zeitschriftenartikeln breitgetreten wurde und über die man in Buenos Aires bis heute tratscht. Und auch nicht seine dauerhaft enge Verbindung zu seiner mittlerweile sechsundneunzigjährigen Mutter.

»Im Jahr 1910, dem hundertsten Jahr der Argentinischen Republik, hielten wir Argentinien für ein achtenswertes Land und waren überzeugt davon, dass Menschen aus allen Nationen uns zuströmen würden. Jetzt steuert das Land eine schiefe Bahn. Wir leben unter der Drohung, dass dieser schreckliche Mann wiederkommt.« So spricht Borges von Perón: Er nimmt seinen Namen lieber nicht in den Mund.

»Ich bekomme jede Menge persönlicher Drohungen. Sogar meine Mutter. Sie wurde in der tiefsten Nacht – um zwei oder drei Uhr morgens – angerufen, und jemand mit einer ganz barschen Stimme, wie man es sich bei einem *Peronista* vorstellt, sagte zu ihr: ›Ich muss Sie und Ihren Sohn umbringen.‹ ›Warum?‹, fragte sie. ›Weil ich *Peronista* bin.‹ – ›Was meinen Sohn betrifft‹, sagte meine Mutter, ›so ist er über siebzig und praktisch blind. Aber, was mich angeht, rate ich Ihnen, keine Zeit zu verlieren, denn ich bin fünfundneunzig und sterbe Ihnen vielleicht unter den Händen weg, ehe Sie mich noch haben umbringen können.‹ Am nächsten Morgen sagte ich zu meiner Mutter, mir sei so, als hätte ich nachts das Telefon klingeln hören. ›Habe ich das geträumt?‹ – ›Ach, irgendein Spinner‹, sagte sie. Sie ist nicht nur schlagfertig, sie hat auch Mut ... Ich sehe nicht, wie ich Einfluss nehmen könnte – auf die politische Situation. Aber ich meine, ich muss tun, was ich kann – schließlich entstamme ich einer Soldatenfamilie.«

Borges' erster Gedichtband trug den Titel *Buenos Aires mit Inbrunst*. Im Vorwort erklärte er dort, er versuche, die neue, expandierende Großstadt auf besondere Weise zu würdigen. »Ähnlich den Römern, die beim Durchqueren eines Waldes die Worte ›*numen inest*‹ murmelten, erklären meine Verse, von den Wundern der Straßen kündend, ›Hier weilt das Heilige‹ ... Täglich gewinnen Orte Stück für Stück an Heiligkeit.«

Aber Borges hat Buenos Aires nicht geheiligt. Die Stadt, die sich dem Besucher darbietet, ist nicht die Stadt der Gedichte, etwa so, wie Simla (obwohl nicht weniger neu und künstlich als Buenos Aires) nach all den Jahren immer noch die Stadt der Geschichten Kiplings ist. Kipling sah sich eine wirkliche Stadt sorgfältig an. Das Buenos Aires ist privat, eine Stadt der Einbildung. Und jetzt ist die Stadt selbst im Verfall begriffen. In Borges' heimatlicher Südstadt sind einige alte Gebäude mit ihren mächtigen Eingangstüren und ihren Fluchten aus Innenhöfen, von denen jeder anders gekachelt ist, noch erhalten. Häufiger freilich sind die hinteren Innenhöfe zugemauert, und viele alte Gebäude hat man abgerissen. Die Eleganz, falls sie in dieser plebejischen Einwandererstadt je existierte und sich nicht bloß dem verklärenden Blick vertriebener Architekten verdankt, ist verschwunden; jetzt herrscht nur noch Unordnung.

Vom Balkon vor Borges' Büro in der Nationalbibliothek hängt die argentinische Fahne mit ihren Farben Weiß und Blassblau über der Mexiko-Straße; sie ist schmuddelig vom Straßenstaub und den Auspuffgasen. Und man schaue sich dieses Gebäude, vielleicht das schönste im Umkreis, an, das in den Zeiten des üblen Diktators de Rosas vor mehr als hundertzwanzig Jahren als Krankenhaus und als Gefängnis diente. Der mit Stacheln besetzten Mauer, den hohen Eisentoren, den riesigen Holztüren ist immer noch Schönheit eigen. Drinnen aber blättert die Farbe von den Wänden ab, die Fenster im zentralen Innenhof sind zerbrochen, und eine Wendeltreppe aus Metall ist mit Gerümpel verstopft. Dies hier ist ein staatliches Amt, eine Abteilung des Arbeitsministeriums: Es kündet von einer Verwaltung, die nicht mehr weiter weiß, einer Stadt, die stirbt, einem Gemeinwesen, das nicht richtig funktioniert hat.

Überall sind die Mauern mit gewalttätigen Parolen beschmiert, in den Straßen operieren Guerillas, der Peso fällt, die Stadt ist voller Hass. Der blutrünstige Slogan *Rosas vuelve*, Rosas kehrt zurück, taucht immer wieder auf. Das Land lebt in Erwartung neuer Schrecken.

Numen inest, hier weilt das Heilige: Der Beschwörungszauber des Dichters hat nicht gewirkt. Die soldatischen Vorfahren sind in der Schlacht gestorben, aber die armseligen Schlachten und sinnlosen Tode haben zu nichts geführt. Nur in Borges' Gedichten bewohnen jene Helden »hoch im Sattel ... ein episches Universum«: »*alto ... en su épico universo*«. Und das ist seine große Schöpfung: Argentinien als ein rein mythologisches Land, eine komplette epische Welt – »die Republiken und die Pferde und die Morgen [*las repúblicas, los caballos y los mañanas*]«, Schlachten, die geschlagen, Vaterländer, die gestiftet, große Städte, die erbaut werden, und »diese Reihe alter Straßen, die alte Namen meines Blutes wiederholen«.

Das ist die Vision der Kunst. Gleichzeitig aber schlägt Borges durch seine englische Großmutter aus diesem mythologischen Argentinien eine Brücke zu seinen englischen Vorfahren und durch sie zur englischen Sprache »in ihrer Morgenröte«. »Die Leute sagen, ich sähe jetzt wie ein Engländer aus. Als ich jung war, sah ich nicht englisch aus. Ich war dunkler. Ich fühlte mich nicht wie ein Engländer. Kein bisschen. Vielleicht hat sich das Gefühl, Engländer zu sein, durch meine Lektüre eingestellt.« Und auch wenn Borges das nicht zugibt, ein häufig wiederkehrendes Motiv in den späteren Geschichten sind Menschen aus dem Norden, die in einer gottverlassenen argentinischen Landschaft verkommen. Aus schottischen Guthries werden mestizische Gutres, die nicht einmal mehr etwas von der Bibel wissen; ein englisches Mädchen verwandelt sich in eine wilde Indiofrau; Männer mit Namen Nilsen vergessen ihre Abstammung und leben wie wilde Tiere mit dem bestialischen Sexualverhalten des Macho-Hurenbocks.

»Ich schreibe nicht über Degenerierte«, erklärte Borges bei unserer ersten Zusammenkunft. Ein anderes Mal aber verkündete er: »Das Land wurde durch denkende Menschen bereichert, die im Wesentlichen aus Europa und den USA kamen. Nur durch die zivilisierten Menschen. Die Gauchos sind sehr schlichten Gemüts. Barbaren.« Als wir über die Geschichte Argentiniens sprachen, sagte er: »Es gibt ein Muster. Kein Muster, das einfach erkennbar wäre. Ich selbst kann vor lauter Bäumen den Wald nicht sehen.« Und fügte später hinzu: »Die Bürgerkriege von damals haben heute alle Bedeutung verloren.«

Parallel zu seiner dichterischen Version hat sich also in Borges vielleicht eine wenngleich uneingestandene und nebenher laufende Wahrnehmung der Wirklichkeit entwickelt. Und mittlerweile lässt sich die tatsächliche Welt ohnehin nicht länger verleugnen.

Mitte Mai fuhr Borges für ein paar Tage nach Montevideo in Uruguay. Montevideo zählte zu den Städten seiner Kindheit, war für ihn eine Stadt »langer, verfaulenzter Ferien«. Heute freilich war Uruguay, das südamerikanische Land mit dem höchsten Bildungsstand, »die Karikatur eines Landes«, wie ein Argentinier sich ausdrückte; geradeso wie Argentinien war es nach dem Wohlstand der Weltkriegszeit mittlerweile bankrott und mit seiner Selbstzerfleischung beschäftigt. Montevideo befand sich im Kriegszustand; Guerillas und Soldaten lieferten sich in den Straßen Kämpfe. Eines Tages, während sich Borges dort aufhielt, wurden vier Soldaten erschossen.

Ich traf Borges, als er wieder zurück war. Ein hübsches Mädchen half ihm die Stufen vor der Katholischen Universität hinunter. Er wirkte gebrechlicher; seine Hände neigten stärker zum Zittern. Seinen munteren Interview-Ton hatte er abgelegt. Er war voll von den katastrophalen Zuständen in Montevideo, war verzweifelt. Jetzt hatte er auch noch Montevideo verloren. In einem Gedicht mit dem Titel »Morgende in Montevideo« zählt zu den Dingen, für die er dankt, »das göttliche Labyrinth aus Ursachen und Wirkungen«. Wie Buenos Aires, wie Argentinien, war nun auch Montevideo anmutig nurmehr in seiner Erinnerung – und in seiner Kunst.

3. Kamikaze in Montevideo

Oktober – November 1973

Die Zinssätze gingen in diesem Jahr in Uruguay herunter. Im vorangegangenen Jahr, auf dem Höhepunkt der Tupamaro-Krise, zahlte man sechzig Prozent, wenn man Geld lieh. Die Zinsen, die im Voraus bezahlt werden mussten, wurden sofort von dem Darlehen abgezogen, sodass man die Bank mit 400 000 Peso verließ, wenn man dort ein Darlehen über eine Million aufnahm. Und dabei machte man nicht einmal ein schlechtes Geschäft, weil im Laufe des Jahres der Peso die Hälfte seines Werts gegenüber dem Dollar verlor und die Inflationsrate bei 92 Prozent lag.

Mittlerweile hat sich der Wirbel ein bisschen gelegt. Die Tupamaros – sie zählten etwa fünftausend und bestanden hauptsächlich aus Angehörigen der verarmten städtischen Mittelschicht – sind zerschlagen worden. Die Armee – sie rekrutiert sich im Wesentlichen aus der ländlichen, unteren Mittelschicht – hat die Macht ergriffen und regiert auf dem Verordnungsweg. Die Zinsen sind auf etwa 42 Prozent gesunken, einschließlich Gebühren; die Inflation hat man im laufenden Jahr auf 60 Prozent herabgedrückt. »Die Preise hier steigen nicht einfach nur jeden Tag«, erklärte mir der Geschäftsmann. »Sie steigen auch in jeder Nacht.«

Und doch habe man, erzählen sie einem in Uruguay, früher Straßenarbeiter sehen können, die sich mittags draußen im Freien ihre Steaks grillten; der uruguayische Peso sei als *peso oro*, als der Goldpeso, bekannt gewesen. Im Jahr 1953 kostete ein US-Dollar drei Peso; heute kostet er neunhundert.

»Mein Vater kaufte 1953 ein Haus mit einem Darlehen der Hypothekenbank, für das er sechs Prozent Zinsen zahlte. Am Ende, 1968, zahlte er immer noch dreißig Peso monatlich auf seine Hypothek.« Dreißig Peso: zwölf Cent. »Das mögen Sie komisch finden. Für uns ist es eine Tragödie. Unser Parlament weigerte sich, die Hypothekenrückzahlungen neu zu bewerten – die Politiker fürchteten um ihre Wähler. So bekamen alle ihr Haus geschenkt. Aber die künftigen Generationen enteignete man.«

Jetzt wurde die Gesetzeslage geändert. Wie die Gehälter knüpfte man auch die Zinsen an den Lebenshaltungsindex; die Hypothekenbank bietet heutzutage ihren Einlegern 56 Prozent – sieben Prozent echten Zins, 49 Prozent »Anpassung« an die Inflationsrate.

Mr Palatnik, der Fachmann, der die Werbekampagne der Hypothekenbank betreut, wurde außerdem von der Militärregierung damit beauftragt, im Lande Ruhe zu verbreiten. Und zum Unwillen und Schrecken der Linken und der äußersten Rechten macht Mr Palatnik auch keine Anstalten, damit zu scheitern. Bis jetzt hat er weder sich noch die Regierung blamiert. Im Fernsehen, in den Werbepausen zwischen den argentinischen Seifenopern, wird anschließend an das Gerede über Pläne der Regierung wieder und wieder die Hoffnung beschworen, nämlich in Form des Appells »*Tenga confianza en el país, y póngale el hombro al Uruguay*« – was wörtlich übersetzt heißt: »Glaube an das Land und leih Uruguay deine Schulter«.

Heutzutage ist es in Uruguay allerdings schwer, keinen Anstoß zu erregen. In *Neuer Morgen*, dem Wochenblatt einer neuen rechtslastigen Jugendgruppe (»Familie, Tradition, Privateigentum«) erschien ein heftiger Angriff auf Mr Palatnik, nebst einer eindeutig antisemitischen Karikatur. Mr Palatnik, ein Mann in mittleren Jahren, forderte den Herausgeber zum Duell. Er schickte seine *padrinos* zum Büro des Blattes, aber seine Duellforderung wurde zurückgewiesen. Die Gruppe um die Zeitschrift ist unbedeutend; wie viele Geschäftsleute in Montevideo trägt Mr Palatnik allerdings mittlerweile eine Schusswaffe.

Die vorbeugenden Maßnahmen kennen keine Grenzen. Die Armee übt derzeit die Macht aus, und sie schlägt zu; unablässig finden Festnahmen und Verhöre statt; die Zeiten, da die Guerilla in Montevideo Leute kidnappte, sind vorbei. Montevideo, das im vergangenen Jahr ein so gefährliches Pflaster war, ist jetzt sicherer als Buenos Aires; eine ganze Reihe der lösegeldträchtigen leitenden Angestellten amerikanischer Firmen in Argentinien sind über den Río de la Plata nach Montevideo gezogen, in den roten Ziegelsteinturm des Victoria Plaza Hotels am zentralen Platz der Stadt, in dessen Mitte ein Reiterstandbild steht, das Artigas, den Begründer Uruguays, zeigt.

Eine Seite des Platzes nimmt die Gouverneursresidenz ein. Dort sieht man Wachsoldaten in Uniformen des neunzehnten Jahrhunderts, aber auch echte Soldaten mit echten Gewehren. An einer anderen Seite des Platzes steht in der riesigen Grube seiner Fundamente der vor sechs Jahren begonnene, unvollendete Justizpalast. Aus den Betonstreben wächst Gras, gleichmäßig und üppig, als hätte man es eingesät; die Tragepfeiler aus Beton sind gefleckt von dem Rost ihrer Stahlarmierung.

Montevideo ist sicher. Das Geld allerdings ist diesem Land ausgegangen, einem Land, dessen Regierungsgebäude in den Zeiten des Wohlstands aus Marmor, Granit und Bronze bestanden. Die verschwenderischen Vertäfelungen im Parlamentspalast, die Intarsien, die in der Bibliothek vom Erdboden bis zur Decke reichen – all das wurde in Italien angefertigt und, wie man sich erzählt, in Kisten aus Mahagoni hierher verschifft. Und das ist gerade einmal fünfzig Jahre her. Jetzt ist der Palast funktionslos, und Soldaten machen mit ihren Gewehren kleine warnende Bewegungen, um die Passanten auf Distanz zu halten.

Vor fünfzig Jahren, bevor man anfing, am Meer zu bauen, war der Prado die Gegend der feinen Leute: große Häuser, neugotische Verrücktheiten, große Gärten. Der Prado-Park wird heute nur noch teilweise instand gehalten; der vormals berühmte Rosengarten verwildert. Jenseits der Brücke mit den mittlerweile glanzlosen Sphingen aus der *Belle Époque* führt eine von Eukalyptus beschattete lange Auffahrt zum Prado-Hotel, das mit seinen grünen Pfaden, seinen von Balustraden begrenzten Terrassen und seinem tätigen Springbrunnen auf den ersten Blick einen noch intakten Eindruck macht. Der Asphalt des Vorplatzes aber weist Risse auf, und die Laternenpfähle und Urnen sind leer; das große gelbe Gebäude – in halber Höhe sieht man *Jules Knab arq 1911* eingemeißelt – steht verlassen.

Mit seinem noch gar nicht alten Neureichenschick wirkt Montevideo teilweise gespenstisch. Die Stadt ist voller Statuen – Kopien vom *David*, vom venezianischen *Colleoni*-Standbild, kunstvolle historische Tableaus in Bronze. Aus den Inschriften freilich sind Buchstaben herausgefallen, die man nicht ersetzt hat, und alle öffentlichen Uhren an den Straßenecken stehen still. Die Platanen im Zentrum sind nicht alt; hohe geschnitzte Türen geben den Weg in Marmorhallen mit kunstvollen Decken frei, die noch ziemlich neu aussehen. Die Geschäfte indes haben wenig zu bieten; die Trottoirs sind kaputt; allzu viele Menschen in den Straßen verkaufen Schokolade und Bonbons und andere Kleinigkeiten. In den drei oder vier ordentlichen Restaurants, die es noch gibt – in einer Stadt mit über einer Million Einwohner –, bekommt man nicht immer Fleischgerichte; dem Brot ist Sorghum beigemischt.

Auch ohne die Parolen an den Mauern – SCHLUSS MIT DER FOLTERUNG VON SASSANO, DAS MILITÄR FOLTERT SERENY, TOD DER DIKTATUR, TUPAMAROS VERRÄTER DIEBE SCHWEINE, PUTAMAROS [*puta* bedeutet Hure] – bekäme der Besucher mit, dass er sich in einer Stadt befindet, die, wie im Märchen, ein heimliches Unheil betroffen hat. Eine Märchenstadt, im Nu geschaffen und fast ebenso schnell, wie sie entstanden ist, wieder zu Fall gebracht.

»Das Land ist in Depression versunken«, sagt der Künstler. Er überlebt, indem er sich abkapselt, seine Arbeit macht und so tut, als liege Uruguay irgendwo anders. Er hört kein Radio, sieht nicht fern und liest auch keine Zeitungen. Was – abgesehen vom Fußball – habe er denn in der Morgenausgabe von *El País* verpasst? Ein nach Bolivien entführtes Flugzeug, fünfhundert Realschüler, die vom Unterricht ausgeschlossen worden seien, fünf »Extremisten«, unter ihnen drei Studenten, die wegen »Verschwörung gegen die Verfassung« vorm Militärgericht angeklagt seien.

Solange Uruguay reich war, hätten Persönlichkeiten die Politik beherrscht, und die Armee sei so gut wie nicht vorhanden gewesen. Jetzt seien die Kassen leer, und das kleine Land – das fast so groß wie Großbritannien ist, aber weniger als drei Millionen Einwohner hat – übe sich in Selbstzerfleischung.

»Die Armee holte mich um vier Uhr morgens ab. Im Gefängnis – in den Folterzellen spielen sie Popmusik – ließ man mich zehn Stunden mit eng gestellten Füßen stehen. Dann verpasste man mir das ›U-Boot‹. Ein heftiger Schlag in die Bauchgrube raubte mir den Atem, und mein Kopf wurde unter Wasser gehalten. Sie haben mittlerweile Übung darin. Aber es hat Unfälle gegeben. Dann musste ich wieder stehen. Als ich zusammenbrach, stachen sie mir mit einem Bajonett zwischen die Beine.« Das »U-Boot« ist eine »milde« Folter. Menschen, denen mit Stromschlägen Brandwunden zugefügt wurden, reden nicht über ihre Erlebnisse.

Jeder in Uruguay, egal ob rechts- oder linksorientiert, weiß mittlerweile – sechzig Jahre zu spät –, wann die Probleme begannen. Es fing an mit dem Präsidenten namens Batlle (*Badschhai* ausgesprochen); es fing an mit dem Wohlfahrtsstaat, den Batlle nach einem Besuch in der Schweiz unmittelbar vor dem Ersten Weltkrieg Uruguay aufzupfropfen begann.

Das nötige Geld dazu hatte Uruguay. Die Fleisch- und Wollexporte machten das Land reich; der Peso entsprach im Wert dem Dollar. »Damals«, sagen die Bankiers, »zogen wir aus jedem Dollar, den wir im Ausland verdienten, achtzig Prozent Gewinn. Einen Gewinn, den das Land lieferte – der Regen, das Klima, der Boden.« Das Land hätte man zwar als Indio-Land betrachten können, aber die Indios waren im neunzehnten Jahrhundert ausgerottet worden. Ein Denkmal im Prado-Park erinnert an die letzten vier Charrua-Indios Uruguays, die man als Exponate ins Pariser *Musée de l'Homme* geschickt hatte, wo sie starben.

Pensionen, alle möglichen Sozialleistungen für die Arbeiterschaft, Frauenrechte: Monat für Monat beglückte Batlle sein staunendes Hirtenvolk mit solch freigebigen Gesetzen. Und plötzlich war Uruguay modern, war es das südamerikanische Land mit dem höchsten Bildungsstand, mit den liberalsten Gesetzen; und Montevideo war eine mit Statuen voll gestopfte Metropole.

»Uruguay ist eine große *estancia*«, meint Sábat, der Karikaturist, der Uruguay vor acht Jahren verließ und jetzt in Buenos Aires arbeitet. »Nur ein Größenwahnsinniger wie Batlle konnte es für ein Staatswesen halten. Es bleibt eine große *estancia* mit einer großen Stadt, Montevideo, die im Stil der dreißiger Jahre des zwanzigsten Jahrhunderts erstarrt ist. Damals erlosch die Kreativität. Das Land entwickelte sich intellektuell. Nach Batlle aber war alles *erstarrt*.«

Der sozialistische Lehrer, romantischer gestimmt, trauert der Gaucho-Vergangenheit nach. »Batlle hätte nicht in einem bukolischen Land zur Welt kommen dürfen. Er ging nach Europa und kriegte dort all diese schönen Ideen und sah sich dann nach einem Land um, in dem er sie verwirklichen konnte. Und da es das Land nicht gab, erfand er es. Er erfand die Industriearbeiter, indem er Leute vom Land in die Stadt brachte. Früher tranken die Leute ihren Maté, sahen ihren Schafen zu und saßen unterm Ombu-Baum – was gar nicht übel war, unter uns gesagt; es war schön; das zwanzigste Jahrhundert will aber nicht, dass wir so leben. Er erfand die Arbeiter und dann erfand er die Sozialgesetze und dann die Bürokratie – was entsetzlich war. Ich weiß nicht genau, warum das zur Korruption und Bestechlichkeit führen musste; jedenfalls geschah es.«

Der Geschäftsmann: »Für einen Menschen ist Utopia das Schlimmste, was ihm passieren kann. Er ist mit Dreißig alt. So ist es uns ergangen.«

Der Bankier: »Die ganze produktive Infrastruktur entstand zwischen 1850 und 1930, auf Basis der vorhandenen britischen Investitionen. Danach wurde kaum mehr etwas gebaut. Nach 1945 stellte man noch ein Kraftwerk fertig; das war die Hauptergänzung. Keine neuen Straßen, keine neuen Brücken. Das Land lebte wie ein Pensionär.«

Und mit dem neuen Staat kam neuer Ruhm. Der von britischen Eisenbahnarbeitern eingeführte Fußball wurde zur großen Leidenschaft der Uruguayer. Sábat: »Unser Provinzialismus fand in unserem Fußball eine Stütze – ein Beweis von Größe ohne allen Bezug zur Realität. 1924 in Paris und 1928 in Amsterdam waren wir die Olympiasieger. 1930 in Montevideo und 1950 in Rio wurden wir Weltmeister. Und wir dachten: Wenn wir Weltmeister im Fußball sind, dann müssen wir auch in allem anderen Weltmeister sein.«

In dem nach Batlle benannten Park befindet sich das große Fußballstadion: Im Jahr 1930 (zusammen mit dem Parlamentspalast) zur Jahrhundertfeier der uruguayischen Unabhängigkeit erbaut und ebenfalls nach Batlle benannt, ist es nach wie vor Sammelpunkt der Massen. Nach wie vor widmen die Zeitungen die Hälfte ihrer Nachrichtenspalten dem Fußball. Wie mit der Wirtschaft ist es indes auch mit dem Fußball bergab gegangen; nicht anders als die Rinderherden müssen heute die Fußballer an reichere Länder verkauft werden, kaum dass sie mit ihrer Entwicklung fertig sind.

In Uruguay kursieren viele Witze über die Bürokratie, und sie sind alle wahr. Aus einem Arbeitskräfteheer von knapp über einer Million stehen 250 000 in Diensten des Staates. PLUNA, die uruguayische Fluglinie, hatte früher eintausend Angestellte und ein funktionsfähiges Flugzeug. Das Personal von ANCAP, der staatlichen Ölgesellschaft, strömte noch vor Dienstbeginn ins Büro: Es gab mehr Angestellte als Sitzgelegenheiten.

Im Jahr 1958 stellte das Gesundheitsministerium fünfzehnhundert neue Arbeitskräfte ein. Im Ministerium für Öffentliche Bauten kam 1959 auf sechs Beamte jeweils ein Bote. Im Amt für Fernsprechverkehr und Elektrizität gibt es fünfundvierzig Stufen in der Beamtenhierarchie. Nichts wird per Post erledigt; für alles ist ein persönlicher Besuch erforderlich. Die Verwaltungen arbeiten schleppend; das Publikum aber, das sich zwischen den Boten und den schlafenden Polizeihunden im Foyer aufhält, fügt sich klaglos: Viele von ihnen sind Angestellte aus anderen Behörden und bringen Zeit mit.

Eine Art von Idealzustand: staatliche Behörden, die wie Klubs wirken, in denen sich Publikum und Personal die Zeit vertreiben, eine ganze Nation, die das Leben einer Kommune führt, Arbeit und Müßiggang im trauten Verein, jedermann, egal, ob im Dienst oder außer Diensten, ein Staatspensionär. Uruguay freilich lebt nach wie vor von Fleisch und Wolle; und Montevideo, das über ein Drittel der Bevölkerung des Landes beherbergt, ist eine künstliche Metropole. Unter dem dicken Polster des Staatsdienstes, mit dessen Schaffung vor dreißig Jahren, in den Zeiten des Wohlstands, begonnen wurde, verbergen sich Arbeitslosigkeit und städtische Funktionslosigkeit. Jeder weiß das, aber zu viele Menschen profitieren davon: Der ganze Staat ist in diese Verschwörung gegen sich selbst verstrickt. »Alle denken wie Pensionäre«, sagt der Geschäftsmann. Und selbst die linken Protestparolen gegen die Militärregierung künden von diesem Versorgungsdenken: *Paz Salario Libertad* [Frieden Löhne Freiheit].

Die Mädchen des Fernsprech- und Elektrizitätsamts in ihren blauen Nylonjacken verdienen etwa 120 Dollar monatlich. Im Sommer, von Dezember bis März, arbeiten sie von sieben bis eins. Dann ziehen sie los und machen einen zweiten Job. Oder sie gehen an den Strand. Montevideo erstreckt sich entlang einem Strand; alle Straßen in südlicher Richtung enden in weißem Sand und einer Bucht.

Und das ist der Ort, wo die Uruguayer alles Krisenbewusstsein verlieren und der Wille, aktiv zu werden, schwindet: am allzu mühelos zugänglichen Strand, in den Ferienanlagen nur wenige Minuten außerhalb von Montevideo, wo viele bescheidene Leute zwischen Pinien und Dünen Sommerhäuschen besitzen, sowie im Ort Punta del Este, der zu den ökonomischen Untaten Uruguays zählt und hauptsächlich in den fünfziger Jahren des zwanzigsten Jahrhunderts mit Darlehen der Hypothekenbank erbaut wurde, einer ausschließlich für Erholungszwecke geschaffenen Satellitenstadt der künstlichen Metropole.

Alle lehnen sie den Batllismus ab, und doch sind nach sechzig Jahren alle in Uruguay seine Geschöpfe. Die Freizeitgestaltung ist alles, was sie kennen. Dass es damit zu Ende geht, stürzt sie in Verwirrung. »Geistig«, sagte der Journalist, »haben wir ein Gefühl des Rückschritts.« Geistig? »Ich möchte mich nicht ständig gestresst fühlen müssen.« Er war ein Mann mit zwei Häusern; aber er ging auch zwei Beschäftigungen nach, die eine davon eine staatliche Anstellung; seine Frau hatte ebenfalls zwei Jobs. Und die Autos seien teuer, wegen der 300 Prozent Zoll. Ein neuer Volkswagen koste 8000 Dollar; sogar ein Rover von 1955 koste schon 3500 Dollar. »Wir machen einfach keine Fortschritte. Aber Fortschritt – was ist das schon? Amerika? Da ist nichts als Konsum und Stress, die Nachbarn übertrumpfen. Die Scheiße gibt es hier bei uns nicht, wenn Sie mir den Ausdruck gestatten.«

Nur, dass die Autos so viel kosteten.

»Ein Satz genügt, um Ihnen alles über Uruguay zu sagen«, erklärte mir der Architekt an meinem ersten Abend in Montevideo. »Der letzte Jaguar wurde 1955 eingeführt.«

Das sind Rückzugssymptome, die sich zu einer Art von spiritueller Verzweiflung addieren: Montevideo, an seinem Strand hingebreitet, braucht das Kraftfahrzeug. Ohne Kraftfahrzeug müssen ganze Viertel der Stadt ebenso aufgegeben werden, wie der Prado-Park aufgegeben wurde. Das ganze, der Freizeit geweihte Leben, das ganze moderne Ambiente, auf das die Uruguayer bis vor kurzem noch so stolz waren, steht und fällt mit den Konsumartikeln, die Uruguay von »gestressteren« Ländern kaufte und – weil zwei Generationen ihr Talent im weich gebetteten Staatsdienst vergeudeten – nie selber zu produzieren lernte.

Die uralten Karossen von Montevideo – Autos aus der Zeit vor 1955, Citroëns, Minimorrise und Austins, Fords und Chevrolets der dreißiger Jahre, sowie andere, mittlerweile ausgestorbene oder verdrängte Marken: Hupmobile, Willys-Overland Whippet, Dodge Brothers, Hudson – sind nicht so lustig, wie sie auf den ersten Blick wirken. Das Land befindet sich im Belagerungszustand. Die einfachsten Dinge werden per Lastwagen aus Argentinien hereingeschmuggelt; der Nachschub der modernen Zivilisation versiegt.

Die Uruguayer halten sich für eine europäische Nation; sie hätten, sagen sie, schon immer dem übrigen Südamerika den Rücken zugekehrt. Dies war ihr großer Irrtum und mitverantwortlich für ihr Scheitern. Ihre auf Überfluss gegründete Lebensweise ließ sie zu einem durch und durch kolonialen Volk werden, zu gebildeten, aber intellektuell bedeutungslosen Konsumenten, zu Schmarotzern, die von der Kultur und Technik anderer lebten.

Die Tupamaros waren Zerstörer. Ein Programm besaßen sie nicht; sie glichen Menschen, die nur eine Reaktion provozieren, den unsichtbaren Feind dazu bringen wollen, sich offen zu zeigen. Am Ende legten sie sich mit den Streitkräften an und wurden rasch zerschlagen. »Die Tupamaros waren nicht der Beginn einer Revolution«, sagt Sábat. »Sie waren der Abgesang des Batllismo. Sie waren Vaterlandsverräter, die eine Art Kamikaze begingen. Egal, was für Parolen jemand heutzutage in Uruguay brüllt, er ist entweder Vaterlandsverräter oder Reaktionär.«

Einen Mittelweg gibt es nicht. Die politischen Fronten sind vereinfacht und verhärtet; sich nicht für die eine oder die andere Partei zu entscheiden ist unmöglich. Am letzten Samstag im Oktober sprengte sich ein Student der technischen Fakultät beim Bau einer Bombe selbst in die Luft. Die Armee schloss die Universität – die bis dahin noch unabhängig war – und nahm alle in Haft. Vaterlandsverräter oder Reaktionär, links- oder rechtsorientiert, jeder findet nun im Gegenüber den benötigten Feind. Jede Seite schiebt der anderen die Rolle des Zerstörers zu, und wie in Chile finden sich die Leute in die ihnen zugewiesenen Rollen.

Wer kann, setzt sich ab. Am hinteren Eingang des rosafarbenen Außenministeriums, des früheren Santos-Palastes (er wurde 1880 erbaut; das Brunnenbecken in der Empfangshalle ist aus einem einzigen Carrara-Marmorblock herausgemeißelt), stehen sie nach Pässen Schlange. Im Oktober hieß es, Leute hätten die ganze Nacht in der Schlange gewartet. Am Carrasco-Flughafen hat neulich jemand an eine Mauer mit Kreide den Satz geschrieben: »*El último que salga que apague la luz.*« (»Der Letzte, der geht, macht bitte das Licht aus.«)

4. Die Bordelle hinter dem Friedhof

Mai – Juli 1974

Einer Prophezeiung zufolge – aus irgendeinem alten argentinischen Weissagungsbuch, von dem ich oft reden hörte, das ich aber nie zu sehen bekam – sollte Perón von seinen Anhängern auf der Plaza de Mayo, dem Hauptplatz im Zentrum von Buenos Aires, aufgehängt werden. Perón starb aber, ohne dass sein legendärer Ruf Schaden gelitten hätte. »MURIO«: »Er ist tot.« Die Schlagzeile füllte die halbe Titelseite von *Crónica*, einer populären Zeitung in Buenos Aires; einen Namen zu nennen erübrigte sich.

Er befand sich in seinem neunundsiebzigsten Lebensjahr und im neunten Monat seiner dritten Präsidentschaft; sein Mythos hatte fast dreißig Jahre überdauert. Er war der Militär, der den Kodex seiner Kaste durchbrochen und die alte koloniale Agrargesellschaft Argentiniens durcheinander gewirbelt hatte; er hatte die Feinde der Armen beim Namen genannt; er hatte die Gewerkschaften ins Leben gerufen. Er hatte dem viehischen Land der *estancias*, des Polo, der Bordelle und der extrem billigen Hausangestellten ein brutales Gesicht gegeben. Und sein Mythos als unvergleichlicher Revolutionär hatte die Unfähigkeit und Selbstbedienungsmentalität seiner frühen Herrschaft überdauert; ebenso seinen Sturz im Jahr 1955 und die folgenden siebzehn Jahre im Exil; ebenso die Massenmorde, mit denen seine triumphale Rückkehr im vergangenen Jahr einherging; und schließlich auch den Misserfolg seiner letzten Monate im Amt.

Der Misserfolg war unübersehbar. Perón konnte das Argentinien, das er zwanzig Jahre zuvor ins Leben gerufen hatte, nicht in den Griff bekommen. Er hatte die Unmenschlichkeiten der Gesellschaft namhaft gemacht und es gleichzeitig geschafft, dieser notwendigen Aufgabe den Anschein eines unverantwortlichen Tuns zu geben: Es war ihm nicht gelungen, die Gesellschaft, die er auseinander genommen hatte, neu zusammenzusetzen. Und vielleicht überstieg diese Aufgabe der Reorganisation auch einfach die Kräfte selbst des schöpferischsten Volksführers. In der Politik spiegelt sich die Gesellschaft und das Land. Argentinien ist ein Land der Ausplünderung, ein junges Land, das praktisch erst im zwanzigsten Jahrhundert bevölkert wurde. Es bleibt ein Land, in dem Ausplünderung betrieben wird; und deshalb kann auch seine Politik nichts anderes sein als eine Politik der Ausplünderung.

Jeder in Argentinien versteht und akzeptiert das; letztlich konnte Perón sich nur noch als Garant einer Absichtserklärung präsentieren, konnte nur noch mit Worten dienen. Am Ende war er bloß noch ein Name, eine Präsenz, die über allem schwebte, über dem Volk, das in seinem Namen handelte, über der Inflation und den Versorgungsengpässen und dem weiteren Sturz des Peso, über den Fraktionskämpfen, den täglichen Entführungen und Schießereien mit den Guerillas, über den Gerüchten von Korruption in höchsten Staatskreisen: über dem Argentinien, dessen Brutalität und Raserei er vorausgeahnt und ausgebeutet hatte, dem Argentinien, in das er als Retter zurückgekehrt war und das er jetzt zurücklässt.

Er war schon sehr alt, und vielleicht hatte sein Programm privatere Züge angenommen, als ihm selbst klar war: Er wollte in seine Heimat zurückkehren und rehabilitiert werden. Mit den Streitkräften, die ihn vormals seiner Stellung beraubt hatten, machte er seinen Frieden. Auch mit der Kirche, gegen die er während seiner zweiten Präsidentschaft angekämpft hatte, schloss er Frieden: Er starb mit dem Rosenkranz in Händen, den ihm Papst Paul geschenkt hatte. Er kehrte aus dem Exil als milde gestimmter, geradezu philosophischer Mensch zurück, mit Ideen zur Ökologie und zum Umweltschutz und zur Einheit Südamerikas (»Bis 2000 werden wir vereinigt sein oder unter Fremdherrschaft stehen«). Seine Ideen aber waren weit entfernt von den Sorgen seiner Anhänger und den Machtkämpfen im Land. Und gegen Ende scheint er auch erkannt zu haben, dass sich das Land seiner Kontrolle entzog.

Vor zwei Jahren, als noch das Militär herrschte, war jedermann Peronist, sogar maoistische Priester und trotzkistische Guerillas. Perón, oder sein Name, einte alle, die wollten, dass Schluss mit der Militärherrschaft war. Als aber Perón seine Herrschaft antrat, erwies es sich nolens volens als nötig, die wahren Peronisten von den »Unterwanderern« zu unterscheiden. Und der Mann, der als nationaler Führer, als der »Vorkämpfer« aller streitbaren Elemente der Bewegung, die seinen Namen trug, angetreten war, fing wie der frühere Perón erneut an, Feinde zu entdecken. Es gab Feinde auf der Linken, unter den Guerillas, die mitgeholfen hatten, ihn zurück an die Macht zu bringen. Es gab Feinde auf der Rechten. Im Laufe der Monate tauchten immer mehr »Saboteure an dem in Gang gesetzten politischen Prozess« auf. Woche für Woche machte der halb offizielle *El Caudillo* neue Feinde aus. Feinde, wohin man blickte: Gegen Ende ließ sich in Peróns Äußerungen der ohnmächtige, leidende Ton der Schriften erkennen, die er nach seinem Sturz im Jahr 1955 verfasst hatte.

Am 10. Juni sprach die Vizepräsidentin, Peróns Frau, in einer Rede, die am folgenden Tag ganzseitig in den Zeitungen abgedruckt wurde, von den Spekulanten und Hamsterern und den anderen »Scharfrichtern der Nation«, die verantwortlich seien für die Versorgungsengpässe und hohen Preise. Perón, sagte sie, könne nicht alles machen; sie frage sich, ob das Land Perón im Stich lasse. Am 11. Juni wurde Peróns früherer Sekretär, Weggefährte und Wahrsager, der nun als Sozialminister amtierende López Rega, deutlicher. Er äußerte vor einer Gruppe von Provinzgouverneuren: »Falls General Perón das Land vor Vollendung seiner Mission verlässt, geht er nicht allein. Seine Frau wird mit ihm gehen und auch meine Wenigkeit [*este servidor* – Ihr ergebener Diener].«

Perón, so erklärte Rega, könne nicht alles leisten, und das lasse sich von ihm auch nicht erwarten. »Die Philosophie des Gerechtigkeit-walten-lassens darf sich nicht in Hochrufen auf Perón erschöpfen. Sie erfordert, sich den inneren Sinn dieser Philosophie anzueignen, sodass alle im Einklang mit ihrer auf

Größe und Erfüllung gerichteten Zielsetzung sind und wir eine glückliche Nation werden können.« Hohle Worte – mehr Inhalt lässt sich durch die Übersetzung nicht zutage fördern; aber nachdem die Feinde des Peronismus ausgemacht waren, besaß der Peronismus vielleicht auch keine Definition mehr, die darüber hinausging.

Die Ehefrau und der Sekretär hatten gesprochen. Am nächsten Tag sprach Perón. Auf einer Versammlung, auf der er über ganz andere Dinge reden sollte, verkündete er unvermittelt, er habe es satt und sei entmutigt; wenn er nicht größere Unterstützung bekomme, sei er willens, das Regierungsamt an diejenigen abzutreten, die der Ansicht seien, sie könnten es besser.

Die Gewerkschaften reagierten augenblicklich. Sie forderten ihre Mitglieder auf, die Arbeit einzustellen. In den Córdoba-Bergen, wo ich mich befand, wussten die Busfahrer nicht einmal, worum es überhaupt ging oder wo gestreikt wurde; als streikerprobte Männer wussten sie nur, dass die Busse nach Mittag nicht mehr fahren würden. Wie sich herausstellte, blieben die Streikmaßnahmen auf Buenos Aires beschränkt, wo auf der Plaza de Mayo schnell eine große Kundgebung abgehalten wurde. Perón sprach zu den Versammelten und bekam ihren Beifall; er erklärte sich für befriedigt, und man nahm an, dass er nun doch nicht dem Land den Rücken kehren werde, um es im eigenen Saft schmoren zu lassen. Am Abend trat das gesamte Kabinett geschlossen zurück; ein oder zwei Minister äußerten sich in Interviews tief besorgt. Man hatte immerhin den Eindruck, dass einige Treulosigkeiten aufgedeckt werden und ein paar Köpfe rollen würden. Es rollten indes keine Köpfe; das ganze Kabinett wurde wieder eingesetzt.

Ein merkwürdiges Ereignis: gut vorbereitet, hochdramatisch im Effekt und am Ende bar jeder Konsequenz. Die Zeitungen, eben noch erfüllt von Krisenbewusstsein, voll mit Berichten über die angespannte Lage in der Republik, hatten das Ganze am nächsten Tag schon wieder vergessen. Zeitungen in Argentinien sind so. Es war Peróns letzte demagogische Tat, sein letzter politischer Fanfarenstoß. Und niemand wird je erfahren, was, falls überhaupt etwas, hinter der Aktion steckte, ob Krankheit und Tod eine neue Entwicklung vereitelten, die Zielsetzung und Programm der neuen Regierung deutlich gemacht hätte. Darauf warteten die Menschen. Niemand wusste, was in Argentinien vorging; es gab Leute, die nachgerade den Verdacht hegten, dass es auch gar nichts gab, was man hätte wissen können.

Die Schuld an der dunkelmännischen Situation lag nicht allein bei Perón, sie lag auch bei Argentinien selbst, wo die politischen Realitäten, die Selbstbedienungsmentalität und die durch sie erregten Animositäten, schon lange durch Rhetorik vernebelt werden. Die Rhetorik täuscht niemanden. In einem Land aber, wo die Regierung niemals ehrlich war und das intellektuelle Potential spärlich entwickelt ist, bleibt die Rhetorik eines Regimes gewöhnlich das einzige Mittel, um sich über das Regime zu verständigen. Argentinien bietet das Erscheinungsbild einer gebildeten, offenen Gesellschaft. Es gibt Zeitungen, Zeitschriften, Universitäten und Verlage; sogar eine Filmindustrie existiert. Aber das Land hat nach wie vor keine Vorstellung von sich selbst. Straßen und Alleen sind nach Präsidenten und Generälen benannt; die Fähigkeit zur historischen Analyse oder die Kunst, Biographien zu schreiben, ist freilich nicht vorhanden. Es gibt Legenden und historische Romane, aber keine wirkliche Geschichtsschreibung. Es existieren nur Annalen, Listen von Herrschern, Chroniken der Ereignisse.

Der schärfste politische Kommentator in Argentinien ist Mariano Grondona. Er tritt im Fernsehen auf und soll einer angesehenen argentinischen Familie entstammen. Ende Mai wurde Grondona von *Gente*, einer beliebten Illustrierten, interviewt und gebeten, die Entwicklungen des vergangenen Jahres zu analysieren – des Jahres, in dem sich der Peronismus als nationale Bewegung aufgelöst und in dem man die Feinde entdeckt und aus dem Land gejagt hatte. *Gente* hielt Grondonas Ansichten für wichtig genug, um sie über fünf Seiten auszubreiten.

Um die argentinische Geschichte verstehen zu können, sagte Grondona, sei es nötig, sie in Epochen, *épocas*, aufzuteilen. Seit der Unabhängigkeit im Jahr 1810 habe es sieben Epochen gegeben. Was fast gleichbedeutend sei mit sieben Republiken: Man müsse die argentinische Geschichte als eine Geschichte französischer Art betrachten, eine romanische Geschichte. Der romanische Geist operiere von Prinzipien aus; habe er ein System von Prinzipien erschöpft, wechsle er mittels eines Aufruhrs zu einem neuen System über. Die pragmatischeren Angelsachsen definierten ihre Prinzipien nicht. Deshalb blieben ihnen chaotische Perioden erspart; allerdings kämen sie auch nicht in den Genuss »jener großartigen Augenblicke, in denen alles neu beginnt [*esos instantes magníficos en que todo recomienza*].«

Die fünfte Epoche der argentinischen Geschichte, die Zeit von 1945 bis 1955, sei die Epoche des Peronismus gewesen und die sechste, von 1955 bis 1973, die Militärepoche, die Epoche der Ausschließung des Peronismus. Die siebente Epoche, die 1973 begonnen habe, sei die der wiederbelebten Staatseinrichtungen, die Epoche der Rückkehr des Peronismus. Obwohl erst ein Jahr alt, sei diese letzte Epoche sehr verwirrend gewesen; sie werde besser verständlich, wenn man sie in *etapas*, in Stadien, unterteile. Wie Mao habe auch Perón in »Etappen« gelebt. Zuerst, während seines Strebens nach Macht, habe der Peronismus ein Stadium des »Lächelns« durchlaufen, dann, während seines Ringens um die Macht, ein Stadium der Kampfbereitschaft, und schließlich sei er nach Erringen der Macht in ein offensichtliches Stadium der Etabliertheit übergewechselt. Eine Reihe von Peronisten seien im zweiten Stadium, der Phase der Kampfbereitschaft, stecken geblieben; deshalb habe man sie loswerden müssen.

In Grondonas Analyse versteht es sich von selbst, dass die Menschen entweder schlecht handeln oder schlecht behandelt werden. Diejenigen, denen in dem peronistischen Jahr übel mitgespielt worden war, hatten einfach nur dieses argentinische Schema von *épocas* und *etapas* nicht kapiert. Einige hatten ihre *etapas* übel durcheinander gebracht – wie der Zahnarzt, der als

Peróns Kandidat zum Präsidenten gewählt worden war und den man dann als Verräter gebrandmarkt und geschasst hatte.

Andere schwer zu verstehende Ereignisse des Jahres wurden klarer, wenn man begriff, dass sich die *etapa* ihrerseits aus einer Reihe von wichtigen Tagen, *jornadas*, zusammensetzte; und die allem Anschein nach chaotischen *jornadas* wiederum konnte man in Phasen, *fases*, zerlegen. »Wir sind an dieses Schema aus *épocas* und *jornadas* gewöhnt ... Es werden weitere Epochen und weitere wichtige Tage kommen. Davon bin ich überzeugt. Alles, was wir von dieser hier verlangen können, ist, dass sie ihren historischen Auftrag erfüllt.«

Mit diesen Worten schließt Grondona: Ein Satz aus dem argentinischen Rhetorik-Repertoire krönt seinen Bericht vom mörderischen Machtkampf eines Jahres. Von außen betrachtet, wirkt Grondona mit seiner Behändigkeit und seinem Schwung merkwürdig abgehoben: Er könnte von einem weit entfernten Land reden. Seine Schilderung macht es einem schwer, sich vorzustellen, dass Menschen nach wie vor umgebracht und mitten auf der Straße entführt werden oder dass die Armee im Juni gegen Guerillas in Tucumán kämpfte oder dass die Zeitungen unter der Rubrik »*Guerillerismo*« täglich über die Guerilla-Vorfälle vom Vortag berichten. Grondonas Chronik ist von Distanz und einem unbewussten Zynismus geprägt. Das politische Leben des Landes ist in seinen Augen wenig mehr als ein Kampf um die politische Macht. Ein höheres Gut scheint es nicht zu geben. Und – was noch beunruhigender ist und noch mehr über Argentinien verrät! – die Chronik richtet sich an die Leser von *Gente* als an Leute, die ebenso wenig ein höheres Gut kennen.

Perón und sein Mythos gehen also in die Annalen ein. Der Mythos wird heute gefeiert; irgendwann wird man ihn mit an Sicherheit grenzender Wahrscheinlichkeit in den Schmutz ziehen. Verändern aber wird er sich nicht: Mehr als ihn werden die Menschen nicht haben, um sich zu orientieren. So schreibt man in Argentinien Geschichte. Und vielleicht wäre ein Volk, das gelernt hätte, seine Geschichte auf andere Weise zu lesen, das aufgehört hätte, die Politik der Ausplünderung als naturgegeben hinzunehmen, in der Lage gewesen, sich das sinnlose letzte Jahr mit Perón zu ersparen.

So aber, wie sie geschrieben steht, ist die Geschichte aus dem gleichen Holz geschnitzt wie die Politik. Und in der Politik spiegeln sich Land und Leute. Es gibt Argentinier, die der Ansicht sind, ihr Land habe Besseres verdient als Perón. Sie finden, ihr Land sei durch die peronistische Hofhaltung des letzten Jahres lächerlich gemacht und herabgewürdigt worden: Perón, der abgehalfterte Macho, seine Gefährtin Isabelita und Vizepräsident López Rega, der allmächtige Sekretär und Weissager – Sultan, Sultana und Großwesir.

Aber Perón war, was er war, weil er den argentinischen Nerv so genau traf. Er spürte instinktiv die Bedürfnisse seiner Anhänger: Wo er Gewalttätigkeit an den Tag legte, triumphierte er gewöhnlich. Er ging zu weit, als er sich während seiner zweiten Präsidentschaft mit der Kirche anlegte; aber das war der einzige Fehler, den er als Volksführer beging. In einem Land, in dem die Frauenzeitschriften immer noch den Mythos von den »alten« Familien auf den *estancias* und ihrem Polospiel und ihrer Romantik hochhalten, rückte er mit aller Schärfe die wirkliche Situation der eingewanderten Proletarierschichten ins Blickfeld. Er zeigte dem Land sein zur Hälfte indianisches Gesicht, von dem es nichts wissen wollte. Und indem er Argentinien seine Frauen aufzwang, erst Evita und dann Isabelita, die eine Schauspielerin, die andere Nachtklubtänzerin und beide aus der Provinz – indem er also Frauen, die als typische Opfer des Macho stigmatisiert waren, in Herrinnen des Macho verwandelte, übte er die krudeste Art von Rache an einer Gesellschaft, die unverändert unter dem Diktat des Machismo steht, demzufolge der wahre Platz der Frau das Bordell ist.

Dennoch bleibt Perón eine merkwürdige Erscheinung: dieser Mann, der so oft die Größe des Landes beschwor und der in der eigenen Person und in seiner Bewegung so viele der Schwächen des Landes verkörperte und als unheilbar enthüllte.

Das Flugzeug überquert beim Landeanflug auf den Flughafen Ezeiza außerhalb von Buenos Aires das grüne Land von Uruguay, das einst so reich war und jetzt wie Argentinien von Wirren und Sorgen heimgesucht ist; danach überfliegt es die breite schokoladenbraune Mündung des Río de la Plata. Ganz plötzlich sieht man in dem gelbbraunen Flachland südlich des Mündungsarms die weißen und grauen Gebäude von Buenos Aires emporragen: eine Stadt von unerklärlicher Größe, die man einfach so am äußersten Rand eines leeren Erdteils, entlang der weiten schlammigen Wasserfläche, erbaut hat. Vom Flugzeug aus sieht man alles: den großen Mündungsarm, die jäh auftauchende Achtmillionenstadt und draußen den Saum des riesigen, flachen, leeren Hinterlands – die unspektakuläre Geographie eines abgelegenen südlichen Landes mit einer unspektakulären Geschichte aus Völkermord an den Indios und europäischer Landnahme. Nicht Neubesiedlung: Bei einer Neubesiedlung wäre die Stadt kleiner ausgefallen, und das von Indios bewohnte Hinterland hätte sich vielleicht bevölkert und menschenfreundlicher entwickelt.

Bis jetzt gibt es in Argentinien noch keinen Mythos vom edlen indianischen Wilden. Die Erinnerung an die Ausrottung ist noch zu nah, muss noch in den Annalen mit ein oder zwei Zeilen abgetan werden. Der Abscheu gegenüber dem verschwundenen Pampa-Indio ist in Argentinien ebenso absolut wie instinktiv: Für die Argentinier gibt es nichts Schrecklicheres als die Vorstellung, andere Länder könnten sich Argentinien als ein Land der Indios vorstellen. Der alte Borges hat seinen Interviewern aus dem Ausland oft versichert, die Indios von Argentinien könne man vergessen. Und für einen vierzigjährigen Künstler aus meiner Bekanntschaft sind die Indios der Pampa »wie Gras«.

Aus der Großstadt stoßen Überlandstraßen nach allen Himmelsrichtungen in das einst von Indios bewohnte Hinterland vor. Die Stadt räumt nur widerstrebend das Feld; entlang den Straßen ziehen sich niedrige, kastenförmige Ziegelhäuser kilometerweit hin. Endlich erreicht man offenes Land, und sehr rasch stumpfen die Flachheit der Pampa, der hohe Himmel, die

Ferne und die Leere jede Reaktionsfähigkeit ab. Bäume wuchsen hier früher nicht. Jetzt aber schießen in dem ungenutzten fruchtbaren Boden Bäume rasch empor, und gelegentlich sieht man hohe Eukalyptusgehölze, die einen Park und ein großes Haus beschirmen. Das Land ist voll mit den Namen von Militärs, den Namen von Generälen, die es den Indios entrissen und sich mit einer Raubgier, die nach wie vor die Einbildungskraft überfordert, riesige Teile des Erdbodens, Ländereien, *estancias*, so groß wie Grafschaften, zueigneten.

Das war die Zeit, wo in vielen Kontinenten der Imperialismus machtvoll vordrang. Während Präsident Roca systematisch die Indios ausrottete, erschlossen sich die Belgier ihren brandneuen Kongo. Joseph Conrad sah die Belgier wirken und hielt in *Herz der Finsternis* ihre Raserei fest. »Ihre Sprache … war rücksichtslos, ohne kühn, habgierig, ohne verwegen, und grausam, ohne mutig zu sein. Die ganze Sippschaft zeigte auch nicht die Spur von Klugheit oder ernsthafter Absicht, und sie schienen auch nicht zu wissen, dass dergleichen auf der Welt zur Arbeit gehört.« Die Beschreibung passt auch auf die argentinische Raserei; sie erfasst die Stimmung und moralische Leere, die das argentinische Unternehmen charakterisierten und sich durch die Generationen bis zur heutigen Pleite erhalten haben.

Die großen privaten Besitzungen wurden mittlerweile aufgeteilt, aber die *estancias* sind noch immer riesig. Die Dimensionen übersteigen nach wie vor menschliches Maß. Die *estancias* werden mit Maschinen bewirtschaftet und benötigen wenig Arbeitskräfte; die Landschaft bleibt leer und weitgehend unbewohnt. Es gibt kleine Städte, die ungeschützt in der Pampa herumstehen, aber sie bieten nur das Notwendigste: den verblödenden Nachtklub, der Leuten, die bereits alles gesagt haben, stundenlanges wortloses Zusammensein ermöglicht, das Bordell, das die Welt noch weiter vereinfacht, die Tankstelle. Abseits der Überlandstraßen stellt sich ein Gefühl der Trostlosigkeit ein. Die unbefestigten Straßen sind breit und gerade, Bäume sieht man selten, das flache Land reicht ohne Unterbrechung bis zum Horizont. Das Gefühl für Entfernungen geht verloren; Dinge, die Kilometer weit weg sind, wirken nahe – ein Arbeiter der *estancia* im Sattel, eine Baumgruppe, eine Kreuzung von Feldwegen. Ohne die Vögel wäre die Ödnis komplett; zahlreich, wie sie sind, ungewöhnlich groß und knallig bunt gefärbt, untermalen sie die Fremdartigkeit des Landes und die Spärlichkeit menschlicher Besiedlung. Jeden Morgen findet man auf den Straßen der Pampa tote braune Eulen.

Das Land hier ist etwas, das bearbeitet wird. Es ist nichts Schönes, nichts durch Film, Literatur oder Kunst beziehungsweise durch das Leben von Gemeinschaften, die hier beheimatet sind, Geheiligtes. Land in Argentinien, habe ich einen Bankier aus einem anderen südamerikanischen Land sagen hören, ist noch immer nichts weiter als eine Ware. Es ist eine Investition, ein Bollwerk gegen die Inflation. Es tut nicht weh, wenn man es veräußert. Der Reichtum Argentiniens ist das Land; aus ihm erklärt sich die große Stadt an der Mündung. Aber das Land ist niemandem Heimat geworden. Heimat ist woanders: in Buenos Aires, in England, Italien, Spanien. In Argentinien kann man nur leben, sagen viele Argentinier, wenn man auch wieder weggehen kann.

Das Argentinien, das die Eisenbahnen und die Remingtons des Präsidenten Roca geschaffen haben, besitzt nach wie vor die Beschaffenheit und die Zweckbestimmung einer Kolonie. Und seltsam, in der Art, wie es entstanden ist, und in den stillschweigenden Bedingungen seiner Gesellschaftsbildung gleicht es einer spanischen Kolonie des sechzehnten Jahrhunderts: dieselbe Gier und die gleichen innenpolitischen Schwächen, die gleiche Neigung zu inneren Zwisten, der Zynismus und die Sterilität. *Obedeczco pero no cumplo*, ich gehorche, aber füge mich nicht: Das war die Haltung des Konquistadoren oder Beamten des sechzehnten Jahrhunderts, der sich nur dem König von Spanien selbst, nicht hingegen den anderen Untertanen des Königs vertraglich verpflichtet fühlte. In Argentinien besteht kein Vertrag mit den anderen Argentiniern, nur mit dem reichen Land, der wertvollen Ware. So war es von Anfang an, und so ist es bis heute geblieben.

Einen König gibt es nicht (auch wenn Perón das war, ein Mann, in dessen Namen jedermann handelte). Aber es gibt eine Fahne (die Farben, blau und weiß, ehren einen Heiligen; die Argentinier allerdings lehrt man, dass es die Farben ihres Himmels seien). Und diejenigen, die sich vom Land im Stich gelassen fühlen, schwingen die Fahne: die Arbeiter in den Großstädten, die jungen Männer in neuen Anzügen, Einwanderersöhne, die Ärzte oder Anwälte geworden sind. Dieser Patriotismus freilich bedeutet weniger, als es den Anschein hat. In Argentinien, einem unfertigen Land, das von Anbeginn mängelbehaftet ist, das keine Geschichte, nur Annalen kennt, kann es keinen Sinn für Vergangenheit, Tradition, gemeinsame Ideale, eine Gemeinschaft aller Argentinier geben. Jeder Argentinier möchte seinen Privatvertrag mit dem gottgegebenen Land zur Geltung bringen, mit dem wundersam von Indios befreiten und nach wie vor leeren Land.

Es gibt viele Argentinien, und sie alle umschließt die Idee vom Reichtum des Landes. Im Nordwesten befindet sich ein älteres Argentinien, besiedelt von Spaniern, die sich von Peru nach Süden ausbreiteten. Am Fuße der Kordilleren liegt die Stadt La Rioja, die vor fast vierhundert Jahren von spanischen Goldsuchern gegründet wurde. Sie hat einen eigenen Charakter; ihre Bevölkerung stammt aus dem Land und ist zur Hälfte indianischer Herkunft. Sie besitzt eine Geschlossenheit, die man in den Städten des neueren Argentiniens vergeblich sucht; von ihnen ist sie durch die wasserlose Einöde der *llanos* getrennt, die der Busreisende bis zum äußersten Horizont von der geraden, schwarzen Straße zerschnitten sieht, deren Ränder der Treibsand überspült.

Am Ende der Straße aber, in den Córdoba-Bergen, wo an den kahlen Hängen importierte Zypressen und Weiden unregelmäßige kleine Gehölze bilden, befindet sich ein kürzlich gegründetes Internat englischen Stils. Es hat Erfolg und ist gut ausgestattet; als ich den Direktor aufsuchte, hatte er die Schulbibliothek gerade mit einer kostspieligen

Sammlung der besten Bücher der Welt im Einheitslook ausgestattet.

Die Schule erscheine vielleicht, meint der Direktor, anachronistisch; Ziel sei es aber nicht, englische Gentlemen heranzubilden, sondern Gentlemen für Argentinien. Am Sonntagmorgen wird Rugby gespielt. Eine Schule aus Córdoba ist zu Besuch da, und die Schuldiener grillen dicke Scheiben roten Fleischs über einer riesigen Barbecue-Grube. »Genauso, wie richtige Angelsachsen ein Rugby-Spiel aufziehen würden«, meint der junge Lehrer, der gerade erst der Enge des Londoner Lebens entronnen ist und in der Atmosphäre von Freiheit und Abenteuer aufblüht, die Argentinien dank seiner Leere dem Neuankömmling so angenehm zu vermitteln versteht.

In der Kirche des Orts hatten die ältlichen britischen Anwohner, Leute im Ruhestand, am Morgen für Perón und die Königin gebetet. Am Abend zuvor waren sie in einem Hotel zusammengekommen, um sich den Film von Prinzessin Annes Hochzeit anzuschauen.

Eine halbe Busstunde entfernt gibt es ein von italienischen und spanischen Einwanderern bewohntes Landstädtchen: niedrige Häuser, rissiger Putz, bloßliegende rote Backsteine, gestutzte Bäume, mediterrane Farben, Frauen in Schwarz, in den Hauseingängen junge Mädchen und Kinder. Wasser ist knapp. Es gibt einen großen Staudamm, aber er ist vor zwei Jahren gebrochen. Die Leute bauen Baumwolle und Oliven an und halten ihre Stadt für reich.

Die zehnstündige Busfahrt von der Industriestadt Córdoba, wo man Autos baut, nach La Rioja ist wie eine Fahrt durch viele Länder, viele Epochen, viele schwindende kulturelle Traditionen. Die Heimatkulturen schwinden, und Argentinien bietet keinen Ersatz. Es hat nur das Land zu bieten, die billige Nahrung und den billigen Wein. All diesen Menschen an der Straße zwischen Córdoba und La Rioja bietet es ein Auskommen und das, was vormals als himmlische Freiheit erschien. Ein Vaterland bietet Argentinien niemandem. Dank einer unglaublichen Ironie der Geschichte finden sich die Menschen unter den letzten Opfern des Imperialismus wieder, und nicht nur in dem Sinne, in dem Perón das meinte.

Argentinien ist eine simple materialistische Gesellschaft, eine simple Kolonialgesellschaft, gegründet in der raubgierigsten und dekadentesten Phase des Imperialismus. Die Männer, die es durch das Versprechen eines sorglosen Lebens verführte und denen es keine anderen Ideale und keine neue Idee menschlichen Zusammenlebens bot, hat das Land klein gemacht und verblödet. Neuseeland, ein nicht minder koloniales Land, das ebenfalls eine Eingeborenenbevölkerung um ihr Land brachte, das aber in einer früheren Phase des Kolonialismus und auf der Basis anderer Prinzipien entstand, hat eine andere Geschichte. Es hat einen Beitrag zur Entwicklung der Welt geleistet; aus den Reihen der drei Millionen Neuseeländer sind mehr begabte Menschen hervorgegangen als aus der dreiundzwanzig Millionen umfassenden Bevölkerung Argentiniens.

Vor zwei Jahren, als ich neu in Argentinien war, sagte während der Hauptverkehrszeit in Buenos Aires ein Akademiker zu mir: »Man könnte meinen, in einem hoch entwickelten Land zu sein.« Seine Ironie und Bitterkeit war mir damals nicht ohne weiteres verständlich. Buenos Aires ist solch eine überwältigende Metropole, dass man einige Zeit braucht, bis man versteht, dass alles an ihr neu und fast zur Gänze importiert ist, dass ihr hauptstädtisches Leben eine Illusion, eine koloniale Imitation ist; dass sie von anderen Ländern zehrt und selber steril ist. Die große Stadt war als Dienstleistungszentrum für ihr Hinterland geplant und wurde fast in Fertigbauweise am Rande des Kontinents hingesetzt. Ihre Größe war weder Konsequenz eigener Bedürfnisse, noch spiegelten sich in ihr eigene Verdienste. Seiner ganzen Entstehung nach hat es Buenos Aires niemals nötig gehabt, sich Verdienste zu erwerben: Das hat stets zum besonderen Reiz der Stadt beigetragen. Die importierte Metropole weist die Struktur einer hoch entwickelten Gesellschaft auf. Die Menschen machen indes häufig den Eindruck, ihre Funktionen bloß zu mimen. So viele Wörter gibt es, die in

Argentinien weniger bedeuten als andernorts: *General, Künstler, Journalist, Historiker, Professor, Universität, Direktor, leitender Angestellter, Unternehmer, Aristokrat, Bibliothek, Museum, Zoo*; so viele Wörter gibt es, die man besser in Anführungszeichen setzt. Realistisch über diese Gesellschaft zu schreiben bereitet eigentümliche Schwierigkeiten; sie in belletristischer Form darzustellen dürfte unmöglich sein.

Für Männer, die so klein gemacht wurden, bleibt nur der Machismo. Es gibt den Machismo des Fußballplatzes oder der Rennbahn. Und es gibt den Machismo als simple Attitüde: Denken wir an den Polizisten mit Schutzbrille und Handschuhen, der unter Sirenengeheul auf seinem Motorrad herumsaust, um Platz für die Durchfahrt einer Staatskarosse zu schaffen. Im Grunde aber geht es beim Machismo um die Unterwerfung und Demütigung von Frauen. Machismo in der sterilen Gesellschaft dreht sich um Schikane: Unbedarfte schikanieren andere noch Unbedarftere. Frauen in Argentinien sind ungebildet und haben wenig Rechte; sie werden aufgezogen, um entweder früh zu heiraten oder häusliche Dienste zu verrichten. Sehr wenige haben Geld oder verfügen über die Möglichkeit, Geld zu verdienen. Sie sind für die Opferrolle bestimmt; und sie akzeptieren ihre Opferrolle.

Der Machismo verschafft keinem Mann eine privilegierte Stellung, weil von jedem Mann erwartet wird, dass er ein Macho ist. Sexuelle Eroberungen sind Pflicht. Sie haben wenig mit Leidenschaft oder auch nur mit Anziehungskraft zu tun, und es bedarf dazu auch keiner Manneskraft oder besonderer Fähigkeiten. In einer von Selbstbedienungsmentalität beherrschten Gesellschaft ist das, was den Macho attraktiv macht, von den reichsten bis zu den ärmsten Schichten im Wesentlichen ökonomischer Natur. Kleider, als Zeichen für den Wohlstand oder die »Klasse« des Macho, sind ein wichtiges Sexualsignal. Das gilt auch für die Brieftasche. Und Schlüssel, Symbol des Begüterten, müssen zur Schau gestellt werden. Kruder Symbolismus; aber es ist auch keine feinsinnige Gesellschaft. Der Busfahrer, kleiner Macho, der er ist, lässt seine zwei Schlüssel vom Gürtel auf die rechte Hüfte herabhängen; die rechte Hüfte des »Managers« ist geradezu in Metall eingefasst: Die Schlüssel baumeln an massiven Metallschlaufen. Geld macht den Macho. Der Machismo erfordert und erzwingt eine weit verbreitete Prostitution, als Hobby betrieben – eine Gesellschaft, die sich selbst ins Gesicht spuckt.

Ein institutionalisiertes Bedürfnis – und befriedigt wird das Bedürfnis durch eine gigantische Bordellindustrie. Bordelle gibt es überall, Tag und Nacht geöffnet. Riesige Neubauten, die ihre Funktion durch Neonröhren und eine durchweg knallige Aufmachung kund tun, ziehen sich entlang dem Panamerican Highway. Im Herzen der Stadt, hinter dem Friedhof Recoleta, wo die Illustren begraben sind, liegt eine Straße mit hochgeschossigen Stundenhotels. In der düsteren Empfangshalle solch eines Hotels spielt etwa ein rotes Scheinwerferlicht auf dem Busen einer kruden bronzefarbenen Frauenfigur: argentinische Unkunst. Jedes Schulmädchen weiß Bescheid über die Bordelle; schon früh ist ihr klar, dass sie vielleicht eines Tages dort hinmuss, um zwischen den farbigen Lichtern und Spiegeln Liebe zu finden.

Der leicht käufliche Sexualakt selbst hat für den Macho keine große Bedeutung. Wirklich erobert hat er eine Frau erst, wenn er anal mit ihr verkehrt hat. Das ist es, was die Frau ihm verweigern kann, darum dreht sich das ganze Bordellspiel, das leidenschaftslose Liebesabenteuer des *Latin lovers*, das mit dem Gerede von *amor* beginnt. *La tuve en el culo*, ich habe sie im Arsch gefickt: Mit diesen Worten verkündet der Macho seinen Triumph dem Freundeskreis oder tut ab, dass er einer Frau den Laufpass gegeben hat. Heutige Sexologen erteilen dem Analverkehr einen Generaldispens. In Argentinien und in anderen lateinamerikanischen Ländern hat indes die anale Penetration der Frauen eine ganz eigene Bedeutung. Die Kirche betrachtet es als schwere Sünde, und Prostituierte erfüllt es mit Schrecken. Indem er der Prostituierten aufzwingt, was sie verabscheut und was ihm als eine Art von Schwarzer Messe des Sexuallebens gilt, legt es der argentinische Macho, der zumeist spanischer oder italienischer Abstammung ist, bewusst darauf an, sein Opfer zu entehren. So treiben klein gemachte Männer, indem sie sich dem Machismo zuwenden und sogar noch ihre Sexualität parodistisch verzerren, ihre eigene Erniedrigung auf die Spitze.

In manchen, an Grosz erinnernden Zeichnungen des Karikaturisten Sábat finden sich Anspielungen auf diese kranke Seite des Machismo, diesen Zug von halber Kastration. In Argentinien kam kürzlich ein neuer Film in die Kinos und feierte Triumphe: *Boquitas Pintadas* – Bemalte Mündchen –, nach dem gleichnamigen Roman* des argentinischen Schriftstellers Manuel Puig, gedreht von Argentiniens berühmtestem Regisseur. Der Film – unbeholfen, gekünstelt und bar jeder Raffinesse – schildert Leben und Tod eines tuberkulosekranken Kleinstadtmachos. Ein allem Anschein nach planloser Film, eine aus dem wirklichen Leben gegriffene Chronik ohne Strukturierung. Das argentinische Publikum aber vergoss Tränen: Für die Zuschauer lag das Tragische des Films in dem vorhersehbaren Tod des Macho, des armen Jungen aus niederer Familie, der seine Eroberungen mühsamer als durch Geld machen musste, durch seine Schönheit nämlich.

Für den Außenstehenden lag das Tragische anderswo, in der offensichtlichen Unmotiviertheit eines Großteils der Handlung. Nicht die Andeutung von Zusammenhängen, keinerlei erkennbare Interpretationshilfe durch Autor oder Regisseur: Es wirkte, als wäre in der Gesellschaft des Machismo jede Ahnung von der Möglichkeit innerer Zusammenhänge verloren gegangen. Nach dem Tod des Macho hat eine seiner Frauen einen Traum: Totenbleich steigt der Macho in seinen hübschen Machokleidern im Zeitlupentempo aus seinem Grab, hebt sie hoch, fliegt mit ihr in den Armen durch das Fenster eines Schlafzimmers und legt sie auf ein Bett. Mit dieser nekrophilen Fantasie endet der Film. Und das Publikum weint sich die Augen aus.

Wenn man danach hinausging, an der langen Schlange vor-

* Die deutsche Übersetzung des Romans trägt den Titel *Der schönste Tango der Welt*.

bei, die nach Karten für den Film anstand, und die erleuchteten vollen Cafés und Bars sah, die jungen Leute in Jeans mit Schlag, empfand man geradezu schmerzhaft, wie nachäffend und entfremdet die große Stadt war. Man spürte die Unfertigkeit und Verkommenheit dieser entwurzelten Menschen, die so komplett wirkten, fing an, ihre Gewalttätigkeit, ihre bäuerliche Grausamkeit, ihren Glauben an die Magie und ihre Todesfaszination zu verstehen und zu fürchten – jene Besessenheit durch den Tod, die tagtäglich in den Zeitungen mit Bildern von Ermordeten, häufig Guerillaopfern, aufgebahrt in ihren Särgen, zelebriert wurde.

***

Nach dem Genozid wird ein großer Teil unserer Erde in Ödland verwandelt. Der Misserfolg Argentiniens, dieses reichen, dünn besiedelten Landes mit gerade einmal dreiundzwanzig Millionen Menschen auf knapp drei Millionen Quadratkilometern, zählt zu den großen Rätseln unserer Zeit. Kommentatoren wie Mariano Grondona, die das Chaos zu entwirren suchen und sich dabei in *etapas* verfangen, wollen den irrationalen Handlungen und jeder Konsequenz ermangelnden Vorgängen dadurch Sinn abgewinnen, dass sie von einer Geschichte französischen Stils reden. Andere bieten politische Erklärungen und schlagen politische Heilmittel vor. Aber Politik dreht sich um die Beschaffenheit menschlicher Vergesellschaftung, um den Vertrag von Menschen mit Menschen. Die Politik eines Landes kann nur die Vorstellung entfalten, die das Land von den menschlichen Beziehungen hat.

Der Volksführer Perón verkörperte selbst viele Schwächen seines Landes. Und es ist wichtig, auf den Ort zu schauen, auf den er, der größte Macho von ihnen allen (kinderlos und angeblich impotent), wies: auf die hochgeschossigen, obszön mit Jalousien verrammelten Bordelle im Zentrum von Buenos Aires, die sinnigerweise hinter dem Friedhof stehen.

5. Der Terror

März 1977

Bei den Killerautos – den Fahrzeugen, in denen die offiziellen Mordkommandos ihrem Geschäft nachgehen – handelt es sich um die Marke *Ford Falcon*. Der *Falcon*, der in Argentinien hergestellt wird, ist ein gedrungenes kleines Auto von unscheinbarem Äußerem; es gibt davon Tausende auf der Straße. Die Killer-*Falcons* sind freilich leicht zu erkennen. Sie haben keine Nummernschilder. Die Fahrzeuge – und die Männer in Zivilkleidung, die sie benutzen – fordern Beachtung; manchmal können Leute dabeistehen und zusehen.

So, wie sie vor einigen Wochen auf dem zentralen Platz der im Norden gelegenen Stadt Tucumán dabeistanden und zusahen: Die *Falcons* parkten in dem Halbrund der Zufahrt des Regierungssitzes, einem reich geschmückten Steinbau nach Art eines europäischen Landsitzes aus dem neunzehnten Jahrhundert, nur mit Indiosoldaten auf dem Balkon und in dem gepflegten subtropischen Gartengelände, bewaffnet mit Maschinengewehren: schließlich ein flüchtiger Blick auf händeschüttelnde und salutierende Uniformierte, bis die Männer in Zivil, gleich Schauspielern, die eine aristokratische Jagdgesellschaft mimen, aber mit Maschinengewehren unter ihren echten oder imitierten Burberry-Mänteln, die breiten Stufen herunterkamen, in die kleinen Autos stiegen und ohne Hast oder Sirenen davonfuhren.

Die Behörden haben mit der Zeit die dramatische Wirkung schweigsamen Vorgehens begriffen. Es gehört zu dem Terror, der als solcher empfunden werden soll.

Stil spielt in Argentinien eine große Rolle; in dem lang andauernden Guerillakrieg hat es – unbeschadet des echten Blutvergießens und der echten Folter – stets ein Moment machistischen Auftrumpfens und öffentlicher Zurschaustellung gegeben. In den alten Zeiten standen Polizisten mit schussbereiten Maschinengewehren in der Nähe belebter Kreuzungen; nachts gingen in den Einkaufsstraßen der Innenstadt von Buenos Aires gestiefelte und behelmte Soldaten mit Schäferhunden Patrouille; ab und an traten um des dramatischen Spezialeffekts willen Männer der Antiguerilla-Motorradbrigade in Erscheinung. Damals war der Krieg in der Hauptsache eine Privatfehde zwischen den Guerillas einerseits und der Armee und Polizei andererseits. Jetzt betrifft der Krieg jedermann: Das öffentliche Schauspiel hat sich in öffentlichen Terror verwandelt.

Außer den Männern in den *Falcons* ist allen das Schauelement abhanden gekommen. Die Guerillas sind nach wie vor aktiv, aber die Zeitungen dürfen nichts mehr über sie bringen. Sie dürfen nur die immer gleichen offiziellen Kommuniqués abdrucken, die Angaben darüber, wie viele zur Strecke gebracht wurden; gewöhnlich erscheinen diese Informationen als kleine Nachrichten auf den Innenseiten, scheinbar ohne Zusammenhang mit den übrigen Neuigkeiten: da und da, dann und dann, unter den und den Umständen wurden so und so viele Subversive oder *delincuentes* getötet, so und so viele Männer, so und so viele Frauen. Die Kommuniqués geben nach allgemeiner Einschätzung nur von einem Bruchteil der tatsächlichen Opferzahlen Nachricht: Massen von Menschen verschwinden.

Anfangs – nach dem Chaos und den an Anarchie grenzenden Zuständen der peronistischen Restauration – meinte man, die Morde seien gut für die Wirtschaft. Krieg sei Krieg, hieß es; die Guerillas, die mittlerweile den Charakter von Privatarmeen hätten und keine erkennbaren Ziele mehr verfolgten, müssten ausgerottet werden; nach dem Schlendrian und der Korruption der peronistischen Jahre sei es nötig, die Gewerkschaften und ihre Führer an die Kandare zu nehmen. (Keine Freiflüge nach Europa mehr auf den *Aerolíneas Argentinas* für jene protzig-machistischen Gewerkschaftler aus der Provinz, die sich von der Crew umsorgen ließen und es sich nach dem Abendessen mit einem Stoß Comics und Fotonovelas für den langen Nachtflug gemütlich machten, zum Umblättern die Fingerspitze mit der Zunge befeuchtend.) Ein anderes, angemesseneres Argentinien sollte geschaffen, das Land (als sei es ein ökonomisches Abstraktum, das sich unabhängig vom Gros der Bevölkerung denken ließ) wieder in Gang gebracht werden.

Und während man die Löhne auf Teufel komm raus im Keller hielt, wirkten die Bankheiligen ihr eigenes Inflationswunder. Sie boten für den Peso 8 Prozent Zinsen im Monat oder 144 Prozent im Jahr und gaben so vielen guten Argentiniern, die jahrelang um nichts weiter als um die Verwandlung ihres Pesowassers in Dollarwein gebetet hatten, für kurze Zeit den Glauben an die Währung zurück. In den ersten Monaten des Terrors boomte die Börse; Vermögen entstanden aus dem Nichts; Argentinien schien wieder es selbst zu sein. Jetzt aber ist der Terror zu nahe gerückt – und da helfen auch die 144 Prozent Zinsen nicht mehr.

Bislang lässt sich im Terror kein Plan erkennen. Nicht nur die Guerillas, die Gewerkschaftler und die paar Intellektuellen des Landes sind bedroht. Jeder kann aufgegriffen werden. Gefoltert wird routinemäßig. Selbst Arbeiter, die zu ihrem Pech in der Wohnung, der die Razzia gilt, gerade mit einer Reparaturarbeit beschäftigt sind, werden mitgenommen, ein paar Stunden festgehalten und zusammen mit allen anderen gefoltert – derart automatisch ist der Vorgang: die Augenbinde, die so eng ist, dass die Augäpfel in ihre Höhlen gepresst werden, die Verhüllung des Kopfes mit einer Kapuze, die Prügel, die Elektroschocks, deren Brandspuren noch achtzehn Tage lang zu sehen sind, und dann die ungewisse Fahrt im Kofferraum des *Falcon* und die sadistische Freilassung: »Wir bringen dich auf den Friedhof … Zähl jetzt bis hundert, ehe du die Augenbinde abnimmst.«

Fast jeder in Argentinien kennt mittlerweile jemanden, der verschwunden ist oder festgenommen und gefoltert wurde. Selbst Militärs haben schon die Leichen ihrer Kinder in Empfang nehmen dürfen – eine Vergünstigung, die sie der Intervention von Kameraden verdankten, weil die Leichen normalerweise vernichtet oder ins Meer geworfen werden, um dann manchmal, verstümmelt und verwesend, bei Montevideo, auf der anderen Seite des Río de la Plata, an Land geschwemmt zu werden. Einer Frau schickte man die Hände ihrer Tochter in einem Schuhkarton.

Für angesehene oder allgemein bekannte Bürger gibt es immer noch die förmliche Verhaftung aufgrund besonderer Anklagen. Aber weiter unten herrscht Gesetzlosigkeit. Die Menschen werden abgeholt, und niemand ist zuständig. Die Armee verweist Leute, die sich erkundigen, an die Polizei, und diese verweist sie wieder zurück an die Armee. Eine eigene Sprachregelung hat sich entwickelt: Einem Vater, der Nachforschungen anstellt, wird etwa erklärt, der Fall seines Sohnes sei »abgeschlossen«. Niemand weiß eigentlich, wer was und aus welchen Gründen tut; es heißt, man könne jeden verschwinden lassen – wenn man den erforderlichen Preis zahle.

Buenos Aires ist voll von erschütterten und beschädigten Menschen, die nur noch an Flucht denken, nicht mehr wissen, für wen sie Partei ergreifen sollen, nichts mehr in Argentinien sehen, wofür es sich zu kämpfen lohnte – Menschen, die endlich die Barbarei wahrnehmen, von der sie so lange umringt und die sie zuvor bereit waren, gegen das Bewusstsein ihrer eigenen Geborgenheit und die Verführung des geräumigen, reichen Landes aufzurechnen, gegen das leicht verdiente Geld und den Überfluss an Fleisch, gegen die Verführung, der die Sentenz Ausdruck verleiht, mit der man in Argentinien so häufig eine Diskussion beschließt: »*Todavía acquí se vive mejor.*« – »Trotzdem lebt es sich hier besser.«

Barbarei in einer Stadt, die sich selbst als europäisch betrachtet hat, in einem Land, das eben wegen dieser Stadt stolz auf seine Zivilisiertheit war. Barbarei eben wegen dieser Vorstellung von Zivilisation als von etwas, das aus weiter Ferne kommt, durch andere wie von Zauberhand in Gang gehalten wird: die Zivilisation Europas, getrennt von jedem Gedanken geistigen Lebens und mit den Waren und Moden aus Europa identifiziert: Zivilisation als etwas Käufliches, das für den Mann oder die Frau mit genug Geld da drüben, jenseits des Ozeans, immer bereitsteht – eine Haltung, die sich nicht sonderlich von der des Politikers eines neuen Landes unterscheidet, der sich, während er das eigene Heim verpestet, im Ausland, in einem Rechtsstaat, ein gemütliches Nest einrichtet.

Die offizielle Geschichte Argentiniens ist eine ruhmreiche Geschichte: ein Ringen um Unabhängigkeit, mit großen Helden, eine Geschichte der europäischen Landnahme, des Reichtums und der Zivilisation. Das ist die Vergangenheit, die Borges gelegentlich besingt; in seinen späteren Geschichten freilich kehrt das Thema kulturellen Verfalls immer wieder.

Die Folter ist in Argentinien nichts Neues. Und obwohl die Argentinier, wenn sie im Ausland gegen ein bestimmtes Regime agitieren, so tun, als sei die Folter eine Erfindung des betreffenden Regimes, wird im Land selbst die Folter von gesellschaftlichen Gruppen als feste argentinische Einrichtung behandelt und akzeptiert.

Im Jahr 1972 hörte ich in einem vornehmen Provinzhotel aus dem Mund einer spanischstämmigen Dame der Oberschicht (sie war noch besessen vom Gedanken rassischer Reinheit, focht noch die alten spanischen Glaubenskriege), mit der Folter habe man 1810, als das Land von Spanien unabhängig wurde, angefangen; und während sie, eine zarte Dame mittleren Alters, am Dinnertisch saß, den gelben Champagner Argentiniens trank und Englisch mit dem Akzent des Mädchenpensionats sprach, erklärte sie, die Folter bleibe nötig, weil das Strafrecht so nachsichtig sei. »Man muss jemanden auf schrecklichste Weise ermorden, um ins Gefängnis zu kommen. ›Mein Klient war erregt‹, sagt der Verteidiger. ›Ach?‹, sagt der Richter. ›Er war erregt?‹ Und kein Gefängnis.«

Ein junger trotzkistischer Anwalt sah das Rechtssystem etwas anders. Er vertrat einfach die Ansicht, »die meisten Regierungen« hätten die Folter angewandt, die zu einem »ziemlich wichtigen Element des Lebens in Argentinien« geworden sei. Ihre Abschaffung schien zuerst gar nicht zu seinem sozialistischen Programm zu gehören; dann aber, als er merkte, dass mich das beunruhigte, versprach er rasch, etwa so, wie man einem Kind alles Mögliche verspricht, die Folter werde »mit dem Sturz der Bourgeoisie« verschwinden.

Der führende peronistische Gewerkschaftler allerdings, den ich später besuchte – es war Mitte 1972, und der Mann war, in Erwartung der Rückkehr Peróns, der Macht sehr nah –, konnte gar nichts versprechen. Die Folter werde es immer geben, erklärte er – und es war, als spräche er vom Regen. Mit sanfter Stimme und in vernünftigem Ton – unter Glas auf seinem Schreibtisch eine Karte der Pariser Metro und ein Foto des jungen Perón – verkündete mir dieser Mann, damals noch ein Anwalt der Unterdrückten, es gebe gute Folter und böse Folter. Einen »Übeltäter« zu foltern sei »in Ordnung«; etwas anderes sei es, einen Mann zu foltern, »der sich bemüht, seinem Land zu dienen«.

Und genauso argumentierte auch vier Jahre später Admiral Guzzetti, einer der Führer des gegenwärtigen Regimes, als er im August 1976 den Terror in einer Rede vor den Vereinten Nationen verteidigte. Der Admiral (inzwischen wurde er bei einem Guerillaangriff verwundet) erklärte damals: »Wenn ich von Subversion rede, dann denke ich an die terroristischen Organisationen auf der Linken. Subversion oder Terrorismus auf Seiten der Rechten ist nicht dasselbe. Wenn der Volkskörper in einem Land von einer Krankheit befallen ist, die seine Eingeweide zerfrisst, bildet er Antikörper. Diese Antikörper stellen etwas anderes dar als die Mikroben.«

Die Antikörper von gestern sind die Mikroben von heute; wer gestern dem Land diente, ist heute ein Schurke; die Folterer von gestern sind die Gefolterten von heute. Mögen sie sich auch als »rechts« oder »links« etikettieren, tatsächlich sind die argentinischen Ideologien eine so simpel wie die andere. Was dem anderen schadet, ist richtig; was mir schadet, ist falsch. Perón war nie argentinischer, traf den argentinischen Brustton der Wehleidigkeit und moralischen Entrüstung nie besser als in dem tränenreichen Buch, das er 1956, ein Jahr nachdem das Militär ihn gestürzt hatte, veröffentlichte. Er gab dem Buch den

Titel *La Fuerza Es el Derecho de las Bestias*, was, wörtlich übersetzt, »Gewalt ist das Recht der wilden Tiere« bedeutet und sich vielleicht am besten mit *Das Gesetz des Dschungels* wiedergeben lässt.

In dem Buch schrieb Perón: »Der Revolution fehlt das Anliegen, weil sie nur eine Reaktion ist. Sie sucht nur zu vernichten, was geschaffen wurde, sucht den Peronismus auszumerzen, den Arbeitern die Sozialleistungen wegzunehmen, die sie errungen haben.« Wenn er heute noch lebte, könnte Perón vom gegenwärtigen Regime das Gleiche sagen. So wenig hat sich Argentinien in dem politischen Hin und Her der letzten zwanzig Jahre geändert; so sinnlos waren all die Manöver und Morde!

Die Killerautos sind nicht neu. Sie fingen schon zu Peróns Zeiten an, als dieser sich gegen die Guerillas wandte, die ihn zurück an die Macht gebracht hatten. Und in der Zeit von Isabel, Peróns Witwe und Nachfolgerin, als der Gegner persönlicher wurde und an politischer Eindeutigkeit verlor, verstärkte sich die mörderische Aktivität der Kommandos. Dann hörte eines Tages Isabels Regierung auf, und der peronistische Zyklus war vorbei.

Es ging ganz einfach. An einem späten Abend ließ das Militär, das lange Zeit still gehalten hatte, den Hubschrauber der Präsidentin entführen; Isabel – die mit herrschaftlicher Grandezza vom Regierungssitz im Stadtzentrum nach Hause zurückkehrte – erfuhr, dass die Präsidentenresidenz im Vorort Olivos, wohin sie zu fliegen glaubte, nicht mehr ihr Wohnsitz war. Offiziell wird berichtet, die frühere Nachtklubtänzerin, die es zum ersten weiblichen Präsidenten Argentiniens gebracht hatte, sei in Tränen ausgebrochen. Zuerst schaffte man sie zu einem Flugplatz von Buenos Aires; dann durfte sie unter Bewachung in die Präsidentenresidenz fahren, um ihre Sachen zu packen. Dort versuchte sie, das Hauspersonal auf ihre Seite zu bringen. Sie dachte, die Leute seien ihr zugetan, sie könne sich auf sie verlassen. Die Bediensteten aber, die Präsidenten hatten kommen und plötzlich wieder gehen sehen, halfen ihr einfach nur beim Packen.

So endete die Sache für sie, für das arme Mädchen, das in der armen nördlichen Provinz La Rioja zur Welt gekommen war. Als sie den vertriebenen Perón 1956, ein Jahr nach seinem Sturz, vier Jahre nach Eva Peróns Tod, kennen lernte, arbeitete sie in einem Nachtklub im fernen Panama. Isabel wurde nie als Ersatzfigur für Eva Perón aufgebaut; und seine Anhänger haben Perón die Verbindung mit ihr nie zum Vorwurf gemacht. Für das machistische Argentinien, das so unendlich viel Verständnis für die Bedürfnisse eines Mannes hat, war Isabel schlicht die neue Frau an der Seite des Führers. Und als sie 1973 mit Perón nach Argentinien zurückkehrte, kam sie nur als »Botschafterin des Friedens«, als Vermittlerin zwischen den Klassen, als die Frau, die Argentinien mit ihrer Liebe zusammenhalten sollte, während Perón sich um den Hass kümmerte.

»*Perón conduce, Isabel verticaliza.*« (»Perón führt, Isabel vertikalisiert.«) Die Wörter sind im Spanischen ebenso schwer verständlich wie im Deutschen; aber das war einer der Slogans im Jahr 1974, während der letzten Tage der Regierung Peróns, als sich bereits herausgestellt hatte, dass der Peronismus nichts weiter war als Worte und die Herrschaft Peróns und seines Gefolges einer bloßen Fortsetzung der Hysterie glich, die ihn nach Argentinien zurückgebracht hatte. Damals kamen zu den Graffiti an den Mauern Poster, die der Staat drucken ließ, hinzu, sodass ganz Buenos Aires aussah wie eine einzige große Reklametafel. So viele Poster, die so rasch veraltet waren: ständig irgendein neuer Märtyrer, den es zu beweinen galt (und der binnen einer Woche vergessen war: nichts so tot im peronistischen Argentinien wie der Tote auf dem politischen Plakat von vor einer Woche); und so viele Morde, die es zu rächen galt: der Führer ständig bemüht, sich auf der Woge kollektiv geäußerter Zorn-, Trauer- und Hassgefühle emportragen zu lassen.

Jetzt herrscht Stille. Isabel wird irgendwo im Süden in Haft gehalten; der Klatsch, der sich um sie rankt, verstummt allmählich. Ein privater Schnappschuss, den die Behörden freigegeben haben, zeigt, dass sie während ihrer Amtszeit zugelegt hat. Viele von denen, die zusammen mit ihr regierten, haben sich abgesetzt. Der Astrologe López Rega – er war Isabels Manager während ihrer Nachtklubzeit in Panama und wurde später Peróns Sekretär – ist außer Landes gegangen; die jetzige Regierung wirft ihm vor, als Wohlfahrtsminister große Summen unterschlagen zu haben.

Die politischen Skandale im Zusammenhang mit Peróns Rückkehr an die Macht und die finanziellen Skandale seiner Regierungszeit und der von Isabel setzen sich fort. Die Guerillas waren es, die Peróns Rückkehr möglich machten; sie waren in den Jahren 1972 und 1973 der starke Arm der peronistischen Bewegung. Aber waren sie allesamt Guerillas? Dienten die Entführungen und die Banküberfälle allesamt der peronistischen Sache? Oder war der *guerillerismo* zum Teil verquickt mit argentinischen Wirtschaftskreisen. Die in diesem Fall nicht mit Immobilien oder dem Fall des Peso spekulierten, sondern mit Idealismus und Leidenschaft, mit echtem Blut und mit der Folter.

Das Militär schätzt saubere Wände; die Mauern von Buenos Aires sind mittlerweile frisch getüncht und kahl. Hie und da aber scheinen die gespenstischen politischen Graffiti früherer Zeiten unter der Tünche durch: das »*Evita Vive*« (»Evita Lebt«) von 1972, die Symbole der peronistischen Jugendbewegung, der peronistische Wahlslogan von 1973, »*Cámpora a la Presidencia, Perón al Poder*« (»Cámpora ins Präsidentenamt, Perón an die Macht«), die spätere und, peronistisch betrachtet, unvermeidliche Proklamation »*Cámpora traidor*« (»Cámpora ist ein Verräter«), die geheimnisvolle Verwandlung von Freund in Feind, jetzt ein unerhebliches Detail toter argentinischer Geschichte, Gespenst eines Gespensts, die ganze tote Geschichte verblichen unter der militärischen Tünche.

Über Perón selbst wird jetzt nicht mehr viel gesprochen. Er ist tot; am Ende hat er alle im Stich gelassen; er und die Jahre, die er vergeudet hat, kann man vergessen. Geschichte in Argentinien ist nicht so sehr ein Versuch, aufzuzeichnen und zu verstehen, sondern eine Methode der Neuordnung unbequemer

Fakten: ein Prozess des Vergessens. Und die Politiker und Intellektuellen aus dem Mittelstand, die für Peróns Rückkehr zu Felde zogen, die Menschen, die durch ihre unerwartete Parteinahme für die peronistische Sache deren Triumph 1972 und 1973 so überwältigend ausfallen ließen, sie vermeiden jetzt das Thema oder drucksen herum.

Sie hätten gehofft, sagen sie, die Bewegung von innen heraus verändern zu können, oder sie versteigen sich zu der noch fantastischeren Behauptung, sie hätten eigentlich einen Peronismus ohne Perón gewollt. Es war aber Perón, den sie aus dem Exil zurückholten, damit er sie wieder regierte; und sie holten ihn zurück – sogar einschließlich seines Astrologen –, weil sie das wollten, was er anbot.

In ihrer von Ghostwritern verfassten Biographie *La Razón de Mi Vida* berichtete Eva Perón, sie habe mit elf Jahren herausgefunden, dass es Arme gab. Das aber »bereitete mir merkwürdigerweise weniger Qualen als das Bewusstsein, dass es gleichzeitig Menschen gab, die reich waren«. Dass einen der Gedanke an die Reichen – überhaupt der Gedanke an andere Menschen – quälte, blieb die Basis für die Attraktion des Peronismus. Diese schlichte Leidensfähigkeit – und nicht »Nationalgefühl« oder Peróns »dritte Position« – ließ Argentinien Feuer fangen.

Eva Perón stellte ihr kurzes Leben in den Dienst einer Verhöhnung der Reichen, der vierhundert Familien, die unter sich den Großteil dessen aufteilten, was von den knapp drei Millionen Quadratkilometern Argentiniens Wert hatte. Sie verhöhnte und verletzte die Reichen, wie sie von ihnen verletzt worden war; ihre spätere inoffizielle Heiligsprechung verlieh ihrem Zerstörungswerk eine Art religiöse Weihe.

Mochte selbst das Geld ausgehen, es blieb immer noch der Hass, den der Peronismus als Hoffnung bieten konnte. Und am Ende war es dies, was Argentinien dazu brachte, praktisch einmütig Perón zurückzurufen, obwohl seine erste Regierungszeit in Unterdrückung und katastrophalen Verhältnissen geendet hatte und obwohl er ein sehr alter Mann und dem Tode nahe war. In seinem achtzehnten Jahr im Exil blieb er, während Argentinien von Regierung zu Regierung taumelte, sich merkwürdig treu. Er war zum verkörperten Argentinien geworden: Wie vor ihm Eva, wie alle Argentinier, war er ein Opfer, jemand, der Feinde hatte und sich Kummer wegen anderer machte. Im Laufe der Jahre vervielfachten sich seine Feinde; seine alten, typisch argentinischen Klagen lasen sich nachgerade wie Prophezeiungen »Der Revolution fehlt das Anliegen«; »Die Militärs herrschen, aber niemand gehorcht«; am Ende schien er zum Feind des Feindes aller geworden.

Der Peronismus stellte nie ein Programm dar. Er war ein Aufruhr. Über dreißig Jahre befindet sich Argentinien schon in einem Zustand des Aufruhrs. Damit ähnelt es nicht, wie argentinische Autoren manchmal behaupten, diesem oder jenem Land in Europa, sondern der Republik Haiti seit dem Sklavenaufstand von Toussaint: einer ähnlich gebauten barbarischen Kolonialgesellschaft, die auf ähnliche Weise von einer fernen Zivilisation schmarotzt und unfähig zur Erneuerung ist, weil die Sklaverei das einzige menschliche Verhaltensmuster geliefert hat und Menschsein nichts weiter bedeutet, als den Kummer wegen anderer beschwichtigen, sprich, dem Sklavenhalter gleich sein zu können.

***

Eva Perón entzündete das Feuer. Die Vorstellung von Reformen freilich war ihr zu hoch. Sie war zu verletzt, zu ungebildet; sie entsprach zu sehr ihrer Gesellschaft; und allemal blieb sie eine Frau unter lauter Machos. Christophe, Kaiser von Haiti, errichtete die Zitadelle und zahlte dafür einen ungeheuren Preis an Menschenleben und Geld: Das Vorbild lieferte die britischen Befestigungen des Brimstone Hill auf der kleinen Insel St. Kitts, wo Christophe als Sklave zur Welt kam und den Beruf des Schneiders lernte. Ebenso war die an die Macht gekommene Eva Perón, die zwar alle Zeugnisse ihrer frühen Kindheit vernichtete, aber über die prägenden Vorstellungen ihrer Kindheit nie hinausgelangte, bestrebt, es den Reichen gleichzutun, was die Grausamkeit, den Reichtum, die Eleganz und den importierten Luxus betraf. Was sie dem Volk, dem *pueblo*, in dessen Namen sie handelte, zu bieten hatte, war sie selbst und ihr Triumph.

Ihre Feinde wirkten mit an ihrer Heiligsprechung. Nach Peróns Sturz im Jahr 1955 veranstalteten sie eine große Zurschaustellung ihrer Kleider, auch intimer Kleidungsstücke. Sie war seit drei Jahren tot; aber bei dieser Zurschaustellung (besonders der Unterwäsche) handelte es sich um eine argentinisch-machistische Form von Vergewaltigung; darüber hinaus sollte das Volk, *el pueblo*, Anstoß an der Extravaganz und Gewöhnlichkeit seiner großen Heldin nehmen. Eine verlogene Aktion: Die Täter selbst hatten keine höheren Ideale, und der märchenhafte Reichtum – Reichtum, der die Vorstellungskraft überstieg und der einer Armen in den Schoß gefallen war – trug nur zur Legendenbildung um Evita bei.

Zwanzig Jahre nach ihrem Tod fand sie förmliche Anerkennung. Ihr kleiner einbalsamierter Körper – er maß 1,57 Meter und war zum Zeitpunkt ihres Todes stark ausgezehrt – ruht jetzt in der Gruft der Familie Duarte auf dem Friedhof Recoleta, wo die Oberschicht von Buenos Aires ihre Toten beisetzt. In den Stein- und Marmorgängen der wie eine Stadt im Kleinen wirkenden Nekropole trifft man auf viele der großen Namen Argentiniens beziehungsweise auf die Namen vieler, die in einem besser begründeten Land groß hätten werden können, jetzt aber nur von einer ebenso verfehlten wie anmaßenden Vergangenheit zeugen. Diese Anerkennung und Ehrung – mehr hatte das Mädchen aus Los Toldos nicht gewollt; um zu erreichen, was sie wollte, musste sie einen Aufruhr anzetteln und den ganzen Staat auf den Kopf stellen.

In der Frühzeit des Peronismus betrieb man ihre Heiligsprechung; jetzt schwebt sie über dem Peronismus und der Politik. Sie ist jetzt ihr eigener Kult; sie gewährt denen Schutz, die an sie glauben. Wo es keine verlässlichen Einrichtungen oder Verhaltensformen oder Gesetze gibt, keinen weltlichen Rückhalt, da brauchen die Menschen den Glauben und die Magie. Und die Natur in Argentinien kann überwältigend wirken: In diesem Land der großen Gebirge und der weiten leeren Räume können sich Menschen verlassen vorkommen. (Ungeheuer das Ödland, das Busch- und Bergland, das die nördliche Provinz La Rioja vom sanfteren, aber immer noch grenzenlosen Land der Pampa trennt: La Rioja, die Stätte alter, verlorener Hoffnung, die Ende des sechzehnten Jahrhunderts, nach Mexiko und Peru, in der Einöde zu Füßen der Anden gegründete gleichnamige Stadt, eine weitere spanische Basis für die Suche nach El Dorado.) Verlassenheit wirkt wie eine ständig präsente Drohung in der argentinischen Weite: Wie haben es Menschen hierher geschafft, wie haben sie es hier ausgehalten?

In dieser Verlassenheit gedeihen Kulte, denen etwas Antikes anhaftet. Wie etwa dem Kult der Frau, die man als *La Difunta Correa*, Die Verblichene Correa, kennt. Zu irgendeinem unbekannten Zeitpunkt durchquerte sie zu Fuß die Einöde. Sie war am Verhungern, es gab kein Wasser in der Wüste, und sie starb. Ihr kleines Kind aber (oder das Baby, das sie vor ihrem Tod noch zur Welt brachte) lebte, als man es fand, und saugte an der Brust der toten Frau. Heute gibt es Heiligenschreine am Straßenrand, die ihr geweiht sind und in denen die Menschen Flaschen mit Wasser zurücklassen. Das Wasser verdunstet: La Difunta Correa hat es getrunken. *La Difunta Correa tomó el agua*: Unablässig wird das einfache Wunder wiederholt.

Eva Perón ist heute diese Art von Gestalt, frei von Geschichte und Politik. Und an der Duarte-Gruft in Recoleta legt man Opfergaben nieder. Der Sarkophag ist nicht zu sehen, aber man weiß, dass er dort ist. An dem Morgen, an dem ich hinging, waren mit einem weißen Halstuch weiße Lilien an den Gitterstäben befestigt, und es gab eine einzige, verblichene Rose, unsagbar rührend. Auf dem Boden lag ungeschützt eine weiße Mantilla in einer Plastikhülle. Eine Frau kam mit Blumen. Sie war eine Frau aus dem Volk, stämmig, wie Leute sind, die zu viel stärkehaltige Nahrung essen. Sie kam von weit weg, aus Mendoza, am entgegengesetzten Ende der Pampa.

(Mendoza, die Weinregion am Fuße der Anden, wo im hellen südlichen Licht und in der klaren Luft die aus Europa importierten Bäume, die Weide und die Platane, gigantische Dimensionen erreichen; auf der einen Seite ist der Blick stets durch die graublaue Mauer des Gebirges begrenzt. Nicht allerdings durch die eigentlichen, schneebedeckten Andengipfel: Die erscheinen eines Tages, weit, weit entfernt, als schwebten sie in der Luft, als wäre der Himmel auf halber Höhe schwach weiß überdruckt. Man bekommt eine neue Vorstellung von Größendimension und fühlt sich von Staunen erfasst, nicht nur beim Gedanken an die Konquistadoren, die bis hier herabgezogen kamen, sondern auch an die Inka, die ohne das Rad ihre Herrschaft so weit nach Süden ausdehnten und deren Bewässerungskanäle die Bauern von Mendoza bis heute benutzen.)

Die Frau aus Mendoza hatte eine kranke Tochter – ob das Mädchen an Krämpfen oder an Kinderlähmung litt, wurde nicht klar. (»*Hace quince años hice la promesa.*« – »Vor fünfzehn Jahren tat ich ein Gelübde.«) Im Jahr 1962 also: Eva Perón war damals bereits zehn Jahre tot, und Perón lebte ohne Hoffnung auf eine Rückkehr aus der Verbannung; Evas einbalsamierter Leichnam war nach menschlichem Ermessen verloren. Jetzt hatte sich das Wunder ereignet. Der Leichnam war da; der Tochter ging es gut genug, um das Gelübde zu erfüllen.

Sie legte die Blumen auf die Erde; ein Weilchen wurde sie still und betrachtete schweigend das Gitter und die kahle Gruft; dann war sie wieder die muntere Person von vorher und wandte sich zum Gehen. »*Ya cumplí*«, sagte sie. »Das wäre erledigt.«

6. Argentinien und die Idee des Blutes

Im März 1977, während das Militärregime seinen »schmutzigen Krieg« gegen die Guerillas führte, wurde ich in Argentinien eines Tages von der Polizei aus einem Überlandbus geholt und einige Stunden lang unter dem Verdacht, ein Guerilla zu sein, festgehalten.

Das geschah im äußersten Norden des Landes – in einem älteren, tropischeren Argentinien, tief im Inneren des Kontinents und noch von einem Hauch des spanischen Weltreichs umwittert: breite Täler neben den Anden, Zuckerrohr, so weit der Blick reichte, eine Indio-Bevölkerung. Während ich in Buenos Aires eindeutig als Fremder erkennbar war, konnte ich hier im Norden als Einheimischer durchgehen. (Und manchmal mehr als das. Während einer früheren Reise rief mir in einer kleinen Stadt in den Córdoba-Bergen ein spanisch aussehender Mann in mittleren Jahren quer durch ein Café allen Ernstes zu: »Sie da! Sie sehen aus wie ein *pistolero*.« Ein Gangster.)

Diesmal hatte ich mich in der alten Kolonialstadt Salta einquartiert. Eines Morgens bestieg ich einen Bus, um in die Stadt Jujuy zu fahren, die in der nördlich gelegenen Provinz, an der Grenze zu Bolivien, lag. Unmittelbar außerhalb von Salta hielt der Bus an, vielleicht an der Provinzgrenze. Indio-Polizisten stiegen ein und verlangten die Ausweispapiere. Die Argentinier sind von Kindesbeinen an darauf trainiert, ihre Ausweise mitzuführen. Ich fuhr ohne; ich hatte meinen Pass im Hotel in Salta gelassen. Also musste ich aussteigen – mit meiner Gangstervisage von den übrigen Passagieren, vornehmlich Indios, neugierig beäugt, ehe der Bus dann weiterfuhr.

Ich ging mit den zwei Polizisten zu der kleinen Baracke oder Hütte aus Beton, die am Rande der Straße stand. Sie war innen genauso kahl wie außen. Ein dritter Polizist befand sich dort, der hinter einer Schranke stand, die ihm bis zur Brust reichte. Auf dem Tisch auf seiner Seite der Schranke und in seiner Reichweite konnte ich das schwarzgraue Metall eines auf der

Seite liegenden Maschinengewehrs sehen. Sonst lag nichts weiter auf dem Tisch.

Ich befand mich bei ernsten Menschen. Sie hörten sich an, was ich zu sagen hatte, aber ohne großes Interesse. Sie redeten miteinander; dann berieten sie sich mit jemandem am Telefon oder an einem Funktelefon. Nach einer Weile brachte man mich – in was für einem Fahrzeug oder auf welcher Strecke, weiß ich nicht mehr: ich machte mir über die Vorgänge dieses Tages keine Notizen – zu einem kleinen, flachen Gebäude, das isoliert auf einem sonnenverbrannten Platz irgendwo im Busch stand. Auch wenn man es ihm nicht ansah, bei dem Gebäude handelte es sich um eine Polizeistation oder einen Außenposten.

Die Männer, die mich hergebracht hatten, verschwanden – ähnlich wie der Morgenbus nach Jujuy. Mich beschlich das Gefühl, dass Salta weit weg war. Meine Zeitvorstellung wandelte sich; ich lernte warten. Einmal mehr gab ich Auskunft. Der Polizist, der meine Angaben niederschrieb, fing anschließend an zu telefonieren. Das war nicht leicht; die argentinischen Telefonverbindungen waren sehr schlecht. Telefondrähte, rechtmäßige und unrechtmäßige, hingen wie riesige Spinnennetze über den Straßen und den aus der Zeit vor dem Ersten Weltkrieg stammenden Bauten der Innenstadt von Buenos Aires; der Indio-Polizist bemühte sich, aus einem anderthalb Tausend Kilometer entfernten Flecken im Busch Kontakt mit der in Spinnweben gehüllten Stadt aufzunehmen. Er wählte sich die Finger wund, manchmal redend, manchmal stumm. Sein Kollege hielt unverwandt den Blick auf mich gerichtet: lächelnd, höflich, lauernd.

Ich saß auf einer Bank, an eine glatt verputzte Wand gelehnt. Ich sah auf das Buschwerk und das Licht draußen. Ich rauchte die Pfeife, die ich mitgebracht hatte. Nach einiger Zeit wollte ich auf die Toilette. Ich erfuhr, dass es in dem kleinen Gebäude keine Toilette gab. Der Polizist mit den lächelnden Augen deutete auf eine Stelle im Busch, die ein wenig entfernt lag: Dort sollte ich hingehen. »Wenn Sie wegzulaufen versuchen, erschieße ich Sie«, sagte er. Sein Lächeln ließ das wie einen Scherz klingen; ich wusste indes, dass er keinen Witz machte.

Und dann kam überraschend ein Telefongespräch durch: Jemanden mit meiner Beschreibung gab es auf keiner Guerillaliste. Der ältere Polizist sagte mit einem Anflug von Freundlichkeit: »Ihre Pfeife hat Sie gerettet. Haben Sie das gewusst? Die Pfeife gab mir das Gefühl, dass Sie tatsächlich ein Ausländer sind.«

Die Pfeife stammte aus Afrika; es war eine kleine schwarze Meerschaumpfeife aus Tanganjika, die ich elf Jahre zuvor in Uganda gekauft hatte: Mir war aufgefallen, dass sie das Interesse der beiden erregt hatte. Und ich hatte mich die ganze Zeit über auf mein Auftreten verlassen, mein gebrochenes Spanisch, meinen spanischen Akzent. Erst jetzt ging mir auf, dass für diese Indio-Polizisten der ganze äußerste Norden Argentiniens voll von Ausländern war. Erst im Augenblick meiner Freilassung, als ich mich von meinem leichten Schockzustand, meinem gestörten Zeitsinn erholte, begriff ich also, wie ernst meine Lage gewesen war. In der Stadt Tucumán hatte ich nur wenige Tage vorher mit einer kleinen Gruppe von Leuten aus der Stadt dagestanden und zugesehen, wie Polizisten mit Maschinengewehren unter ihren Regenmänteln in ihre Autos ohne Kennzeichen stiegen. Wie eine Art ländliche Jagdgesellschaft; aber in Tucumán war das Schmutzige besonders schmutzig, und Tucumán lag unmittelbar südlich von Salta.

Ich war frei, hatte aber keine Ahnung, wo ich mich befand. Ein bisschen neigte ich zwar zu der Ansicht, die Polizisten müssten mich wieder dahin zurückbringen, wo sie mich aufgegriffen hatten, aber ich verzichtete darauf, ihnen das vorzuschlagen. Sie zeigten mir, wo die Straße war. Ich ging in die Richtung, die sie mir gewiesen hatten, als mir plötzlich einfiel, dass ich nach wie vor keine »Papiere« hatte und erneut aufgegriffen werden konnte. Ich ging zurück zu dem kleinen Gebäude und bat den älteren Polizisten um irgendeine Art von Bescheinigung. Er begriff sofort; er war fast begeistert, dass ich fragte. Er setzte sich an seinen Tisch, zog ein schmales Blatt Papier mit Briefkopf in seine schwere, alte Schreibmaschine ein und begann in einem Tempo, das mich überraschte, eine *constancia policial*, eine »polizeiliche Bescheinigung«, zu tippen. Die Sprache war bürokratisch: der Inhaber sei in Gewahrsam genommen, aber wieder »freigesetzt« worden, wegen »mangelnden Interesses« an seiner Verwahrung, *por no interesar su detención*. Damit zog ich los und wartete an der Straße. Ein junger italienischer Einwanderer in einem weißen Lieferwagen nahm mich mit zurück nach Salta.

Ich verzichtete darauf, noch weiter im Norden herumzureisen. Am nächsten Tag machte ich mich auf den Rückweg nach Buenos Aires; binnen weniger Tage hatte ich das Land verlassen. Im Laufe der nächsten zwei oder drei Wochen schrieb ich den Artikel, dessentwegen ich ins argentinische Hinterland gefahren war. Ich war aber nicht zufrieden mit der Darstellung, die ich der Geschichte gegeben hatte; im Bemühen, die Sache zurechtzurücken, verbrachte ich drei oder vier weitere Wochen damit, den Artikel in etwa der gleichen Manier immer wieder neu zu verfassen. Schließlich schwamm mir der Kopf, und ich legte den Artikel beiseite.

Zwei Jahre später, als ich mir wieder ansah, was ich geschrieben hatte, fand ich es ganz ordentlich und fragte mich, was mir Kopfzerbrechen bereitet hatte. Es war, als hätte damals irgendein instinktives Gefühl den Autor gedrängt, das Erleben jenes Tages für sich zu behalten und nicht einmal indirekt in einem Artikel zur Sprache zu bringen. Später, im gleichen Jahr, fing ich an, eine lange fiktive Handlung niederzuschreiben, die ich in Zentralafrika spielen ließ. An der entsprechenden Stelle ließ ich mein argentinisches Erlebnis und sogar das isolierte Polizeigebäude im Busch bei Jujuy auf dem zentralafrikanischen Schauplatz wiedererstehen. Als ich mit dem Roman fertig war, entfiel der unangenehme Vorfall von Jujuy meinem Bewusstsein; ich vergaß ihn völlig. Obwohl er den Schlusspunkt eines fünfjährigen Zeitraums bildete, in dem ich wiederholt in Argentinien umhergereist war, und obwohl ich danach vierzehn Jahre lang nicht mehr nach Argentinien kommen sollte, hatte der

Tag von Jujuy in meinen Erinnerungen an Argentinien keinen Platz.

Geradeso aber, wie die Empfindung in einen Kiefer zurückkehrt, wenn die lokale Betäubung abklingt, kehrte mir mehr als zehn Jahre später, als sich das Afrika-Buch aus meinem Kopf verabschiedet hatte und ich mich an die Einzelheiten einer Erzählung, die ich einmal in- und auswendig gekannt hatte, kaum mehr erinnern konnte, der Tag von Jujuy ins Gedächtnis zurück. Und ohne dass ich den Schock jenes Tages wiedererlebte wie auch das gestörte Zeitgefühl, das mich damals von Anfang bis Ende relative Ruhe bewahren ließ, macht mich der Gedanke krank, wie nahe ich dem Schmutz des schmutzigen Krieges gekommen war. Tausende von Männern und Frauen wurden zu dieser Zeit einfach erledigt. Das Foltern war Routine: Man hatte es in den lächelnden Augen des jüngeren Polizisten sehen können. Nur meine kleine afrikanische Pfeife weckte einen Zweifel im Geiste des älteren Polizisten – und gegen Ende des Jahres, als ich mitten in meinem zentralafrikanischen Buch steckte, hörte ich auf zu rauchen und legte die kleine Pfeife mit all den anderen beiseite.

Und ich fand nie, dass die argentinischen Guerillas ein ausreichend gutes Anliegen hatten. Einige gehörten der Linken an, bei einigen handelte es sich um Peronisten, die für die Rückkehr des korrupten, alten Perón kämpften; einige wollten den Peronismus – eine Mischung aus Nationalismus, Sozialismus und Antiamerikanismus – ohne Perón. Einige wollten nach meinem Eindruck überhaupt nichts, und einige waren schlicht und einfach Gangster. Als ich 1972 das erste Mal nach Argentinien kam, waren sie mir ein Rätsel. Sie waren gebildete, in sicheren Verhältnissen lebende Leute aus dem Mittelstand, vielleicht die erste vollständige Generation ökonomisch abgesicherter und gebildeter Menschen nach den großen Zuwanderungen aus Europa zu Anfang des zwanzigsten Jahrhunderts und nach der Weltwirtschaftskrise der dreißiger Jahre. Und doch bemühten sie sich, kaum dass sie ihre privilegierte Stellung erreicht hatten, diese ihre Welt einzureißen – so schien es mir. Was trieb sie dazu? Da war das Moment des Nachäffens, dass sie im politischen Strom der Sechziger-Bewegung mitschwimmen wollten. »Wovon die Studenten in Amerika nur reden, das wollen sie hier konkret werden lassen« – erklärte mir 1972 eine Frau, deren Neffe als Guerilla von der Polizei umgebracht worden war: Der junge Mann hatte seine Revolution ernster genommen als die amerikanischen Studenten, denen er nacheiferte. Eine andere, jüngere Frau erzählte mir, wie ein Freund von ihr zu seinem Entschluss gelangt war. Sie hatten sich den Film *Sacco und Vanzetti* angesehen; danach hatte ihr Freund geäußert: »Ich *schäme* mich, dass ich kein Guerilla bin.«

Dann gab es da auch die alte argentinische Revolutionsidee. Darin steckte viel mehr als bloß die Vorstellung von Aufruhr und Chaos. Es war die Idee, dass jederzeit die Möglichkeit bestehe, einer verfahrenen politischen Situation ein Ende zu setzen und einen Neuanfang zu machen. Sábat, der Karikaturist aus Buenos Aires, formulierte das folgendermaßen: »Jedes Mal, wenn ein Präsident gestürzt wird, ziehen sie die Fahne auf und singen die Nationalhymne.« Robert Cox, der Herausgeber des englischsprachigen *Buenos Aires Herald*, erklärte: »Wenn ein Staatsstreich stattfindet, fühlen sich alle erhoben und laufen am nächsten Morgen federnden Schritts herum.«

Nach Ansicht eines Filmemachers italienischer Abstammung schrieb sich diese Revolutionsidee vom frühen neunzehnten Jahrhundert und von den blutigen Unabhängigkeitskriegen her. Er fand das nicht komisch, sondern meinte, darin stecke »die mystische spanische Vorstellung vom Blut«. Mir kamen seine Worte überkandidelt vor; aber nachdem ich einige Zeit im Land verbracht hatte, schien mir, dass sie im Hinblick auf das faszinierte Verhältnis der Argentinier zur Folter einen gewissen Erklärungswert hatten.

Vor meiner Reise nach Argentinien bekam ich einige entsetzliche Zeugnisse zum Thema Folter geschickt. Etliche der Personen, die ich in Buenos Aires aufsuchte, wirkten indes nicht so außer sich, wie die Nachrichten, die sie mir geschickt hatten, hätten erwarten lassen; ein paar schienen regelrecht überrascht davon, dass ich die Sache so schwer nahm. Ein junger trotzkistischer Anwalt sagte in sachlichem Ton: »Die Folter ist ziemlich wichtig hier.« Als er merkte, dass ich fand, er nehme die Sache zu lässig, verkündete er leicht irritiert, wie ein genervter Vater, der einem bockigen Kind gut zuredet: »Die Folter wird erst mit einem Arbeiterstaat und dem Sturz der Bourgeoisie verschwinden.« In seinem gut ausgestatteten Büro erklärte mir ein peronistischer Gewerkschaftler in dem sanften und vernünftigen Ton, für den er bekannt war: »Eine Welt ohne Folter ist eine Idealvorstellung.« Das Foltern würde weitergehen; nur gab es gute Folter und böse Folter. Böse Folter war das, was die Feinde des Volkes praktizierten; gute Folter war das, was den Feinden des Volkes, wenn die Zeit gekommen war, von den Beschützern des Volkes widerfahren würde.

So sah die Sache 1972 aus, als fast jedermann Peronist war und die Menschen sich über die bösen Folterungen des Militärs erregten und die guten Folterungen, die bei Peróns Rückkehr zu erwarten standen, mit Stillschweigen übergingen.

»Sie können dich an der Nase herumführen«, sagte Robert Cox. »Du startest eine Pressekampagne wegen jemandem, der dir als unschuldiges Opfer der Polizei präsentiert wird. Und dann, an seinem Grab, preist man ihn wegen all der Gewalttaten, an denen er beteiligt war.«

Alle Bemühungen, die 68er-Bewegungen nachzuäffen, änderten nichts daran, dass die argentinische Guerilla-Idee wenig mit den Studententheatern in Paris und den USA gemein hatte. Wenn auch die Revolutionsidee in Argentinien vielleicht nicht unbedingt die mystische Idee des Blutes in sich barg, enthielt sie doch jedenfalls die Vorstellung einer körperlichen Bestrafung derer, die zur falschen Partei gehörten. Hehre politische Prinzipien verloren sich in dieser primitiveren Idee von persönlicher Wut, persönlicher Auseinandersetzung, Blutfehde: Zuerst sprach man dem anderen das Anliegen ab und dann, dass er ein Mensch war.

Im Jahr 1880 besaß der Stadtkern von Buenos Aires noch offene Abwässerkanäle und unbefestigte Straßen. Die Bevölkerungszahl betrug damals 300 000. 1915, nach der »Eroberung der Wildnis«, der Ausrottung der Pampa-Indios und der Aneignung ihres ungeheuren Gebiets, sowie nach der großen Zuwanderung aus Europa, war die Bevölkerung schon auf 1 500 000 angewachsen; die großen *Belle Époque*-Gebäude nach Pariser Vorbild waren errichtet, mit den in Stein gehauenen oder in Metall gegossenen Namen der Architekten und Baumeister neben den hohen Eingangsportalen. Das elegante Bild hatte nicht lange Bestand. Gerade einmal dreißig Jahre später, 1945, begann die peronistische Revolution; und wiederum fünfundzwanzig Jahre danach traten die Guerillas in Erscheinung.

Im Jahr 1977 waren die Guerillas so gut wie vernichtet. Jetzt, noch einmal vierzehn Jahre später, besuchte ich in einer Stadt, in der die Zeichen langer Vernachlässigung nicht zu übersehen waren, Ricardo, um mit ihm über die Guerillabewegung zu sprechen. Ricardo hatte mit ihr sympathisiert.

Er bewohnte ein Apartment in einem zentral gelegenen, heruntergekommenen Mietsblock aus der Zeit vor dem Ersten Weltkrieg. Die Wohnung stammte noch aus dieser Zeit, mit einem eigenen Dienstboteneingang und winzigen Dienstbotenräumen; die vorderen Zimmer waren sehr hell, die hinteren sehr dunkel. Bedienstete hatte Ricardo keine. Er machte den Eindruck, in der alten Wohnung zu kampieren. Schichten von Farbe hatten die Details der Stuckdecken, Architrave und Scheuerleisten zugekleistert.

Ricardo war Anfang vierzig, gutbürgerlich durch seine Bildung. Die jüngste Geschichte seines Landes schien ihn aus der Bahn geworfen zu haben; einen geregelten Beruf übte er nach wie vor nicht aus. Er gehörte zur Generation der Guerillas und hatte tatsächlich die gleiche Schule besucht wie einige der wichtigeren unter den Guerillas. Er kannte sie aus der Ferne: Sie waren siebzehn, als er fünfzehn war.

Die Schule, das Nationalkolleg in Buenos Aires, war berühmt; Ricardo bezeichnete sie als die beste Schule des Landes. Die

Jesuiten hatten sie im achtzehnten Jahrhundert gegründet und bis zu ihrer Vertreibung aus dem Spanischen Reich geführt. »Zu Beginn des modernen Argentinien gestaltete sie ein Franzose nach den Erziehungsprinzipien der damaligen französischen Enzyklopädisten um.« Im Jahr 1966 hörte Ricardo an dieser Schule, wie einige ältere Schüler nach dem Schwimmunterricht im Umkleideraum »die faschistische Hymne, die Mussolini-Hymne« sangen. »Es war ihnen ganz schön ernst damit.« Das war zur Zeit eines weiteren militärischen Staatsstreichs: Nach dem Populismus und dem ökonomischen Durcheinander der Perón-Revolution wogte der interne Konflikt in Argentinien hin und her.

Ricardo begriff allmählich, dass er in Argentinien immer in einen Kampf verwickelt war. Eine weitere Erfahrung beeinflusste seine politische Bildung. »In den späten Fünfzigern und in den Sechzigern gab es in Argentinien diese Bewegung mit Namen Katholische Aktion, *Acción Católica*. Das war eine militante Organisation innerhalb der Kirche. Zwei Priester der *Acción Católica* waren als Lebensberater an unserer Schule tätig. Sie lebten nur zwei Straßenkreuzungen entfernt von unserer Schule. Die Aktivitäten der Montonero-Guerillas, der peronistischen Guerillas, gehen auf den Einfluss dieser zwei Priester zurück. Einer von ihnen hieß Pater Mujica. Er wurde einige Jahre später, 1974, von paramilitärischen Kräften umgebracht.«

»Ich habe Mujica 1972 kennen gelernt«, sagte ich. »Dass er so eine wichtige Figur war, wusste ich nicht. Er kam mir sehr eingebildet vor.«

»Hochmut spielt in dieser Geschichte eine große Rolle. Im Spanischen gibt es ein Wort, *soberbia*. ›Stolz‹ trifft den Sinn nicht ganz. ›Überheblichkeit‹ ist besser. Mujica besaß diese *soberbia*. Er stammte aus einer alten argentinischen Familie. Jedermann wusste das; er wohnte tatsächlich auch in einem vornehmen Viertel. Manchmal aber sind Überheblichkeit und Scham verschwistert. Oder Überheblichkeit und Schuldgefühl. Viele von denen, die sich an der Bewegung beteiligten, fühlten sich schuldig wegen der Rolle, die ihre Familien in der Version von argentinischer Geschichte, die damals im Schwange war, gespielt hatten.«

Mit zwanzig schaffte es Ricardo, für ein paar Monate ins Ausland zu reisen. »Ich verließ das Land als Arbeiter auf einem Frachtschiff; ich war abenteuerlustig, wollte mich bewähren, meine Persönlichkeit bilden.« Im Mai 1970 kam er nach Paris. Am Abend seiner Ankunft ging er spazieren und stellte fest, dass er in Straßenunruhen geraten war. »Die Leute feierten den Mai 1968; auf der einen Seite befanden sich Polizisten, auf der anderen die Aufrührer. Das war für mich sehr überraschend.« Es ließ ihm die Wut, Frustration und Passivität deutlicher werden, die sein Leben in Argentinien gekennzeichnet hatte. Kurze Zeit danach las er in den Zeitungen über die Entführung (und anschließende Ermordung) des früheren Präsidenten Aramburu, des argentinischen Generals, der Perón abgesetzt und von 1955 bis 1958 als Präsident regiert hatte; die Entführer waren Montonero-Guerillas.

Er kehrte gewandelt nach Argentinien zurück. Das Militär herrschte nach wie vor, und er war damals bereit, sich auf die Seite der Guerillas zu schlagen.

Worum ging es den Guerillas?

So, als sei er überrascht, dass ich überhaupt fragen musste, antwortete er: »Um die Zerschlagung der Armee. Länder an der Peripherie wie unser Land nehmen sehr genau auf, was man in der nördlichen Hemisphäre denkt. ›Befreiung‹ war die Losung. Kuba lag noch nicht lange zurück. Chile war gerade im Gange, das Chile Allendes. Auch Vietnam war damals im Gange.«

Aber warum, wenn sie die Armee zerschlagen wollten, klagten sie dann im Ausland so viel darüber, dass die Armee sie zerschlagen wolle?

Nach all den Jahren erfüllte ihn immer noch die Leidenschaft der blutigen Fehde, die der Gegenseite keinerlei eigenes Anliegen zubilligt.

»Sie benutzten Gewehre, die sie mit dem Geld der Steuerzahler gekauft hatten. Und sie wandten unrechtmäßig die Folter an. Sie waren einfach Verbrecher, staatlich geschützte Verbrecher.«

»Verbrecher« – auch das Militär verwendete dieses Wort – zur Kennzeichnung der Guerillas.

Dann aber beschlichen Ricardo trotz seines Hasses auf die Armee Zweifel an den Montoneros. Sie wollten, dass Perón, der Revolutionär der vierziger Jahre, zurückkam; aber Perón war mittlerweile uralt und von Gaunern umgeben.

»Ihre Vorstellung von Perón war verschwommen. Zweitens fand ich schwer verdaulich, dass sie angeblich die Interessen der Arbeiterklasse vertraten und gleichzeitig mit ihr kaum Berührung hatten.« Das bedeutete freilich nicht, dass er sie einfach fallen ließ. »Sie versuchten nicht, dich hinters Licht zu führen. Sie waren ehrliche Leute. Sie waren Leute, denen ich traute, weil ich sie kannte. Und außerdem hatten sie Erfolg. Sie hatten es geschafft, aus dem Nichts eine Organisation aufzubauen, hatten der Polizei und der Armee getrotzt und waren wer. Es musste also etwas an ihnen dran sein: Gescheitert waren sie nicht. Gegen diesen Erfolg hatte ich nichts weiter geltend zu machen als meine intellektuellen Zweifel, die nicht sonderlich schwer zu wiegen schienen.«

Und außerdem war da die Aufregung angesichts der Aktion selbst, der geheimen Treffen, der Flucht in alle Richtungen, wenn die Polizei erschien, und der erneuten Zusammenkunft an einem vorher verabredeten anderen Treffpunkt. Dennoch nahmen seine Zweifel an den Montoneros zu.

»In den Cliquen brüsteten sie sich manchmal – eigentlich immer – mit ihren Verbrechen.« Entführungen, Mord, Bankraub. Die ideologische Begründung war nicht immer klar. Die Montoneros erklärten, sie seien Peronisten. Warum ermordeten sie dann Rucci, den peronistischen Gewerkschaftsführer? »Das war eines der Verbrechen, mit denen sie Probleme hatten. Sie konnten schwerlich offen zugeben, dass sie den Mord begangen hatten.«

Paris hatte im Jahr 1970 dem ohnmächtigen und frustrierten Ricardo die Vorstellung vermittelt, dass es möglich war, aktiv zu werden. Die Konflikte in Argentinien indes waren nicht so formgerecht und geordnet wie die Unruhen zum Gedenken an 1968, mit der Polizei auf der einen und den Studenten auf der anderen Seite und anschließender friedlicher Heimkehr. Argentinien war voller Hassgefühle, die nicht durchweg eindeutig waren und sich nicht immer auf Grundsätzliches zurückführen ließen. Argentinien war viel blutiger, voller wirklicher Morde. Ricardo spürte, wie er in einem moralischen und politischen Sumpf versank. An einer richtig großen Aktion hatte er noch nicht teilgenommen; ernsthaft kompromittiert hatte er sich bis dahin nicht; deshalb war es möglich für ihn, sich von den Guerillas loszusagen.

»Argentinien verleitete die Menschen zu sehr zum Träumen. Wenn die Träume zerstoben, reagierten sie darauf mit Zorn und mit der Suche nach den Schuldigen. Viele der Guerillas waren Enkel von Einwanderern. Die Leute vom Militär ebenso. Es gab viele verwandtschaftliche Verbindungen zwischen den beiden Seiten, weil es sich im Grunde um eine Auseinandersetzung innerhalb eines bestimmten sozialen Segments der Gesellschaft handelte. Sie waren keine Großgrundbesitzer; sie waren keine Arbeiter. Sie waren Menschen, die eine bestimmte soziale Entwicklung auf Bildungsbasis erwarteten und die das Gefühl gewannen, dass ihnen aus verschiedenen Gründen die Türen vor der Nase zugeschlagen wurden.«

Kaum vorstellbar, dass in der Anfangsphase des zwanzigsten Jahrhunderts Argentinien mit all seinem fruchtbaren, menschenleeren Land, all seinem eroberten »Niemandsland«, all seinem neuen Pampa-Reichtum noch meinen konnte, den Vereinigten Staaten ebenbürtig zu sein, und dass es die gleiche Art von europäischen Einwanderern anzog. Tatsächlich war Argentinien eine Mogelpackung und nie ein Land für Siedler mit Pionierbewusstsein; es war ein riesiges koloniales Agrarland, ein Rahmen für große *estancias* oder Landgüter. Argentinien brauchte keine Pioniere; was es brauchte, waren Landarbeiter. Die Enkel der Einwanderer in den USA, die Ende der sechziger Jahre Revolution spielten, suchten sich in Wahrheit nur in einem aufgeschlossenen, reichen und vielseitigen Land ihren eigenen Weg. Die Revolte der gleichen Generation in Argentinien war, obwohl ähnlichen Prämissen entspringend, ein verzweifelteres Unterfangen.

Die Revolte hatte einen religiösen Aspekt. Darüber wollte ich mehr in Erfahrung bringen; deshalb brachte mich Ricardo eines Tages am frühen Morgen mit einem Überlebenden der siebziger Jahre zusammen. Wir trafen uns vor Geschäftsbeginn in dem Büro des Mannes, das in der Innenstadt von Buenos Aires lag. Der Lift war außer Betrieb; die Täfelung aus der Zeit der Jahrhundertwende wirkte matt und schmuddelig. Wie Ricardos Wohnung machte auch diese Bürosuite, die von besseren Zeiten zeugte, den Eindruck eines Zeltlagers.

Der Mann, den wir aufsuchten, war ziemlich groß, in den Vierzigern und mittlerweile rundlich. Er trug einen braunen Anzug. Während Ricardo melancholisch wirkte, machte dieser Mann den Eindruck der Schwerfälligkeit und Beschränktheit. In seinem düsteren Büro ging er einer langweiligen Arbeit nach; er hatte ein weißes, ausdrucksloses Gesicht. Es fiel schwer, sich ihn als einen Mann mit Knarre vorzustellen.

Von Anfang an redete er hochgestochenes Zeug.

»Die Idee, dass man Zeugnis ablegt«, sagte er, »dass man eine Lebensführung [*un proyecto de vida*] auf die Sorge um die Mitmenschen konzentriert, ist nicht nur katholischen Ursprungs. Sie entstammt auch der Tradition der Linken.«

Der Katholizismus liege ihm im Blut. In seinem Internat, wo es nationalistische, faschistische und linksorientierte Ideen gegeben habe, sei ihm klar geworden, dass seine instinktiven katholischen Überzeugungen mit den Ideen der Linken zusammentrafen. Könne er genauer sagen, welche Ideen? »Die Idee vom neuen Menschen, die Idee vom Revolutionären als einer Identität, vom Revolutionär, der sich der Ungerechtigkeit entgegenstellt. Wenn sich die jüdisch-christliche Kultur um die Gebote der Nächstenliebe dreht – was zugleich bedeutet, dass Gott im anderen Menschen ist –, dann kann ich gegenüber den Leiden dieses anderen nicht gleichgültig bleiben, wobei ich nicht nur sein materielles, sondern auch sein kulturelles und spirituelles Leid meine. Das ist Teil des Evangeliums. In diesem Augenblick stimmte das mit der linken Ideologie überein – mit Che Guevara, dem neuen Menschen, der revolutionären Tradition Kubas, der revolutionären Tradition des Marxismus. Der neue Mensch ist eine kulturelle Einstellung, die der herrschenden Kultur auf den Grund geht, sich ihr widersetzt und sie anprangert« – die Worte strömten nur so heraus: die Musikalität des Spanischen kann die Menschen dazu verführen, mehr Worte zu machen, als nötig, und immer musikalischere Wörter zu verwenden –, »wenn diese Kultur als Herrschaftsinstrument erkannt wird.«

Ich wollte wissen, durch welche Etappen sich sein katholischer Neumensch-Glaube, der so umfassend und abstrakt war, auf die Guerilla-Aktionen eingeengt hatte. Diese Aktionen waren doch sehr spezifisch; sogar jemandem wie Ricardo konnten sie gelegentlich als das Werk undurchsichtiger Privatfehden erscheinen.

Er antwortete darauf nicht so, wie ich es erhofft hatte. »Es ist wie ein Bekehrungsprozess«, sagte er, »eine Art von politischer Konversion. Und es geht ganz schnell. Man hat die Vision, dass man die Geschichte ändern kann, dass die Geschichte nicht unbedingt einer ihr vorgezeichneten Bahn folgen muss. Und ich engagierte mich. Ich gab meine Karriere, meine Familie, mein gesellschaftliches Leben auf und fing an zu tun, was ich tun musste. Man entwickelt zugleich das klare Gefühl, einer Gruppe zuzugehören, einer neuen Gruppe, die sich von der unterscheidet, die man durch die Eltern erhielt. Obwohl meine Familie tolerant war und mich sehr stützte.

Zur Idee des Engagements gehörte die Vorstellung, dass man sich körperlichen Gefahren aussetzte. Es ist ganz einfach. Wenn man tut, was richtig ist, denkt man, dass man auf dem rechten Weg ist und achtet das eigene Tun. In bestimmten Handlungssituationen bemüht man sich, mit den eigenen Ängsten und Einsamkeitsgefühlen fertig zu werden. Das Wichtigste für mich aber war nicht das Handeln selbst, sondern die Selbstachtung, die ich aus dem Handeln zog. Die Selbstachtung gewann ich daraus, dass ich das Rechte tat.«

»Das ist eine religiöse Einstellung«, sagte ich. »Sie ist fast priesterlich.«

»Das war sie auch«, sagte der Mann im braunen Anzug.

»Finden Sie das merkwürdig?«, fragte mich Ricardo. »Das kommt daher, dass Sie kein Christ sind. Das psychologische Szenarium hing mit dieser kulturellen Tradition zusammen.«

Draußen auf den Marmorstufen hörte man Schritte, und eine Frau kam ins Vorzimmer: eine Sekretärin, die sich anschickte, den Arbeitstag zu beginnen.

»Unsere katholische Erziehung hat uns militant gemacht«, sagte der Mann im braunen Anzug. »Da liegt der Anfang, in der Idee des Dienens und der Disziplin.« Und dann – ein anderer trat ins Büro, und Ricardo und ich rüsteten zum Aufbruch – stand er auf und erklärte: »Was herauskam, war manchmal etwas ganz Verkehrtes.« Zum Schluss also doch noch das Eingeständnis der Heillosigkeit und katastrophalen Entwicklung, der sein Anliegen zum Opfer gefallen war.

Draußen auf der Straße sagte Ricardo: »Der Typ« – Ricardo verwendete das Wort ganz neutral – »stellte sich Ihnen als geschlagener Mann dar, als Angehöriger einer geschlagenen Generation.«

Ich hätte allerdings gewünscht, mir wäre gelungen, ihn zu konkreteren Äußerungen zu bringen. Vielleicht war das vollständige Scheitern seiner Bewegung der Grund, warum er nicht über wirkliche Menschen und tatsächliche Ereignisse sprechen wollte. Möglich aber auch, dass seine Abstraktheit seiner Denkweise entsprach. Die Prinzipien, nach denen er zu leben versucht hatte, waren seine eigenen; an sie musste er sich klammern. Die Handlungen (er sprach von *protagonismo*, Vorkämpferrolle), zu denen diese Prinzipien ihn geführt hatten, waren von anderen ersonnen worden, denen er sich anvertraut hatte; mit seinem wahren Anliegen hatten sie wenig zu tun.

In einem Studentenlokal trank ich mit Ricardo eine Tasse Kaffee.

»Strikte Prinzipien, sofern ich sie erfassen kann, finde ich verführerisch«, sagte Ricardo. »Für den Mangel an Striktheit haben wir schwer bezahlt.«

Die Allee, auf die wir hinaustraten, war sehr breit: Die Stadt der Jahrhundertwende hatte man für große Zeiten geplant. Schwarzer Rauch quoll aus den Auspuffrohren kleiner, lärmender Busse argentinischer Produktion, die von einer Verkehrsampel zur nächsten quietschten. Über uns sahen wir die Prachtbauten der *Belle Époque* in bizarre Spinnwebnetze gehüllt – sie bestanden aus den schwarzen Drähten eines Telefonsystems, das Perón im Jahr 1945, zu Beginn seiner Revolution, unter großen Kosten verstaatlicht hatte und das seitdem weniger eine Einrichtung im Dienste der Öffentlichkeit als vielmehr eine Nervenprobe für Fernmeldetechniker darstellte: Die großen schwarzen Gespinste entquollen gewissermaßen den Eingeweiden der Stadt und hingen über ihr wie ein Sinnbild der revolutionären Plünderung und Verschwendung eines halben Jahrhunderts.

Die Guerillas der siebziger Jahre, gebildete Männer und Frauen, Enkel von Einwanderern, hatten Peróns Revolution fortgeführt. Aus zwanzig Jahren Abstand konnte man erkennen, wie sehr sie (dank der Repression, die sie herausgefordert hatten, und all den Folgen der Repression) die Verarmung und Verdummung des Landes noch weiter befördert hatten.

Fast jeder in dieser Straße dürfte vom Gedanken an Geld besessen gewesen sein: nicht nur im Sinne des Bemühens, sich seinen Lebensunterhalt zu verdienen, sondern auch unter dem Gesichtspunkt der Erhaltung des Geldwerts. Sich eine Woche lang nicht mit seinem Geld zu beschäftigen hieß, es zu verlieren. Die Inflation, deren Anfänge in Peróns Zeit fielen, hatte während der letzten zwanzig Jahren ein rasendes Tempo vorgelegt. Im Jahr 1972 hatten mich die Anzeigen der Banken fasziniert, die 24 Prozent Jahreszins boten; seitdem hatte die Inflation manchmal hundert Prozent pro Monat betragen; mittlerweile lag sie dank der rigiden Geldverknappungspolitik bei offiziellen vier Prozent monatlich.

Im Blick auf die Guerillas der siebziger Jahre äußerte Ricardo: »Die Intellektuellen waren nur zum Teil engagiert, aber alle wurden sie massiv angegriffen. Ein Intellektueller zu sein war damals gefährlich. Die Unterdrückung nahm massive Züge an.« Geradeso wie es in Argentinien je nach Parteizugehörigkeit gute Folter und böse Folter gab, gab es für Ricardo nach wie vor den guten Krieg, den die Guerillas gekämpft hatten, und den bösen Krieg, die »Unterdrückung« durch die Armee. »Ein beträchtlicher Teil der Intelligenz musste fliehen, und dafür muss das Land bis heute büßen.«

Seine eigene Depression prägte seine Sicht von der Zukunft. Es werde, meinte er, eines Tages weitere Guerillas geben. Ihnen werde die »Eleganz« der Guerillas der siebziger Jahre abgehen; sie würden eher dem Leuchtenden Pfad von Peru mit seinem Blutdurst und seiner Raserei ähneln.

»Die Guerillas der siebziger Jahre bemühten sich um ein gewisses Ethos, eine gewisse moralische Überlegenheit im Vergleich mit ihren Gegnern. Der Leuchtende Pfad hat das aufgegeben. Sie spielen nicht mehr die Guten. Das könnte auch hier passieren. Wenn man heute mit dem Zug in die Vororte fährt, trifft man dort Leute, von denen man nicht mehr weiß, wie man sie in die Gesellschaft der Zukunft integrieren soll. Wir können sie nicht mehr als menschliche Wesen betrachten. Es sind Mestizen.« Leute aus dem alten, von Indios besiedelten Norden. »Sie schießen in den Vororten wie Pilze aus dem Boden.«

Was Ricardo sagte, traf zu: In diesen Vororten schien die zum Paris Südamerikas verstiegene Stadt auf den Boden der südamerikanischen Tatsachen zurückzufallen.

»Das feudale System, dem sie entstammen, das System, aus dem ihre Eltern herkommen, braucht sie nicht mehr. Es schließt sie nicht mehr ein, umfängt sie nicht mehr. Und das kapitalistische System der Stadt hat keinen Platz für sie. Also sind sie die geborenen Banditen. Auf diese Art von Menschen übt die Guerilla à la Leuchtender Pfad eine gewisse Anziehungskraft aus. Das Gleiche gilt für bestimmte religiöse Gruppen. Das ist übrigens ein wichtiges neues Phänomen: diese amerikanischen TV-Erweckungsprediger, sie fangen hier an, in Erscheinung zu treten.«

Als ich Pater Mujica 1972 kennen lernte, wusste ich nicht, dass er zu den Förderern der Guerillas zählte. Heute bin ich sicher, dass Daniel, der mich bei ihm einführte, Bescheid wusste. Daniel wollte unbedingt, dass ich mit Mujica zusammentraf; er erzählte mir aber nur, Mujica gehöre zu den »Priestern für die Dritte Welt« und stamme aus der argentinischen Oberschicht. Daniel war ein geachteter mittelständischer Geschäftsmann; und schon damals fand ich sein Interesse für das, was er mir als Mujicas Anliegen präsentierte, ein wenig merkwürdig. Es zeigte, in welch hohem Maße die Guerillas, ehe Perón 1972 zurückkehrte und die Entwicklung eine richtig üble Wendung nahm, aus der Gesellschaft heraus operierten und – allen Polizeihunden in den Straßen und allen mit Maschinengewehren bewaffneten Polizisten an den Straßenecken zum Trotz – gesellschaftlichen Schutz genossen.

Mujica leitete eine Kirche in einer *villa miseria*, einem von Indios bewohnten Elendsviertel, im Bezirk Palermo. Palermo spielt in Buenos Aires etwa die gleiche Rolle wie Kensington Gardens in London oder der Bois de Boulogne in Paris. Palermo besitzt einen großen Park. (Und jede Menge patriotische Denkmäler – zu viel Paris für die bescheidene eigene Geschichte: Der Park selbst wurde auf dem Landgut angelegt, das der Rancher und Kriegsherr Rosas in Buenos Aires besaß; er kam einige Jahre nach der Unabhängigkeit an die Macht und führte fast ein Vierteljahrhundert lang, bis 1852, ein äußerst rücksichtsloses Regiment in Argentinien.)

Die *villa miseria* in Palermo, die seit etwa fünfzehn Jahren existierte, lag versteckt. Man konnte auf den breiten, lärmenden Prachtstraßen durch den Bezirk fahren, ohne sie zu Gesicht zu bekommen. Sie befand sich unmittelbar am Fluss und wirkte überraschend groß und fest gebaut und sediert. Wenn man hinkam, spürte man sofort, dass man Palermo und Buenos Aires hinter sich gelassen hatte. Die Bewohner waren Indios aus dem fernen Norden, aus Salta und Jujuy; Daniel zufolge stammten sogar welche aus Bolivien. Die Gassen waren ungepflastert und morastig, die kleinen Häuser niedrig und beengt, immerhin aber aus Backstein, hie und da mit einem Obergeschoss. Mit seiner frühabendlichen Geschäftigkeit und dem weichen elektrischen Licht, das so gedämpft war wie auch sonst in der Stadt, machte das Viertel gar keinen so schlechten Eindruck; in einer indischen Kleinstadt wäre diese argentinische *villa miseria* als wohlhabende Basargegend durchgegangen.

Mujicas Kirche war ein großer, unbeheizter Betonschuppen. Er wies keine auf Anhieb erkennbaren religiösen Symbole auf, jedenfalls nichts, woran ich mich erinnern könnte; eine kirchentypische Raumaufteilung gab es nicht. Es gab Musik, aus dem Lautsprecher dröhnte ein argentinischer Song, der aber ebenso wenig einen Hinweis auf Gott oder die Religion enthielt.

Mujica befand sich in seiner Baracke und fügte sich bestens in das Ambiente ein. Er war ein großer, starker Mann, geschäftig und ernsthaft, die Stirn gerunzelt. Die schwarze Lederjacke, die er trug, ließ Arme und Brust massig hervortreten. Er besaß einen dichten Haarschopf; seine Augen blickten zornig. Daniel, der ihn bereits kannte, verfiel sogleich in eine Demutshaltung, dämpfte seine Schritte und hielt die Augen auf den großen Mann geheftet. Mujica freute sich, dass er interviewt wurde; aber meinem Eindruck nach produzierte er sich gern und würde – um sich vor Daniel wichtig zu machen – ordentlich auf die Pauke hauen.

Es dauerte nicht lange, da gab ich ihm Gelegenheit dazu. Ich fragte ihn nach den Priestern für die Dritte Welt. Leicht ironisch erklärte er, »zufällig« sei er auch Peronist, und fügte dann, in seiner Ironie schwelgend und sie mit einem Schuss Erbitterung würzend, hinzu, als Peronist sei er *nicht so* auf ökonomisches Wachstum fixiert wie gewisse andere Leute.

Ich fragte, wie viele Leute in der *villa miseria* lebten. Seiner Neigung zu verblümten Wendungen folgend, erklärte er, für jeden, der die Siedlung verlasse, kämen zwei neue. Ich wollte unbedingt von ihm eine Zahl hören. Ein paar Jahre zuvor, sagte er, seien es nur vierzigtausend gewesen; mittlerweile seien es siebzigtausend. (Daniel hatte von dreißigtausend gesprochen.) Dank der Torheit der Regierung gebe es im Land keine Arbeit, sagte Mujica; deshalb strömten die Indios aus dem Norden in die Hauptstadt.

Ich fragte, wie er das mit der Ablehnung in Einklang bringe, mit der er als Peronist dem Gedanken ökonomischen Wachstums gegenüberstehe. Ich suchte keinen Streit mit ihm. Das Argentinien des Jahres 1972 konnte den Besucher ganz schön durcheinander bringen; mir war nicht klar, was Peronismus eigentlich hieß.

Mujica packte der Zorn. Er habe zu tun, sagte er, und könne seine Zeit nicht damit verplempern, einem *norteamericano*, einem Amerikaner, Rede und Antwort zu stehen. Er wandte sich von Daniel und mir ab und, während sein Zorn in Leutseligkeit umschlug (damit wir quasi sahen, was uns entgangen war), einer ängstlich dreinblickenden bolivianischen Familiengruppe in schwarzen Umhängen zu, die gerade den Betonschuppen betreten hatte und von denen keiner größer als ein Meter fünfzig war. Er breitete die Arme aus, als wolle er sie allesamt an seine lederjackenbewehrte Brust pressen.

Hätte ich wie Daniel gewusst, dass Mujica Verbindungen zur Guerilla unterhielt, ich wäre ihm wohl anders begegnet. So aber meinte ich, diesem Priester für die Dritte Welt auf den Grund gegangen zu sein. Außerdem war es kalt und feucht in dem Schuppen. Es war Ende Mai, Winter in Argentinien; der abendliche Dunst vom Río de la Plata wurde im trüben Licht der elektrischen Lampen sichtbar. Und der argentinische Song, der aus Mujicas Musikanlage drang, war wirklich sehr laut. Ich schlug Daniel vor zu gehen. Er sah unglücklich aus. Er neigte Mujicas Standpunkt stärker zu als meinem. Er sagte, ich solle dem Pater vorher wenigstens sagen, dass ich kein Amerikaner war. Ich merkte, dass ich Daniels Ansehen bei Mujica beschädigte, wenn ich seiner Bitte nicht nachkam. Also wartete ich.

Nachdem Mujica mit den Bolivianern fertig war, gingen diese zu einer Bank, setzten sich bescheiden hin, blickten auf den Betonboden zu ihren Füßen und beteten in dem feinen Dunst.

Daniel, der im Mantel reglos dastand und auf Mujicas Rücken starrte, forderte mich auf: »Gehen Sie hin und sagen Sie es ihm.«

Ich ging hin und sagte zu dem Lederjackenrücken: »Pater, ich bin kein Amerikaner.«

Er wandte sich beschämt um. Sein Blick wurde milder; als wir uns dann aber unterhielten und ich ein bisschen mehr über den Peronismus wissen wollte, kehrte seine zornige Stimmung zurück.

»Nur ein Argentinier kann den Peronismus verstehen«, erklärte er. Peronisten seien nicht nur die Leute aus dem Bürgertum, die ich kennen gelernt habe; auch alle Indios der *villa miseria* in Palermo seien Peronisten. »Ich könnte fünf Jahre auf Sie einreden, und Sie würden den Peronismus immer noch nicht verstanden haben.«

Seinen Erläuterungen nach umfasste der Peronismus sowohl den Castroismus als auch den Maoismus. Im China Maos hätten sie der Industriegesellschaft den Rücken gekehrt und seien stärker mit »der Entwicklung des menschlichen Geistes« befasst. Das gelte auch für das Kuba Castros; der Peronismus in Argentinien verfolge ein ähnliches Ziel. Es gebe allerdings Feinde. Er zählte sie im Singsang auf, (während seine in Schwarz gehüllten Bolivianer in seinem Heiligtum beteten): die Oligarchie, das Militär und der amerikanische Imperialismus, der sich in Argentinien durch seine ökonomische Herrschaft zur Geltung bringe. Diese Feinde saugten das Land aus.

Von der abstrakten Zielvorstellung einer »Entwicklung des menschlichen Geistes«, die alles zu entschuldigen vermochte, war es für Mujica nur ein kleiner Schritt zur Figur des mit Händen zu greifenden Feindes und zum Gedanken konkreter physischer Bestrafung. In diesem Punkte ähnelte Mujica dem jüdischen Anwalt, den ich kennen gelernt hatte und der, ebenfalls Anhänger Peróns, die Feinde des argentinischen Volkes mit geradezu aristotelischer Strenge zu klassifizieren wusste. »Im Wesentlichen«, hatte der Anwalt erklärt, »sind die Feinde der amerikanische Imperialismus und seine hiesigen Verbündeten. Diese Verbündeten sind: die Oligarchie, das von ihr abhängige Bürgertum, der internationale Zionismus, die Sepoy-Linke. Sepoys nenne ich die Kommunistische Partei und den Sozialismus allgemein.«

Viele hatten ähnliche Listen von ihren Feinden, und wenn man ein paar dieser Listen kombinierte, dann stellte sich heraus, dass fast jeder in Argentinien einem anderen zum Feind diente.

Eine Freundin von Daniels Frau besaß eine rassisch orientierte Liste. Sie erklärte mir eines Abends beim Dinner: »Hätten wir doch nur mehr nordisches Blut, mehr Menschen aus Europa – ich meine keine Polen. Hätten wir nur mehr Deutsche, mehr Engländer, mehr Holländer, um unsere Rasse aufzufrischen und zu veredeln. In Buenos Aires und Rosario gibt es eine ansehnliche Rasse. Aber die Leute im Norden, reine Indios, sind nicht ansehnlich. Sie sind winzig klein. Schrecklich.«

Die Gruppe dieser Frau wiederum stand auf der Rassenliste eines Mannes von entfernt irischer Abstammung – ein Vorfahr war wohl Anfang des neunzehnten Jahrhunderts als Hirte oder Grabenbauer herüber gekommen. Jetzt sprach der Mann nur noch Spanisch und arbeitete an einer Universität in der Provinz. Er grübelte über die unheilvolle Entwicklung Argentiniens nach. Flüsternd erzählte er mir eines Tages in der Bibliothek die Geschichte des früheren Präsidenten Roca, des Bezwingers der Wildnis, wie dieser gegen Ende des neunzehnten Jahrhunderts Buenos Aires besucht und eine Schiffsladung italienischer Einwanderer gesehen habe. »Mein armes Vaterland«, habe Roca gesagt, »das wird ein trauriger Tag für dich, wenn die Kinder dieser Menschen deine Regierung übernehmen.« Und dieser Tag, behauptete der kaum glaubhafte Ire in seinem durchdringenden Flüsterton, sei mittlerweile gekommen.

»In Argentinien«, erklärte Sábat mir 1972, »existieren Rassenvorurteile gegen regelrecht jeden [*un perjuicio racial integral contra todos*]. Was wir heute hier erleben, ist eine Art von kollektivem Wahn. Weil es hier bislang immer leicht gewesen ist, an Geld zu kommen. Einem hier geläufigen Wort zufolge wird die große Revolution an dem Tag ausbrechen, wo man kein Beefsteak, das sogenannte *bife de chorizo*, mehr bekommt.«

Die Einwanderergesellschaft verfiel der Atomisierung, und Argentinien gewann jene Art von Rückgratlosigkeit, über die der Spanier Ortega y Gasset Anfang der zwanziger Jahre geschrieben hatte. Völker, die einander fremd seien, schrieb Ortega, fänden sich nicht einfach um der Annehmlichkeit des Zusammenlebens zusammen, sondern um in Zukunft etwas Gemeinsames zu vollbringen. Diese für die Vergesellschaftung in Einwandererländern so unabdingbare Hoffnung war verloren gegangen; an ihre Stelle traten wachsender Zynismus und zunehmende Demoralisierung.

Der junge Filmemacher, den ich kennen gelernt hatte, brachte diesen Zynismus gut auf den Punkt. »Ich bin selbst Italiener, aber vieles von dem, was ich hier nicht mag, hängt mit den Italienern zusammen – eine bestimmte Art, Dinge geschehen zu lassen und darauf zu lauern, dass man aus der Situation, die entsteht, Profit schlägt. Das ist eine bürgerliche Haltung, aber der Zynismus fängt meines Erachtens dort an, wo man sich seine eigene Skepsis zunutze macht, um persönlichen Vorteil aus etwas zu ziehen.«

Keinen Zynismus zu haben bedeutete, schutzlos und anfällig für Leidensempfindungen zu sein. Der Dichter Jorge Luis Borges empfand dieses Leid. Sein Stammbaum reichte bis in die spanische Kolonialzeit zurück. Einige seiner Vorfahren hatten im Unabhängigkeitskrieg gegen Spanien und in den folgenden Bürgerkriegen gekämpft. Borges kam 1899 zur Welt; aus seiner Kindheit war ihm erinnerlich, wie die große neue Stadt Buenos Aires entstand. Seine frühe Dichtung kreiste um seine Vorfahren, um den Tod und um die Schaffung eines Landes. Als junger Mann habe er patriotische Gesinnungen für Argentinien gehegt, erzählte er 1972, und zwar viel stärker als sein Vater. »Man lehrte uns, alles Argentinische zu verehren.«

Dann aber, er war erst Anfang vierzig, ereignete sich die peronistische Umwälzung; das gerade erst geschaffene Land habe angefangen zu zerfallen. Borges hatte in der peronistischen Zeit Demütigungen hinnehmen müssen; man hatte ihn gezwungen, seinen bescheidenen Posten in der Stadtbücherei aufzugeben. Jetzt, zwanzig Jahre danach, agierten Guerillas in der Stadt und sah man bewaffnete Polizisten in den Straßen; Perón stand kurz vor der Rückkehr. Die einzige Möglichkeit, mit dieser neuen Wendung in der argentinischen Geschichte umzugehen, bestand für Borges darin, sie zu ignorieren. Der bloße Name Peróns, sagte er, sei zu schäbig, um ihn öffentlich zu gebrauchen, »ähnlich, wie man in der Dichtung bestimmte Wörter vermeidet«. Er tröstete sich mit seiner Arbeit. »Wir können einem trojanischen Ende entgegensehen.«

Etwas von seiner Betrübnis fand Ausdruck in einem kurzen Gedicht, das er in diesem Jahr, 1972, dem Schriftsteller Manuel Mujica Lainez – einem entfernten Verwandten von Pater Mujica – widmete. Mujica Lainez (1910–1984) führte in einer Kleinstadt in den Córdoba-Bergen ein Landleben englischen Stils. Sein geräumiges, düsteres, gut möbliertes Haus in einem feuchten kleinen Tal ähnelte in der Atmosphäre Stephen Tennants Wilsford Manor in Wiltshire. Die Eroberung der argentinischen Wildnis und die ungeheure Ausdehnung, die das Land Ende des neunzehnten Jahrhunderts erfuhr, bescherte einer Reihe von alten kolonialen Familien Reichtum, Bildung und sogar so etwas wie aristokratisch-europäischen Stil, nebst der Vorstellung von Argentinien als einer Errungenschaft, als etwas, das in den Standbildern von Buenos Aires seine berechtigte Würdigung fand.

Im Jahr 1934 hatte Borges in einem auf Englisch verfassten Gedicht über die Statuen seiner Vorfahren geschrieben: »Ich bringe euch meine Vorfahren dar, meine toten Männer, die Gespenster, die von den Lebenden in Bronze gegossen wurden.« Jetzt, im Jahr 1972, endete das Gedicht, das Borges Mujica Lainez widmete, mit den Worten: »Manuel Mujica Lainez, wir beide hatten einst ein Land – erinnerst du dich? –, und wir beide haben es verloren.«

Manuel Mujica Lainez, alguna vez tuvimos
Una patria – recuerdas? – y los dos la perdimos.

Zwei Jahre später, im Jahr 1974, wurde der andere Mujica, der Priester für die Dritte Welt, erschossen, während er in dem Elendsviertel in Palermo die Schuld seiner Klasse und (wie Ricardo meinte) der argentinischen Geschichte sühnte. Auch er hatte auf jemandes Liste gestanden. Perón war zu dieser Zeit bereits zurückgekehrt; er war sehr alt und dem Tode nahe. Er hatte sich gegen ebendie Guerillas gewandt, die ihm zur Rückkehr verholfen hatten; am Ende erwies sich der Peronismus, den er und sein schreckliches Gefolge zurückgebracht hatten, als ebenso raffgierig und mörderisch wie zwanzig Jahre zuvor.

Ein oder zwei Tage, höchstens eine Woche, lang sah man auf Plakaten den Namen des getöteten Mujica. Eine besondere Ehre war das schwerlich. Überall auf die Mauern von Buenos Aires hatte man Namen und Parolen gekritzelt. Die Mauern bildeten das visuelle Pendant zu dem ständigen Höllenlärm, den die Öffentlichkeit produzierte. Es gab mittlerweile zu viele Märtyrer, zu viele Feinde; die revolutionären Botschaften waren unentzifferbar geworden.

Zwei Jahre später ergriff die Armee erneut die Macht. Sie riss alle Plakate herunter und tünchte die Mauern neu; und sie fing an, die Guerillas umzubringen. Binnen eines Jahres hatte sie die verschiedenen Bewegungen zerschlagen; die weißen Mauern der Innenstadt – durch die Tünche schimmerten alte Schmierereien durch – kündeten von einer ausgelöschten Generation, von gebildeten Menschen, die wie ihr Förderer Mujica hohe religiöse und politische Ideale in urtümliche argentinisch-spanische Vorstellungen vom Feind, von körperlicher Züchtigung und vom Blutvergießen zurückverwandelt hatten.

Nach vierzehn Jahren besuchte ich erneut Salta. Ich flog von Buenos Aires nach La Rioja und fuhr von dort mit dem Bus weiter, zwei Tage lang, die Bergpässe hinauf und hinunter und durch die breiten, mit Zuckerrohr bepflanzten Täler.

Im Jahr 1972 hatte mir Borges, ein Mann, der in Buenos Aires zu Hause war, erzählt, er fühle sich wie unter Fremden, wenn er mit Leuten aus Salta zusammen sei. In der Provinz Buenos Aires, sagte Borges, sei ein Gaucho ein Reiter der flachen Pampa; in Salta sei ein Gaucho ein Reiter der Berge. Eine andere Landschaft, eine andere Geschichte: Buenos Aires lebte von seinem Atlantikhafen, während Salta und der ganze nördliche Teil Argentiniens von Peru und vom Pazifik aus kolonisiert worden war.

Was für Entfernungen – von Spanien zur Karibik, dem Übergang zum Pazifik, und von dort nach Peru und südlich gelegenen Orten! Salta lag am Ende einer Straße des Weltreichs, die über zwei Jahrhunderte lang von Spanien beschützt und gesichert worden war. Der Zentralplatz von Salta, den man nach spanischem Brauch in einem Stück an einem einzigen Tag im Jahr 1582 angelegt hatte, vermittelte einen starken Eindruck von Spanien, vom spanischen Weltreich, von der spanischen Eroberung. Ein Regierungsgebäude wies den Pariser Stil der Häuser von Buenos Aires auf; das 1941 erbaute Hotel Salta, für Ferienreisende erbaut und sorgfältig im »Kolonialstil« gehalten, kündete von den letzten Tagen des alten Argentinien, der Zeit unmittelbar vor Perón. Fast alles andere an dem Platz aber, die große Kirche, die Glockentürme, die Arkadengänge, der hohe, üppige, grüne Garten, gemahnte an Spanien. Das Denkmal, das zur Vierhundertjahrfeier der Stadt errichtet worden war, stellte keine Hommage an Argentinien dar – wie das im Buenos Aires der guten alten Zeit der Fall gewesen wäre –, sondern zeigte die Büste des Herzogs von Lerma, der aus dem fernen Spanien den Befehl gesandt hatte, die Stadt an dieser Stelle zu gründen. Gleichgültig, welche Entwicklung die Geschichte andernorts genommen hatte und wie das heutige Spanien selbst aussah – hier war Spanien nach wie vor eine Macht.

Man feierte Ostern. Über Lautsprecher, die an Masten im zentralen Garten hingen, wurde in gedämpfter Lautstärke der Gesang aus der Kirche übertragen – eine einzelne, reine Frauenstimme, die das Wohltuende des grünen Gartens noch zu intensivieren schien, eines so üppigen und tiefen Grüns, dass es die Umgebung in eine Aura kühlen grünen Lichts zu hüllen schien. In diesem Licht saßen Menschen auf Bänken oder spazierten umher oder waren mit Verkaufen und Kaufen beschäftigt. Einige Leute standen auf den Stufen der Kirche, andere gingen hinein und standen dort. Die Kirche, schmucklos von außen, war über dem Altar prunkvoll geschmückt. Man musste ziemlich weit nach vorn gehen, durch die herumstehenden Menschengruppen hindurch, ehe man erkannte, dass es sich bei der Frau mit der reinen Stimme um eine junge Indio-Nonne handelte, eine kleine Person, der Kopf bedeckt und der Rocksaum ihrer modernen Ordenstracht nicht weit unter die Knie ihrer O-Beine hinabreichend. Und zu all dem, was man hier an spanischen Wundern zu sehen bekam und was einem in Salta an spanischer Höflichkeit von Seiten der Kellner und anderer begegnete, gesellte sich angesichts der jungen Indio-Nonne, die ihren eigenen Frieden mit der Welt gemacht hatte, ein gegenläufiger Eindruck von der dauerhaften Grausamkeit der Unterwerfung unter das spanische Regiment.

Von dieser Grausamkeit des sechzehnten Jahrhunderts, die bis ans Ende des zwanzigsten Jahrhunderts fortdauerte, spürte man im Norden stets einen Hauch: in den Zuckerrohrfeldern, den Gesichtern der Indios, ihren Häusern. Gold und Sklaven, *encomiendas*, »Zuweisungen« von Indios durch die spanische Krone – das war es, was die ersten Spanier von Peru hierher getrieben hatte.

Und von Grausamkeit waren auch die anderen argentinischen Gründungen geprägt, die folgten. Grausamkeit ist das eigentliche Thema des volkstümlichen Gaucho-Epos *Martín Fierro* (der erste Teil erschien 1872), das am ehesten den Tatbestand eines argentinischen Nationalepos erfüllt. In Buenos Aires kann man in Wildleder gebundene Geschenkausgaben von dem Buch kaufen. In der argentinischen Vorstellung ist das Gedicht – verfasst von José Hernández (1834–1886), von dem sonst nichts weiter bekannt ist – Zeugnis einer besseren und reineren Zeit, da der Gaucho als freier Mann über die von keinen Zäunen durchschnittene, grenzenlose Pampa ritt und das Land ein einziges großes Versprechen darstellte. So naturverbunden das Argentinien des Gedichts aber auch erscheinen mag, es ist bereits verdorben, ist ohne Gerechtigkeit. Tatsächlich ist der Gaucho-Held auf der Flucht, bedrängt von barbarischen Verhältnissen, Indios und Argentinien. Er schwebt ständig in der Gefahr, um seinen Lohn betrogen, wegen Unbotmäßigkeit ausgepeitscht und in Sold genommen zu werden, um draußen in der Wildnis gegen die Indios zu kämpfen und das Land für andere zu erobern.

Martín Fierro hat Ähnlichkeit mit einem nur wenige Monate später erschienenen russischen Abenteuerroman, Nikolai Lesskows *Der verzauberte Pilger* (1873). Lesskow (1831–1894) hat fast die gleichen Lebensdaten wie José Hernández; seine Geschichte, die zur Zeit der russischen Expansion spielt, handelt von einem einfachen Russen, der sich in der Klemme zwischen Russen und Tataren und ihrer jeweiligen Barbarei befindet. Lesskow ist am besten, wenn er eine krasse Geschichte erzählen kann; und seine besten Geschichten sind auch die qualvollsten; das sich durchhaltende Motiv, akzentuiert durch seine besessene Religiosität, ist die russische Grausamkeit. Als Lesskows verzauberter Pilger in tatarische Gefangenschaft gerät, ähnelt er dem Gaucho Martín Fierro, den die Indios gefangen nehmen: Beide sind sie in der Hölle, und beide haben sie keine Zuflucht, zu der sie zurückkehren könnten. Die wirkliche Eroberung der Wildnis vollzog sich kurz nach Erscheinen des zweiten Teils von *Martín Fierro* (1879). Heldenhaft war diese Eroberung mitnichten; mit Hilfe der Eisenbahnen und des Remington-Gewehrs rottete Präsident Roca in sechs Kampagnen die Indios der Pampa aus. Ein riesiges neues Gebiet, flach, fruchtbar und baumlos, noch niemals landwirtschaftlich bebaut, wurde unter eine Hand voll Menschen verteilt. Wie bei der ersten spanischen Eroberung war es so, als hätten Menschen, die seit Generationen Armut litten und nie erfahren hatten, dass sich menschliche Bedürfnisse stillen ließen, der Gelegenheit zur Befriedigung, als sie endlich kam, nichts als eine grenzenlose Gier in ihrem Inneren abgewinnen können. Einwanderer wurden aus Europa ins Land geholt, nicht um diese eroberte Wildnis zu besiedeln, sondern um sie zu bearbeiten; und man errichtete nach Pariser Vorbild die nagelneue Stadt Buenos Aires. Dieses »Paris« war nicht für alle da: In den dunklen, winzigen, schändlichen »Dienstbotenkammern« der neuen herrschaftlichen Mietshäuser lässt sich immer noch ein wesentliches Prinzip des neuen argentinischen Reichtums erkennen: Andere mussten arm bleiben, Teilhabe war nicht vorgesehen. Diejenigen, die für sich selbst und ihre Schaf- und Rinderherden nichts Geringeres beanspruchten als die eroberte Wildnis unter dem weiten Himmel und bis zum fernen Horizont, hatten allen anderen wenig zu bieten, konnten nichts für sie erübrigen.

Im Jahr 1972 war der Zorn darüber noch sehr lebendig. Ein Journalist, der in einer kleinen Stadt in der Pampa aufwuchs, erzählte: »Ich habe erlebt, wie sie die nach Stunden bezahlten Landarbeiter betrogen – sie stellten die Uhren zurück.« Es fiel schwer, das zu glauben, aber solche Geschichten erzählten sich die Leute. Ich habe gehört, dass früher, vor Perón, die Dienstmädchen, die in den kleinen Kammern hausten, nie einen Tag frei hatten; dass manche nur für Kost und Unterkunft arbeiteten. Und es gab Geschichten, dass Arbeitern und Indios verboten war, den Barrio Norte, die Gegend der Oberschicht, zu betreten.

Diese Geschichten klangen wie Gräuelmärchen, dazu bestimmt, den Zorn lebendig zu erhalten. Manchmal allerdings war ich mir da nicht so sicher; zum Beispiel, als ich in einer bedeutenden Provinzstadt in einem ölverschmierten Fabrikschuppen, dessen Boden aus Erde bestand, ein Schild sah – 1972 wohlgemerkt, zwanzig Jahre nach dem Tod von Eva Perón, während die Guerillas für Peróns Rückkehr kämpften –, das folgende Aufschrift trug: »Wenn du für einen Mann arbeitest, dann arbeite für ihn. Sag bei jeder geeigneten Gelegenheit Gutes über ihn. Denk daran: Eine Unze Treue wiegt ein Pfund Intelligenz auf.« Dieser Ausspruch wird San Martín zugeschrieben, der in Argentinien als Befreier geehrt wird, als derjenige, der dem Land die Unabhängigkeit von Spanien errang.

Die geforderte Haltung, der simple Gehorsam (der kaum belohnt wurde), schien weit in die Vergangenheit zurückzureichen, über die Grausamkeiten des Gaucho-Lebens à la *Martín Fierro* hinaus bis zu der Tyrannei von Kriegsherren wie Rosas (von ihm erzählte Borges, er habe die Köpfe Hingerichteter auf Spieße gesteckt und zur Schau gestellt, »als unmissverständliche Warnung für die anderen«); und sogar noch dahinter zurück bis zur spanischen Eroberung. Wenn man argentinischen Haltungen nachspürt, Haltungen der Wut und Gegenwut, des Agierens und Reagierens, landet man stets bei der spanischen Eroberung als dem Sündenfall schlechthin.

Peróns Gabe oder Genie bestand darin, all diese Regungen der Wut anzuzapfen, nicht nur die Wut der europäischen Einwanderer und ihrer Kinder (in der Mehrzahl Arbeiter, auch einige gebildete Leute waren darunter, aber kaum Unternehmer) – nicht also nur die europäische Wut, sondern auch die Wut der enteigneten und beraubten Indios im Norden, der Enteigneten jener Regionen, denen der neue Reichtum nicht zugute kam: Sie, die *cabecitas negras*, die »Schwarzköpfe«, ließ er nach Buenos Aires kommen, damit sie dort aufmarschierten und demonstrierten. Die allgemeine Wut schürte er, bis sie sich zu einem nationalen Geschwür auswuchs; und sie eitert immer noch, obwohl doch Perón und sein Gefolge (dem einzigen Umgang mit Reichtum und Status erliegend, den man in Argentinien kannte) genauso räuberisch waren wie nur irgendeine alte Oligarchie und durch Verstaatlichungen, durch Zuwendungen und Belohnungen Geld und Leistungswillen um ihren Wert brachten.

Ich unterhielt mich dieses Jahr mit einem Mann aus der anglo-amerikanischen Gemeinde, mit dem ich schon 1972 geredet hatte. Inmitten der allgemeinen Begeisterung für Peróns Rückkehr hatte er damals erklärt: »Ich fange an, alle Orientierung zu verlieren. Perón hat alle Vorstellung in mir zerstört, dass er jemals für etwas stand. Jeden Augenblick ist jede nur denkbare Veränderung möglich. Und dann hat man hier keinerlei Einfluss auf die Entscheidung, wer an die Macht kommt. Sodass man am Ende wirklich zu einer Schafherde wird. Man verliert das Vertrauen in die Politik, man verliert das Vertrauen in das Militär, und nichts bleibt übrig.« Jetzt sprach dieser Mann von den Guerillas – die ja mittlerweile keine Gefahr mehr darstellten – mit einer gewissen Sympathie. »Die meisten Menschen in diesem Land«, sagte er, »haben sich gewünscht, die Bande da droben abknallen zu können. Niemand, sehen Sie, wird hier bestraft; bist du erst oben, bist du sicher. Für die Guerillas war es sehr leicht, aus dieser allgemeinen Frustration Profit zu ziehen.«

Das war das situative Dilemma, das trojanische Ende, das Borges vier Jahre vor Beginn des schmutzigen Kriegs vorausgesagt hatte: Die gebildete Guerilla-Generation, die Enkel von Einwanderern, konnten an den guten abstrakten Ideen, die man sie gelehrt hatte – der Entwicklung des menschlichen Geistes, dem neuen Menschen, der sich der Ungerechtigkeit entgegenstellte – nur festhalten, wenn sie damit die alte argentinisch-spanische Idee vom Blutvergießen, vom Feind verknüpften.

In *Martín Fierro* finden sich ein paar Stanzen, in denen der Gaucho mithört, wie der Richter des Orts mit einem anderen Mann den Plan ausheckt, die Grenze zu den Indios zu verschieben, um dadurch zu Geld zu kommen. Den eigentlichen Kampf sollen gepresste Soldaten ausfechten; das Herz des Gauchos »krampft sich zusammen«, während er diesem »Gerede von Siedlungen und Straßen und Geldscheffeln«, *proyetos/de colonias y carriles/y tirar plata a miles*, lauscht. Wenn das so weitergeht, denkt er, dann wird aus den Pampas bald »eine Wüstenei, mit nichts als dem bleichenden Gebein toter Männer«.

Dazu findet sich eine Parallele in Joseph Conrads Geschichte *Herz der Finsternis* (1902), die von der Schaffung eines belgischen Kolonialreichs auf der anderen Seite des Atlantik, im Kongo, handelt und sich auf Vorgänge bezieht, die nur etwa zwanzig Jahre später stattfanden als die Ereignisse, von denen das argentinische Gedicht berichtet. Der Erzähler in Conrads Geschichte, der ins Innere von Zentralafrika reist, um als Kapitän einen Flussdampfer zu führen, findet dort eine primitive Handelsstation mit sechzehn oder zwanzig Belgiern, Angehörigen der Eldorado-Forschungsexpedition, vor. Ringsum passiert Unaussprechliches; Menschen siechen dahin und sterben. Aber die Belgier nehmen keine Notiz davon.

»Das einzige echte Gefühl war das Bestreben, auf eine Station zu kommen, wo es Elfenbein zu holen und somit Prozente zu verdienen gab. Nur aus diesem Grunde verleumdeten, beschuldigten und hassten sie einander – aber etwa auch nur den kleinen Finger zu rühren, o nein! ... Ihre Sprache ... war rücksichtslos, ohne kühn, habgierig, ohne verwegen, und grausam, ohne mutig zu sein. Die ganze Sippschaft zeigte auch nicht die Spur von Klugheit oder ernsthafter Absicht, und sie schienen auch nicht zu wissen, dass dergleichen auf der Welt zur Arbeit gehört.«

Das bringt den Erzähler dazu, sich Gedanken über die Idee der Arbeit zu machen. Sie birgt das fehlende moralische Moment. »Nein, ich liebe die Arbeit nicht. Ich möchte lieber faulenzen und an all die schönen Dinge denken, die man tun könnte. Ich liebe die Arbeit nicht – kein Mensch liebt sie –, aber ich liebe, was zur Arbeit gehört – die Möglichkeit, sich selbst zu finden. Die eigene Wirklichkeit zu entdecken – für sich selbst, nicht für andere –, das, was kein anderer je wissen kann.«

Das klingt fast schon religiös. Es liegt sozusagen jenseits der kolonialen Finsternis. Diese hohe Vorstellung vom Menschenmöglichen kann nur in einigermaßen freien und einigermaßen kreativen Gesellschaften entstehen. Sie ist das genaue Gegenteil der Vorstellung, die der ersten spanischen Eroberung und auch der späteren argentinischen Erschließung der Wildnis zugrunde lag. Sie mag manche der Einwanderer nach Argentinien motiviert haben, so wie sie Einwanderer in die Vereinigten Staaten antrieb; Argentinien aber war dazu bestimmt, die Menschen zu enttäuschen, die es anzog.

Dass in Argentinien das moralische Prinzip fehlte, hatte auch noch andere Konsequenzen. Die großen Vermögen, die der Eroberung der Wildnis entsprangen, waren nicht alle von Dauer. Argentinier erzählen einem, in ihrem Land habe es einen ständigen Wechsel in der Oberschicht gegeben. Ein Mann aus alter Familie erklärte mir 1972: »In Peru gibt es eine wirkliche Aristokratie, die auf zwei- bis dreihundert Jahre Kontinuität zurückblickt. Wenn man die Namen argentinischer Aristokraten aus der Zeit zwischen 1850 und 1900 nennt, kennt die in Argentinien heute niemand mehr. Ihre Nachkommen schlugen aus der Art, und alles brach zusammen.« Einer der wenigen Industrieunternehmer aus alter Familie formulierte die Sache folgendermaßen: »Vergessen Sie nicht, hinter der Fassade der *Belle Époque* in Buenos Aires steckte der Tangotänzer. Heute hat der Tangotänzer das Sagen.«

Dieses Jahr besuchte ich eine *estancia* im Süden der Provinz Buenos Aires. Jenseits des Eukalyptus und der sonstigen Straßenbäume und der Pfützen am Straßenrand erstreckte sich das niedrige, braungrüne Gras bis zum Horizont; die Köpfe und Beine der Rinderherden verschwanden darin, sodass nur die schwarzen oder dunkelbraunen Flecken ihrer Rücken übrig blieben. Dieses große Stück der Eroberten Wildnis befand sich schon lange nicht mehr im Besitz der Familie, die es anfangs zugesprochen bekommen hatte; seitdem hatte man es zweimal verfallen lassen, das eine Mal in der Weltwirtschaftskrise und dann nach dem Kriegsboom, als Perón an die Macht kam. Der Mann, der es 1960 erbte, musste feststellen, dass nicht einmal genug Geld für den Unterhalt des Hofs vorhanden war. Er war Akademiker; er entschloss sich, sein Leben dem Landgut zu widmen, und es war ihm gelungen, das Gut wieder in Schuss zu bringen. Nicht alle waren wie er.

»In der Nachbarschaft lebte eine alte spanische Familie, Freunde. Sie sind die größten Landbesitzer im Bezirk. Sie haben das Land wohl vor langer Zeit bekommen, von Roca. Nach Europa zu fahren können sie sich mittlerweile nicht mehr sehr oft leisten. Sie haben es nicht geschafft, sich anzupassen, haben die Struktur ihres Betriebs nicht geändert. Sie führen nach wie vor ihr Haus und ihr gesellschaftliches Leben in der Stadt, in B. A., und versuchen das Gut von dort aus zu betreiben. Sie kommen nur dadurch über die Runden, dass sie ihr Kapital stückweise verkaufen. Ich kenne ein großes Haus, vierzig Zimmer, für dessen Unterhalt nur noch hundertdreißig Hektar zur Verfügung stehen. Das kann nicht funktionieren. Aber die alte Dame will nicht verkaufen, obwohl sie kein warmes Wasser hat. Dafür hat sie schöne Badezimmer mit herrlichen Wasserhähnen, die ein englischer Architekt in den zwanziger Jahren im *Art-déco*-Stil entworfen hat. Spinnweben in den meisten Zimmern und Löcher im Dach.«

Susana stammte aus einer Familie dieser Art, die einen Großteil ihres Vermögens eingebüßt hatte. Auf ihre Kühnheit, einen Akademiker aus dem Mittelstand zu heiraten, hielt sie sich nach wie vor etwas zugute. Nach wie vor strahlte sie das Bewusstsein ihrer Herkunft aus: die Selbstsicherheit, den Stolz, die merkwürdige Naivität. Wie ihre Familie ihr Land verloren hatte, wusste sie nicht genau. Sie glaubte nicht, dass Perón etwas damit zu tun hatte; ihr Mann allerdings erzählte mir später, Susanas Familie sei aus Angst vor den neuen Steuern, die Perón einführte, so übel beraten gewesen, das Land zu verkaufen.

»Was mit meiner Familie geschah«, erklärte Susana, »fing nicht erst mit Perón an. Es reicht weiter zurück. Als Vater achtzehn war – also etwa um 1930 – wollte er studieren. Er wollte Architekt werden. Vater war reizend, ziemlich schüchtern, unglaublich höflich. Ein äußerst schwacher Charakter. Er redete mit seinem Stiefvater, und der riet ihm, das Studium sein zu lassen. ›Wozu studieren?‹, meinte er. Für den Stiefvater reichte es, wenn man gute Manieren hatte. Ein bisschen später hatte mein Vater erneut den Wunsch zu studieren. Dieses Mal wollte er Jura studieren, und wieder sagte sein Stiefvater zu ihm: ›Wozu studieren?‹ Und also verzichtete mein Vater auf das Studium.

Auch mein Vater, wissen Sie, fand, dass es reichte, gute Manieren zu haben. Geld war wichtig – selbstverständlich: Aber

Geld hatte man einfach. Manieren – auf die kam es an. Wenn Sie zu meinem Vater nach Hause kamen und ihm mit Grazie guten Tag sagten, wenn Sie standen, wo es passend war, sich hinsetzten, wo es passend war und die richtigen Bemerkungen machten, wenn Sie die Möbel und das Silberzeug meines Vaters bewunderten, dann reichte ihm das. Ich muss Ihnen sagen, dass ich mich bis zum heutigen Tag von guten Manieren blenden lasse. Bei uns wurde sehr auf Form geachtet. Als Kinder rief man uns in den Salon; wir gingen hinein und sagten guten Tag. Aber wir redeten nur, wenn wir direkt etwas gefragt wurden. Setzten wir uns hin, mussten wir aufstehen, wenn jemand hereinkam. Manchmal gingen wir ins Speisezimmer, um mit Vater, Mutter und Gästen zu dinieren; ich erinnere mich, dass ich bei solchen Gelegenheiten dachte: ›Was für herrliche Menschen, was für herrliche Manieren.‹ Wir waren aber gar nicht so herrlich. Keine von den Töchtern lernte irgendetwas Nützliches. Selbst jetzt noch reden sie von der guten alten Zeit. Von den Tagen, wo man was besaß, nach Europa fuhr, reiste, schöne Sachen mit zurückbrachte. Keine Tage allerdings, wo man etwas tat.«

Das war nicht der einzige Schwachpunkt dieser argentinischen Aristokratie, die auf der Basis der neuen Ländereien entstand. Ihre Sprache war spanisch, und das galt auch für ihre Einstellungen und die Grundlagen ihrer Kultur. Dieses Ideal, dass man nicht zu arbeiten brauchte, kein Wort über Geld verlor – das war spanisch. (So spanisch wie der fast drei Zentimeter lange Nagel am kleinen Finger des feinen Herrn mittleren Alters, dem ich 1974 in einem Café in La Rioja begegnete. Wir beide hatten Zeit, und er kutschierte mich einen halben Tag lang durch die Gegend. Sein Fingernagel wies ihn als einen Mann aus, der nicht arbeiten musste: Von halbzylindrischer Form, hart, verhornt und gefurcht, gelb wie ein stark verschmutzter Zahn, war er scheußlich anzusehen.) Spanien freilich war als rückständig bekannt; von dort kamen die armen Einwanderer, die man *gallegos* nannte.

»Mit diesen guten Manieren«, sagte Susana, »versuchte mein

Vater, sich dem Ideal des *Gentleman* anzunähern. Sie galten als englische Manieren. Vater, seine ganze Erziehung orientierte sich an England. Wenn Mutter und Vater nach Europa fuhren, dann nie nach Spanien. Spanien war –« Susana machte eine abschätzige Bewegung. In der Verachtung Spaniens steckte eine Verachtung des spanischsprechenden Argentinien. »Sie waren nicht stolz darauf, Argentinier zu sein. Sie hielten sich für Engländer. Sie sagten *este país*, ›dieses Land‹, nicht *mein* Land. Sie sagten immer: ›Die Menschen hier sind schrecklich.‹ Nicht: ›Wir sind schrecklich.‹ Mein Mann sagt, dass viele Probleme hier mit dieser *este país*-Einstellung zusammenhängen.«

Und vielleicht hätte die argentinische Oberschicht mit einer anderen Vorstellung von ihrer aristokratischen Stellung versuchen können, sich mit Perón, einem Mann ihres Landes, zu arrangieren; und das Land wäre durch die Revolution nicht in einen Auflösungsprozess gestürzt worden.

Ich wollte wissen, ob in dem Benimm-Fetischismus von Susanas Eltern nicht auch ein Moment von Stoizismus oder Schutzritual stecke, das ihnen erlaubt habe, mit den schweren Zeiten zurechtzukommen, von denen sie heimgesucht wurden. Es gelang mir nicht, klar zu machen, was ich meinte. Susana glaubte, meine Frage beziehe sich auf die Haltung ihrer Familie gegenüber den Nöten der anderen. »Nein«, sagte sie. »Wenn der November, unser Sommer, kam und wir unter der Hitze litten, wies meine Mutter auf das Mietshaus hinter unserem Apartment und sagte: ›Denk nur mal an die da.‹ Aber dass es sie wirklich bekümmerte, habe ich nie geglaubt.«

Als Susana die Sache mit dem Stoizismus begriff, sagte sie: »Mutter war sehr organisiert [*estructurada*]. Sie hatten ihr beigebracht, das zu mögen. Als Kind dachte ich, Mama habe für alles eine Lösung. Aber wenn es in ihrer Familie Kummer gab, brach sie gleich zusammen. Sie hatte keinen inneren Halt.«

***

Das Indio-Land, das so verschwenderisch ausgebeutet wurde, als gäbe es kein Vorher und kein Nachher, besitzt bereits seine Ruinen, bauliche und menschliche. Wie so viele Gebiete der Neuen Welt, wie die Guyanas und die karibischen Inseln, macht auch die argentinische Pampa den Eindruck, ihre eigene Geschichte verschlungen zu haben; sie ist ein Ort des Verschwindens. Die Indios der Pampa sind verschwunden und auch die Gauchos. Die Afrikaner, Nachkommen der Sklaven aus der spanischen Zeit, sind verschwunden. In *Martín Fierro* sind sie noch höchst gegenwärtig; das Argentinien der sechziger Jahre des neunzehnten Jahrhunderts kennt noch Schwarze und Mulatten, Männer und Frauen, modebewusst, nicht zu übersehen, das Spanisch der Gauchos sprechend. Und als Borges ein kleiner Junge war, im ersten Jahrzehnt des zwanzigsten Jahrhunderts, sah man Schwarze auch noch in Buenos Aires.

Im Jahr 1972 erzählte mir Borges: »Wenn ich als Kind einen Neger sah, machte ich davon kein Aufhebens zuhause. Ich weiß nicht, was mit unseren Schwarzen passiert ist. Unsere Familie war nicht reich. Wir hatten nur sechs Sklaven.« Eines seiner Gedichte enthält eine Anspielung auf die Sklavenquartiere in der Stadtresidenz der Familie. »Sie hatten gar keine Ahnung davon, dass ihre Vorfahren aus Afrika gekommen waren. Sie sprachen eine Art von Singsang-Spanisch. Das R schafften sie nicht: Sie machten ein L daraus. Aber sie wurden nicht als andersartig betrachtet. Ein Neger war tatsächlich ebenso sehr ein *criollo*« – einer aus dem alten kolonialen Argentinien, aus der Zeit vor der Einwanderungswoge – »wie alle Übrigen. Hier dienten sie als Köche, als Dienstmädchen. Einen Neger sah man als typischen Stadtbewohner an. Viele tüchtige Infanterieregimenter bestanden aus Negern. Einer meiner Großonkel führte in Montevideo eine berühmt gewordene Bajonettattacke gegen die Spanier an – das muss 1815 oder 1816 gewesen sein –, und seine sämtlichen Soldaten waren reinblütige Neger von der Südseite der Stadt, nahe der Nationalbibliothek.« Dort fand unser Gespräch statt. Borges leitete 1972 die Bibliothek;

sein Gehalt war im Zuge der Inflation auf den Gegenwert von monatlich siebzig Dollar zusammengeschrumpft.

Afrikaner hatten also für die argentinische Unabhängigkeit gekämpft. Hätte mir Borges das nicht erzählt, ich hätte es nie und nimmer vermutet: Hundert Jahre später hatten sich ihre Nachfahren wie von Zauberhand in der europäischen Bevölkerung verloren; eine lebende Erinnerung an sie gab es nicht mehr.

Unter dem Völkergeschiebe hatten auch die Spanier des alten kolonialen Nordens zu leiden. Wirtschaftlich waren sie von Peru abhängig gewesen. Jetzt – nach der Unabhängigkeit und den zerstörerischen Bürgerkriegen, nach »Schwert, Gefahr und bitterer Ächtung«, *la espada y el peligro, las duras proscripciones*, wie es in einem Gedicht von Borges heißt – mussten sie sich nach Süden umorientieren. Einst hatten sie das Ende einer langen Reichsroute gebildet, die in Spanien begann; jetzt – jedenfalls bis die Eisenbahnen kamen – befanden sie sich am Ende eines langen, langen Feldweges, der von Buenos Aires ausging. Zu bieten hatten sie wenig. Die Region verlor ihre ökonomische Funktion; die Menschen fielen vom Rand der Welt in die Wildnis hinab.

Sie wurden Pensionäre der Regierung im Süden. Und das sind sie geblieben. Es heißt, die gesamte Provinz La Rioja (ihre Hauptstadt gleichen Namens wurde 1591 gegründet), lebe heute auf Staatskosten. Das Geld wird den Menschen nicht einfach als Almosen ausgehändigt: Sie müssen dafür Staatsposten übernehmen. Politiker, die sich um die Gunst der Bevölkerung bemühen, versprechen unfehlbar die Schaffung neuer staatlicher Anstellungen. Mr Luria, ein Anwalt und Lokalhistoriker, erzählte mir, dass sich zwischen 1983 – als die Militärherrschaft endete – und 1987 die Zahl der staatlichen Angestellten in La Rioja mehr als verdreifacht hat – auf 44 000. So hoch diese Zahl für eine Provinzbevölkerung von insgesamt 250 000 auch ist, sie hat sich mittlerweile sogar noch weiter erhöht – auf 55 000.

Diese Staatsposten sind keine echten Anstellungen. Es gibt bei ihnen nichts oder nur ganz wenig zu tun; man könnte den

Eindruck gewinnen, mit dieser Vergütung von Nichtstun sei ein alter spanischer Traum Wirklichkeit geworden – fast so erstrebenswert wie die einst ersehnte Zuweisung von Indios. Der Großzügigkeit wohnt allerdings ein Hauch von argentinisch-spanischer Grausamkeit inne. Es gibt zwar nichts zu tun, aber die Leute müssen trotzdem erscheinen; den ganzen Arbeitstag lang müssen sie in dem staatlichen Büro, dem sie formell zugeordnet sind, präsent sein. Jeden Augenblick kann ein Chef oder Amtsleiter eine Anwesenheitskontrolle anordnen oder eine *planilla volante*, einen »fliegenden Appell«, vornehmen lassen, und dann müssen alle, die auf der Gehaltsliste stehen, Männlein wie Weiblein, Meldung machen.

»Das ist ein sehr ernstes Problem«, erklärte Mr Luria. »In La Rioja hat es zur Folge, was ich die Kultur der Öde nenne.« Die Worte gefielen ihm: *la cultura del tedio*. »Weil diese Leute jeden Tag zu sieben Stunden Verzweiflung verdammt sind, in denen sie eine Beschäftigung vortäuschen müssen, die gar nicht existiert.« Am Ende jedes Bürotages seien diese öffentlichen Angestellten, meinte Mr Luria, »müde, frustriert, voll Überdruss, in Rage«; und auch die Familien bekämen dann die Auswirkungen der angesammelten Langeweile eines ganzen Tages zu spüren. »Ich weiß nicht, welchen Eindruck Sie selbst gewonnen haben, aber dies hier ist eine triste Stadt, ohne Herz, initiativlos.«

Mr Luria sprach mit Anteilnahme. Er war durch und durch Bürger von La Rioja und zum Teil indianischer Abstammung. Für ihn war La Rioja ein Land der Kriegführenden des neunzehnten Jahrhunderts, harter, tapferer Männer. Staatsposten, die Kultur der Öde, hatten den Geist der Menschen gebrochen; diese kannten jetzt nicht einmal mehr ihre eigene Geschichte. Drei Versuche, berichtete Mr Luria, seien unternommen worden, die Staatsangestellten zur produktiven Arbeit in einem Industriepark zu bewegen; die Menschen, die sich dort hätten anstellen lassen, seien aber allesamt in ihre staatlichen Büros zurückgewandert, ungeachtet des niedrigeren Gehalts. »Sie ziehen die Krankheit vor«, sagte Mr Luria.

Zu der großen Gemeinheit der strikten Anwesenheitspflicht und dem ständigen Terror der *planilla volante* kamen subtilere Formen der Schikane und Kontrolle hinzu: Die Politiker, die für die Jobs sorgten, wollten ihre Macht genießen. Es gab vierundzwanzig Gehaltsstufen im öffentlichen Dienst. Die meisten fingen mit Stufe sechs an; nur die Einstiegsstufe der in den Postdienst Aufgenommenen lag aus irgendeinem Grund niedriger. Danach arbeitete man sich nach oben. Aber da keiner etwas tat, gab es auch keine Leistung, die man hätte als Maßstab zugrunde legen können. Alles hing vom Wohlwollen der Politiker ab. Ihnen musste man schmeicheln. Zum Beispiel konnte man Mauern oder – weit draußen vor der Stadt – Felsen oder Baumstümpfe mit ihrem Namen besudeln. Man setzte sich mit aller Kraft für sie ein, wenn gewählt wurde, und bewies ihnen bei allen möglichen anderen Gelegenheiten seine Dankbarkeit. Versäumte man das zu tun und meinte, man hätte ja den Posten und mehr brauche es nicht, musste man dafür büßen.

Da war eine Frau, die hatte siebzehn Jahre im Staatsdienst verbracht. In dieser Zeit war sie nur von Stufe Sechs auf Stufe Neun geklettert, und auch das verdankte sie bloß dem Umstand, dass einer der Politiker bei seinem Amtsantritt – wie ein Fürst, der bei der Thronbesteigung eine Generalamnestie für Staatsgefangene verkündet – allen Regierungsangestellten eine Anhebung um drei Stufen gewährt hatte. Diese Dame neunten Grades kannte in La Rioja jeder. Man brachte mich eines Vormittags sogar zu ihr ins Büro, damit ich sie kennen lernte: Sie war klein und korpulent, unverheiratet, aber mit einer üppigen, gepflegten Frisur und der rückhaltlosen Bereitschaft, ihre Geschichte einmal mehr zum Besten zu geben. Gehaltsstufe Neun bringe ihr 120 Dollar monatlich. Die Differenz zwischen Stufe Sechs und Neun betrage nur dreißig Dollar. Ins Gewicht falle die Differenz erst ab Stufe Zwanzig, sagte sie. Aber immerhin.

Während die Dame neunten Grades ihr Herz ausschüttete, befand sich auch eine Dame vierundzwanzigsten Grades im

Raum. Sie war dürr und klein und sah zwar ziemlich mitgenommen aus, schämte sich ihrer hohen Gehaltsstufe aber keineswegs. Sie habe einen Titel, erklärte sie, und sei in ihrem Zweitberuf (den sie vielleicht nachmittags ausübte) Professorin. Die Gehaltsstufe Vierundzwanzig trage ihr ungefähr 400 Dollar ein; aber schließlich müsse sie für eine Familie sorgen, die sechzehn Brüder und Schwestern umfasse.

Ein lächelnder Junge in gemustertem Hemd ging leichtfüßig ein und aus, während wir uns unterhielten. Ich erkundigte mich nach ihm. Er sei ein besonderer Fall. Er habe mit Stufe zwölf *begonnen*. Wie hatte er das geschafft? Niemand konnte es mir sagen; und der Junge lächelte nur und ging im Zimmer ein und aus, während die anderen über Geld, Politiker, die Inflation und die Preise redeten, und die Dame neunten Grades erklärte, sie sei in keinem Restaurant gewesen. Niemand durfte das Büro verlassen; sie wirkten wie Gefangene, die ein unsichtbarer Zaun umgab: auf den Fleck gebannt, klagend und verzagt, wie eine Gruppe von Schatten, die in einem Vergilschen Schattenreich darauf warteten, durch eine förmliche Beisetzung erlöst zu werden.

In der Abenddämmerung, als die Hitze abklang, explodierte die Öde: Auf Motorrädern ohne Schalldämpfer drehten die jungen Männer mit ihren Mädchen in den Straßen um den Marktplatz in einer Wolke aus blaubraunem Rauch unablässig ihre Runden – wie Menschen, die sich mittlerweile ans Nichtstun gewöhnt haben.

Argentinien hat die Menschen aufgezehrt, die es angelockt hat; die letzten zwanzig Jahre waren besonders hart.

Jorge, ein Anglo-Argentinier, der 1972 als ökonomischer Berater für eine große Gesellschaft arbeitete, erklärte damals: »Möglicherweise befinden wir uns am Rande einer echten Krise.« Die Inflationsrate, die seit dem Aufstieg Peróns in den vierziger Jahren des zwanzigsten Jahrhunderts bei durchschnittlich 25 Prozent lag, war in diesem Jahr auf sechzig Prozent angestiegen; die koloniale, agrarisch ausgerichtete Wirtschaft des Landes war im Wesentlichen unverändert geblieben. Es gab einen industriellen Sektor, aber er verschlang Importe, die mit den agrarischen Exporten bezahlt werden mussten.

»Perón hat diesen Teufelskreis heraufbeschworen«, sagte Jorge. »Er kümmerte sich nicht um die Schaffung grundlegender Industrien. Er brauchte Popularität, und deshalb warf er sich auf leichtindustrielle Fertigungen und beförderte die Schieflage der Wirtschaft noch weiter. Industrialisierung war Gefühlssache; eine Industriepolitik gab es nicht.« Der Staat schützte argentinische Industriegüter; sie kosteten zweimal so viel wie entsprechende Güter im Ausland; dabei lag 1972 der durchschnittliche Monatslohn bei 50 Dollar. Perón hatte viel für die Arbeiter getan; ihre Löhne freilich konnten nie mit der Inflation Schritt halten, die Peróns Politik und andere ähnliche politische Strategien hervorgerufen hatten.

Im Jahr zuvor hatte Jorge eine Wohnung gekauft. Die Preise stiegen so schnell, dass es ihn 200 Dollar kostete, als er eine Woche mit dem Kauf zögerte. Sein Gehalt betrug damals 400 Dollar im Monat. Aber weniger als ein Jahr danach, als ich ihn kennen lernte, war der Preis der Wohnung bereits um achtzig Prozent gestiegen. Und neunzehn Jahre später, 1991, erschien der Kauf der Wohnung noch als ein weit besseres Geschäft.

»Ich kaufte sie mit einem über zwölf Jahre laufenden Hypothekendarlehen der Bank. Ein Fixpreis – nur die Zinsen für die Restsumme schwankten. Nachdem 1973 John Sunday zurückgekehrt war« – John Sunday: die ins Englische übersetzten Vornamen Peróns, Juan Domingo –, »stieg die Inflationsrate noch höher und entwertete die Schuld. Wer musste also bezahlen? Der Rest der Gemeinschaft, all die, die keine Schulden gemacht hatten. Das Schreckliche ist, dass während der letzten fünfundvierzig Jahre die Inflationsrate ständig gestiegen ist, Monat für Monat, mit Schwankungen. Nur wenige Länder haben diese Art von Inflation *über einen so langen Zeitraum* auszuhalten vermocht. Es ist wie das, was die Deutschen in den zwanziger Jahren erlebten, nur in Zeitlupe.

Richtig chaotisch wurden die Verhältnisse 1974, nach John Sundays Tod, als seine Witwe Isabelita und ihr astrologischer

Medizinmann an die Macht kamen. Ein Exwachtmeister der Polizei. Ich erinnere mich an Folgendes: Ich hatte eine Anzahlung für einen Anzug geleistet, der, sagen wir, 200 Dollar in Pesos kosten sollte, und der Schneider hatte meine Maße genommen. Die Zeiten spielten damals so verrückt, dass der Peso in einem Monat die Hälfte seines Werts verlor. Ich konnte den Schneider unmöglich auf den Preis festnageln. Und er zog es vor, die ganze Sache zu vergessen. Wenn wir uns trafen, wurde nie ein Wort über den Anzug verloren. Der totgeborene Anzug: Es war zu peinlich. Er schuldet mir nach wie vor einen Anzug – in heutiger Währung würde er mich zehn Cent kosten.

Besonders merkwürdig am Aufstieg und Niedergang Argentiniens – einem Niedergang, ohne dass zuvor ein Gipfel erreicht worden wäre – ist der Umstand, dass sich der Niedergang zum großen Teil in der Zeit ereignete, in der Demokratie herrschte. Die Beschleunigung des Niedergangs fiel mit der Rückkehr zur Demokratie 1983, nach dem Falklandkrieg, zusammen. Die Ironie besteht darin, dass beide große Parteien, die Peronisten und die Radikalen, einander im Verteilen von Wohltaten zu übertrumpfen suchen und es keinen John Bull oder Uncle Sam mehr gibt, die mit Pfunden oder Dollars aushelfen.

Unter den Briten funktionierte die Sache, wenn wir einmal davon ausgehen, dass wir inoffizieller Teil des britischen Empire waren. Im Jahr 1917 betrug unser Bruttosozialprodukt etwa drei Viertel des Bruttosozialprodukts der USA. Wir hatten die Märkte. Wir hatten die Produktivkraft. Wir verfügten über die Methoden – die Systeme, die Technik. Heute haben wir nichts mehr von alledem.

In Argentinien müssen Sie immer daran denken, dass Sie nur diejenigen zu Gesicht bekommen, die durchgehalten haben. Alle anderen sind auf dem Schlachtfeld geblieben oder befinden sich in Nervenheilanstalten. Die Inflation hält einen auf Trab.

Ich arbeite in einer Firma, wo wir unseren Kunden nur etwa vier oder fünf Tage Kredit einräumen können. Andernfalls geht bei dieser Art von Inflation das Betriebskapital vor die Hunde. In unserer Gesellschaft befinden sich etwa zwölf Millionen Betriebskapital ständig als Kredit bei den Großhändlern. Eine hohe Umschlagsgeschwindigkeit bei diesem Geld liegt natürlich im Interesse der Firma. Kann man die Kreditfrist um einen halben Tag verringern, fällt das schon ins Gewicht. Gesellschaften mit einem langsameren Umsatz – etwa bei langlebigeren Gebrauchsgütern – müssen wahrscheinlich eine Kreditfrist von sechzig Tagen einräumen. Bei Schiffswerften ist die Kreditfrist noch viel länger, und vielleicht verkauft man nur ein Schiff im Jahr. Dann sitzt man wirklich bis zum Hals in der Scheiße, wenn ich so sagen darf.

Ein weiterer negativer Aspekt der Inflation liegt darin, dass man aufhört, sich um die Produktivität und sogar den technischen Stand zu sorgen. Also, die Produktivität, die ist das Geheimnis allen Fortschritts. Aber tatsächlich kann man nirgendwo in der Welt mehr als drei oder vier Prozent Produktivitätssteigerung pro Jahr erreichen. Bei einer Inflation wie unserer erreicht man zehn Prozent *an einem einzigen Tag*, wenn man weiß, wann und wo man investieren muss. In unserer Branche muss man im Durchschnitt alle fünfzehn Tage Steuern an den Staat abführen. Während dieser fünfzehn Tage müssen wir also das Geld so klug wie möglich investieren. Es ist viel wichtiger, sich um die Erhaltung des Betriebskapitals zu kümmern, als über langfristige Dinge wie den technischen Stand und die Produktivität nachzudenken – obwohl wir uns bemühen, beides zu tun.

Die Kapitalinvestition in Argentinien deckt also nicht einmal den Kapitalverschleiß. Das heißt, wenn der jetzige Betrieb das Ende seines Arbeitslebens erreicht, haben wir keine Rücklagen schaffen können, um neue Produktionsanlagen zu kaufen. Das ist das unvermeidliche Ergebnis der Geldkrankheit Inflation. Dein Geld löst sich auf. Es ist wie Krebs. Man lebt von der Hand in den Mund. Mehr kann man nicht machen, wenn die Inflation über ein Prozent täglich beträgt. Man hört zu planen auf. Man ist schon zufrieden, wenn man es bis zum Wochenende geschafft hat. Und dann hocke ich in meiner Wohnung in Belgrano und lese über uralte Kricketspiele nach.

Pro Kopf der Bevölkerung betrachtet, sind wir heute 25 Prozent ärmer als 1975. Die Menschen, die wirklich leiden, bekommen Sie nicht zu sehen – die Armen, die Alten, die Jungen. Diese Menschen hängen ruiniert in den großen Bahnhöfen herum, die so merkwürdig Londoner Bahnhöfen ähneln, weil sie von den Briten gebaut wurden. Das menschliche Treibgut des argentinischen Lebens – wie Spreu vor dem Wind. Ich habe in B. A. noch nie zuvor solche Armutssymptome beobachtet.«

Was Jorge von Industrie und Handel gesagt hatte, traf auch auf die Landwirtschaft zu: Man durfte nicht vergessen, dass man nur diejenigen zu Gesicht bekam, die durchgehalten hatten. In Argentinien hielten nur Landwirte durch, die entweder einen sehr großen Betrieb hatten oder sehr viel Arbeit in den Betrieb steckten.

In den vierhundert Familien, die in den Besitz des Indiolandes gelangten, hatte das unendliche Gier geweckt. Und dann, gerade einmal sechzig Jahre nach der Eroberung der Wildnis, erschien Perón auf der Bildfläche, den die gleiche Vorstellung vom grenzenlosen Reichtum des Landes zur Plünderung und zu Strafmaßnahmen antrieb. Damals waren die großen Landbesitzer Viehzüchter. Pachtbauern pachteten das Land für kurze Perioden und bestellten es im Fruchtwechsel; in den Zeiträumen dazwischen wurde es mit Luzerne bepflanzt und wieder als Weide genutzt. Als Perón ins Spiel kam, fror er den Pachtzins der Bauern ein. Das war die Zeit, als Susanas Familie feststellte, dass ihre Steuern ihre Pachteinnahmen überstiegen und in Panik das Land verkauften. Diejenigen, die an ihrem Land festhielten, machten ein paar schwere Jahre durch. Der Auslandshandel wurde verstaatlicht; die Warenpreise waren durch das staatliche Handelsmonopol festgelegt. Der Staat wollte mitverdienen; er brauchte Devisen. Die Erzeuger mussten deshalb unter Weltmarktpreis und manchmal auch unter dem Niveau ihrer Produktionskosten verkaufen. Im Jahr 1951 lagen die in der Hauptsache landwirtschaftlichen Ausfuhren Argentiniens niedriger als 1901. Die argentinischen Devisenreserven waren in der Verstaatlichung der Eisenbahnen und anderer Versorgungsbetriebe verplempert worden; zur Unterstützung der Industrialisierung, soweit es gelungen war, dergleichen in Gang zu bringen, steigerte man die Einfuhren. Bezahlen ließen sich diese Einfuhren nur mit Ausfuhren der Landwirtschaft, in die aber nicht mehr investiert worden war. So begann die Inflation und sorgte dafür, dass kleine Bauern das Land nicht mehr länger bewirtschaften konnten.

Julio bewirtschaftete 1200 Hektar. Er stammte nicht aus einer der alten Landbesitzerfamilien. Er hatte sich spät der Landwirtschaft zugewandt und war ihr mit Herz und Seele verbunden. In den sechziger Jahren übernahm er ein Landgut, das unter Peróns Herrschaft dem Ruin verfallen war, nachdem es während des Zweiten Weltkriegs floriert und zu den Ersten gehört hatte, die mit Traktoren arbeiteten. Julio erhielt bei einer Staatsbank ein Darlehen. Natürlich ließ ihn der Bankdirektor zappeln; er musste mehrere Male antanzen; man verlangte Pläne und Auskünfte von ihm; die Bankangestellten tranken Kaffee und Maté, sahen durch ihn hindurch und reichten ihn dann regelmäßig an einen Kollegen weiter.

»Wir hatten Glück. Wir haben das Ganze auf Kreditbasis angefangen. Anders hätten wir es gar nicht machen können. Wir gelangten noch gerade so in den Genuss der staatlichen Subventionierung von Krediten: Die Zinsrate lag unter der Inflationsrate. Der Bankdirektor wusste sehr wohl, dass er uns einen Gefallen tat.«

Die Inflation, die sich anfangs günstig für Julio ausgewirkt hatte, wurde nun zu dem rasenden Gaul, der ihn abzuwerfen drohte.

»Um zu überleben, musste man Dinge tun, die, streng genommen, unmoralisch sind. Man musste die Zahlung von Rechnungen hinauszögern. Mittlerweile allerdings hat man keinen Vorteil mehr von einem Zahlungsaufschub, weil alle Rechnungen auf Dollars lauten. Man muss vielseitig sein. Und flexibel. Bei hoher Inflation fängt man an, viele Geschäfte im Tauschhandel abzuwickeln. Man entwickelt die Tendenz, sich von der Geldwirtschaft zu verabschieden. Zum Beispiel verkauft man Weizen und lässt sich Brennstoff und Dünger dafür geben. Man knobelt aus, dass vier Kilo Weizen einem Kilo Dünger entsprechen. Wir verbringen viel Zeit damit, solche Sachen auszuknobeln. Es ist eine heikle Sache. Man möchte ja keine Verluste machen. Es ist wichtig, mit einem Berater zusammenzuarbeiten, der einem bei diesen Tauschgeschäften zur Seite stehen kann.

Wenn die Inflation sich in Grenzen hält, bekommt man sein Geld nach einer Zahlungsfrist, und alles läuft problemlos. Dass unser Hauptprodukt Milch ist, hat uns sehr geholfen. Der Handel mit Milch bietet einigermaßen Sicherheit. Die Zahlung geht folgendermaßen vor sich: sechzig Prozent binnen Wochenfrist, und vierzig Prozent am Ende des folgenden Monats. Befindet man sich aber in einer Hyperinflation, dann fangen die Schwierigkeiten richtig an. Gegen Ende der Regierung Alfonsín, 1989, hatten wir vier Monate lang eine Inflationsrate von hundert Prozent monatlich und bekamen unser Geld binnen Monatsfrist – kurz, wir verdienten praktisch nichts. Natürlich galt das Gleiche auch für die Rechnungen, die wir zahlen mussten, aber die Verluste waren trotzdem da. Mit so etwas kann man einfach nicht leben. Milch muss man täglich verkaufen. Produziert man Rinder oder Feldfrüchte, kann man die Waren zurückhalten und auf ein Bargeschäft warten.

Alfonsín ließ die Hyperinflation laufen. Er wartete einfach ab, bis der neue Präsident, Menem, die Amtsgeschäfte übernahm. Und Menem war auf populistischer Grundlage gewählt worden – und das bedeutet stets Lohnerhöhung für jedermann.

Um diese Zeit ging das Unternehmen, dem wir unsere Milch verkauften, in Konkurs. Das bedeutete, dass wir sechs Wochen Milchlieferung nicht bezahlt bekamen. Von da an verlangten wir Zahlung binnen Wochenfrist. Und sogar mit dem Geld, das wir verloren hatten, schnitten wir immer noch besser ab, als Kollegen, die immer ihr Geld bekommen hatten, aber auf Basis einer Monatsfrist. Weil es bei der Hyperinflation darauf ankommt, wann man sein Geld bekommt.

Damals machte ich mir wirklich Sorgen. Das war das einzige Mal. Einmal machten die Banken zehn Tage lang dicht. Jeder wollte sein Geld abheben, um es auszugeben.«

Bei einer Inflation solchen Ausmaßes wird jeder zum Spieler, jeder zum Nervenbündel. Und selbst Leute, die in mancher Hinsicht von der Inflation profitieren, fühlen sich unter Umständen erschöpft und mitgenommen, wie etwa Gui, der mittlerweile die Sechzig überschritten hat und der es, obwohl er ohne Kapital begann und in jedem Stadium aus schierer Not handelte, dennoch schaffte, im Laufe von zehn Jahren eine Abfindung in Höhe von 5000 Dollar in ein Apartment im Wert von 140 000 Dollar zu verwandeln.

In den sechziger Jahren stiegen die Mieten; Gui und seine Familie zogen fünfmal um, wobei jeder Umzug ein sozialer Abstieg war. Gui beschloss, etwas zu kaufen. In einem Vorort fand er ein kleines Häuschen, das 15 000 Dollar kostete und das er meinte, sich leisten zu können. Die Firma, für die er arbeitete, war freilich anderer Meinung. Sie weigerte sich, ihm ein Darlehen für das Haus zu bewilligen. Stattdessen boten sie ihm eine Abfindung an, wenn er bereit war, aus der Firma auszuscheiden. Gui hatte sich bereits darauf versteift, das Haus zu kaufen. Also verließ er die Firma und nahm die Abfindung in Höhe von 5000 Dollar, borgte sich bei seinem Bruder 2500 Dollar und erhielt mit Hilfe seines Bruders ein Bankdarlehen über 7500 Dollar mit einer Laufzeit von vier Jahren.

»Normalerweise musste damals ein Darlehen dieser Art im Verlauf von zwei Jahren in Raten zurückgezahlt werden – von einem Kredit konnte eigentlich gar nicht die Rede sein. Aber egal. Es war vollbracht. Wir hatten ein Haus. Ein grässliches kleines Haus, dessen wir uns alle schämten. Es lag in einer dieser Gegenden von B. A., wo man buchstäblich nur hundert Meter zu gehen braucht, um von der netten Wohngegend in die Armenregion zu wechseln, wo die Leute in ihren Schlafanzügen nachts auf dem Bürgersteig hocken. Wir wohnten im ärmeren Teil.

Und dann hatten wir ein Quäntchen Glück. Die Bank, die uns das Geld geliehen hatte, machte Bankrott. Das ist gar nicht so untypisch: eine Art von argentinischem Glückstreffer. Wir brauchten also die 7500 Dollar, die wir von der Bank geliehen hatten, nicht zurückzuzahlen – mein Bruder allerdings wurde dabei um 150 000 Dollar ärmer.

Wir beschlossen, aus dem grässlichen kleinen Haus auszuziehen. Wir mieteten eine Wohnung in einer guten Gegend, und vermieteten das Haus – schlecht, an eine Person, die sich als zu arm erwies, um die an den Anstieg der Lebenshaltungskosten gebundene Miete immer weiter zahlen zu können. Sie müssen außerdem wissen, dass der Bezirk, in dem das Häuschen lag, für seine üble Verwaltung berüchtigt war. Sie schickten einem alle Steuerforderungen absichtlich zu spät, damit man auch noch eine Säumnisgebühr zahlen musste. Das ist ebenfalls typisch für Argentinien. Und dann stand man den ganzen Tag lang in einer Schlange, die von einer Kreuzung bis zur nächsten reichte, um zu bezahlen.

Deshalb entschieden wir uns für den Verkauf des Hauses. Und dann hatten wir sogar noch größeres Glück. Von 1978 bis 1979 gab es in Argentinien die Periode des »süßen Geldes«, *plata dulce*, wo man auf argentinisches Geld dreißig Prozent Zinsen pro Monat bekam und der Dollar seinen ganzen Wert verlor. Die Parkplätze der Fabriken waren voll gestopft mit den Autos der Arbeiter; die Leute reisten nach Miami und kamen mit Haufen elektronischer Geräte zurück. Die Grundstückspreise schossen in den Himmel, und wir verkauften das Häuschen für 65 000 Dollar, mehr als das Vierfache der Summe, für die wir es gekauft hatten – und vergessen Sie nicht, dass wir die Hälfte unseres Kaufpreises wegen des Bankrotts der Bank gar nicht hatten bezahlen müssen.

Und dann schien es, als säßen wir in der Falle. Für 100 000 Dollar bekam man nichts in B. A. – da wurde man ausgelacht und kriegte Wohnungen gezeigt, die aus zwei Schlafzimmern bestanden und wo der Kühlschrank an der Wand eines der Schlafzimmer hing, weil in der Kochnische nicht genug Platz war. Das Haus der Familie meiner Frau sollte damals für 1 800 000 Dollar verkauft werden.

Wir mussten unser Geld investieren. Wir investierten es in argentinisches Geld, um die dreißig Prozent pro Monat zu kriegen. Nirgendwo in der Welt bekam man einen besseren Zinssatz; aus der ganzen Welt strömte Geld ins Land. Das Knifflige war, die Zinsen mitzunehmen und das Geld in harte Währung zurückzutauschen, ehe es zum Kladderadatsch kam. Ich kann Ihnen sagen, man saß die ganze Zeit auf dem Pulverfass. Jede Minute fragte man sich, ob man das Richtige tat – weil sich beim ersten Anzeichen von Unsicherheit oder Gefahr das ganze ausländische Geld aus dem Staub machen würde. Binnen weniger Tage konnte die Sache auffliegen, und die ganze Zeit war man mit Geldwechseln beschäftigt.

Wir erwischten den richtigen Zeitpunkt. Wir retteten uns wieder in Dollars, kurz bevor im Januar oder Februar 1981 die Geschichte zusammenbrach und es zu einer zehnprozentigen Abwertung des argentinischen Peso kam, der einen Monat später eine weitere zwanzigprozentige folgte. Das ganze Kartenhaus stürzte damals einfach in sich zusammen. Leute, die Geld geliehen hatten, um ihre Fabrik neu auszurüsten, verloren ein Vermögen.

Wir investierten unsere Dollars und legten noch ein bisschen zu, und dann ging ein Teil des Gewonnenen wieder verloren: Unser Bankmanager investierte ein Drittel unseres Gelds in Gold. Wir kauften bei 800 Dollar die Unze und stiegen bei 680 Dollar wieder aus. Trotzdem hatten wir am Ende genug, um diese attraktive Wohnung in einem der besten Viertel der Stadt zu kaufen. Wir kauften sie im August 1982, als die Preise – wegen des Malvinas-Kriegs – für gerade einmal drei Wochen so niedrig waren wie seit zwanzig Jahren nicht mehr. Nach diesen drei Wochen kletterten die Preise wieder um mehr als sechzig Prozent. Hätten wir gezögert, wäre es uns unmöglich gewesen, die Wohnung zu kaufen.

An einem Ort wie Argentinien bringt man es nur mit Glück zu etwas. In irgendeiner Hinsicht herrscht hier ständig eine Krise. Und die Folge ist, dass man den Sinn für die Zukunft verliert. Man tut nichts für die Zukunft. Die europäische Vorstellung von Zukunftssicherung existiert bei uns nicht. Ich frage mich oft, wie es mir gelungen ist, mich an diesen Zustand zu gewöhnen. Dann ist da noch das Gefühl, dass man ständig ausgenommen wird – wenn man Arbeitnehmer ist. Bleibt einem diese Erfahrung erspart und hat man eine Nische, in der man sich einigeln kann, dann, zugegeben, lässt sich's hier angenehm leben. Und das ist es wohl auch, was alle einlullt.«

Im Jahr 1972 erklärte mir Borges, er lese nie Zeitungen. »Diese Sachen stimmen mich traurig. Sie sind auch so trivial.« Borges konnte sich so äußern – über die täglichen Guerillaaktionen oder polizeilichen Gewalttaten und das Taktieren der Politiker, dieser flüchtigen Gestalten, die der Situation in keiner Weise gewachsen waren –, weil für Borges Argentinien ein Land war, das er bereits verloren hatte.

Was Borges damals äußerte, sagten jetzt auch andere, in unterschiedlicher Form. »Wir sind verdummt«, verkündete eine meiner Bekannten. 1972 hatte sie sich erwartungsfroh zum Peronismus bekannt und vielleicht damals schon oder ein bisschen später auch zur »Marxistin« erklärt, jederzeit bereit, ihre Plattitüden mit Elan zum Besten zu geben. Mittlerweile hatte sie die eine wie die andere politische Überzeugung fallen gelassen und war – der allgemeinen Entnervung folgend – überhaupt nichts mehr; es gab keine politischen Systeme, die man noch hätte ausprobieren können. Frauen wie sie wandten sich jetzt der »Meditation« zu – täglich konnte man in den Zeitungen lesen, wo überall Vorträge und Séancen stattfanden.

Ricardo, der die Guerillaführer aus der Schulzeit gekannt und mit ihrer Sache einigermaßen sympathisiert hatte, trauerte um diese gebildete, zugrunde gerichtete Generation. Diese vielen Tausende neuer Männer (und Frauen), in denen sich Religion und Revolution zusammengefunden hatten, waren die Enkel von Einwanderern; sie wären jetzt in ihren Vierzigern gewesen. Während wir von unserem Treffen mit dem früheren Guerilla (der sich uns als geschlagener Mann präsentierte) zu Fuß zurückgingen, sagte Ricardo in traurigem Ton: »Vielleicht müssen wir uns mit dem Gedanken abfinden, dass dieses Land nicht realitätstüchtig ist. Die jungen Leute, denen ich begegne, halten es für ausgemacht, dass Argentinien bald schon eine richtige Nation wird, und das kann sie zu neuen Abenteuern und Trugschlüssen verführen.«

Wie bei Borges waren auch bei Ricardo maßgebend für solche Äußerungen der eigene Kummer, das eigene Bedürfnis nach politischen Systemen, die eigenen mittlerweile überholten Ideen von Revolution und richtigem Handeln. Diese Ideen waren mit dem von Borges vorausgesagten trojanischen Ende verschwunden; an ihre Stelle hatten dank der Entnervtheit und Erschöpfung, die mit diesem Ende einhergingen, neue und einfachere Denkweisen in Argentinien Einzug gehalten.

Ein Geschäftsmann, den ich kennen lernte, listete diese neuen Denkweisen auf. Argentinien glaube nicht mehr an den Feind von draußen, halte sich nicht mehr für ein europäisches Land und habe den Glauben an den unbegrenzten Reichtum des Landes verloren.

Diese drei Neueinstellungen bildeten einen Zusammenhang; gemeinsam kamen sie einer geistigen Revolution gleich. Die Vorstellung vom Reichtum – sie hatte zur Volksweisheit im Lande gehört. Meine Notizbücher von 1972 sind voll von ihr. »Dieses Land kann niemals untergehen.« – »Trotzdem lebt man hier besser.« – »Gott bringt nachts wieder in Ordnung, was die Argentinier tagsüber vermasselt haben.« Diese Vorstellung vom Reichtum entstammte spanischen Zeiten und war bei der Eroberung der Wildnis neu aufgekommen. Sie hatte die gewaltige Gier der *estancieros* befördert, die den Reichtum des Landes auf spanische Art betrachteten, als etwas Unteilbares, das man so vielen Menschen wie möglich vorenthalten musste. Das wiederum hatte der Gier und Selbstbedienungsmentalität Peróns und seiner Nachfolger und den Ansprüchen ihrer

Anhängerschaft Vorschub geleistet. Es hatte die Idee der Pionierarbeit zerstört, die Idee von der Selbstverwirklichung durch Arbeit; stattdessen hatte es die Idee der Gerissenheit salonfähig gemacht, *la viveza criolla*. Es hatte die Idee des Blutvergießens und der Revolution befördert, als eine nicht enden wollende Abfolge: nur noch einmal zuschlagen, noch einen einzigen Feind aufspüren und umbringen, und schon stürzt der ganze Reichtum des Landes auf einen herab.

Das alles war jetzt vorbei. Sollte es weitergehen, so mussten die Menschen mit dem Land einen neuen Vertrag schließen. Das schloss einen neuen Vertrag mit den Mitmenschen ein, eine neue Art von politischem Leben. Argentinien habe die Menschen zu sehr zum Träumen gebracht, hatte Ricardo gemeint; und jetzt habe das Land seine Realitätstüchtigkeit eingebüßt. Ricardos Verzweiflung war freilich ebenso abstrakt wie der revolutionäre Wunsch Pater Mujicas, die Feinde des Volkes zu vernichten und den menschlichen Geist zu entwickeln. Die Menschen in Argentinien brauchten schlichtere Gesten, eine einfachere Moral.

Neben Meldungen über den Versuch der Regierung, die Währung zu stabilisieren, Klatschgeschichten über das Familienleben des neuen Präsidenten und Rätselraten darüber, warum beim einbalsamierten Leichnam Peróns die Hände abgetrennt worden waren, wurde auch über den allwöchentlichen Schweigemarsch, *la marcha del silencio*, in der im Norden gelegenen Stadt Catamarca berichtet. Catamarca, im frühen neunzehnten Jahrhundert Tummelplatz aufständischer Kriegsherren und jetzt extrem arm, wurde von einer einzigen mächtigen Familie beherrscht. Eine junge Frau war in Catamarca ermordet worden. Die Menschen dort waren empört darüber, wie man die Sache zu vertuschen suchte; in einer Stadt, in der seit spanischen Zeiten immer autoritäre Verhältnisse geherrscht hatten und wo die meisten (auf allen vierundzwanzig Gehaltsstufen) für ihren Lebensunterhalt vom Wohlwollen der Mächtigen am Ort abhingen, begannen Leute, angeführt von einer Nonne, mit diesem wöchentlichen schweigenden Protestmarsch. Die Zahl der Teilnehmer wurde immer größer, die Wirkung war überwältigend, schließlich musste die Regierung eingreifen. Der mächtige Gouverneur hatte seinen Hut genommen; ein anderer war ins Gefängnis gewandert. Dann hörten die Märsche auf; die Nonne kehrte in ihr Kloster zurück. Pater Mujica und die Guerillas, die sich doch als neue Menschen im Kampf gegen die Ungerechtigkeit sahen, hatten nie etwas so Mutiges unternommen beziehungsweise nie eine so tiefe politische und moralische Wirkung erzielt. Mag sein, dass es seit der spanischen Eroberung nie eine solche machtvolle Demonstration gegeben hatte.

Catamarca war im späten siebzehnten Jahrhundert gegründet worden. Es lag an der Stätte einer älteren Andensiedlung, die die Spanier zu Anfang der sechziger Jahre des sechzehnten Jahrhunderts, gerade einmal zwanzig Jahre nach der Eroberung Perus, zu etablieren versucht hatten. Diese erste Stadt oder Siedlung war kurz danach von der noch nicht unterworfenen einheimischen Bevölkerung zerstört worden. Ihr spanischer Name – den sie zum Gedenken an die Vermählung von Philipp II. und Maria I. Tudor im Jahr 1554 (Maria starb bereits 1558) erhielt – lautete Londres de la Nueva Inglaterra, London von Neuengland.

1991

Klimatisierte Blase: Die Republikaner in Dallas

DALLAS, 17.–26. August 1984

Beim Parteitag der Republikaner begann jede Sitzung (nach der Flaggenpräsentation und dem Absingen der Nationalhymne) mit einem Bittgebet und endete mit einem Segensspruch. Jedes Mal engagierte man einen anderen Gottesmann. Den abschließenden Segensspruch, nach der Rede, mit der Ronald Reagan die Nominierung zum Präsidentschaftskandidaten annahm, sprach Dr. W. A. Criswell.

Criswell ist Pfarrer der First Baptist Church in Dallas und eine lokale Berühmtheit, nicht nur weil er packend predigt, sondern auch weil seine Kirche samt Nebengebäuden, alles zusammen ein riesiger Komplex im Zentrum von Dallas, heute – in Zeiten des Aufschwungs – auf einen Wert von 200 Millionen Dollar geschätzt wird. Geld wird überall verehrt, in Dallas aber ist es heilig; und Erfolg im Immobiliengeschäft gilt als Gnadengeschenk, als Lohn des Glaubens in Gottes Land. In Dallas las ich täglich (denn die Journalisten dort sind folgsame Leute, und außerdem möchten sie arbeiten wie andere Journalisten auch) einen Artikel über oder ein Interview mit Trammell Crow, dem Immobilienkönig der Stadt, der einen Großteil der gläsernen Wolkenkratzer und Hotels gebaut hat. Immer wieder las ich, Trammell Crow besitze ein Vermögen von etwa einer Milliarde Dollar. In diese Kategorie gehörte Criswell zwar nicht, aber da er den Republikanern den Segen spendete, während Trammell Crow ihnen nur Begrüßungsworte und sein Geld zu bieten hatte, erwarb er sich mit seinem Doppelruhm eine ganz eigene Gloriole.

Am Sonntag nach dem Parteitag, als die meisten Delegierten und Presseleute schon abgereist waren und die Gemeinde fast wieder Dallas pur war, hielt Criswell eine Predigt über »Das Jüngste Gericht auf dem weißen Stuhl«. Der Titel prangte an der Außenmauer seines Gotteshauses aus rotem Backstein, in denselben auswechselbaren Schriftzeichen, mit denen Kinofilme oder Theaterstücke angezeigt werden. Der große, rechteckige und abgesehen von den farbigen Fenstern völlig schmucklose Saal war zum Bersten voll mit Menschen.

Leute wie ich, die zu spät gekommen waren oder keinen reservierten Platz hatten, standen hinter den Sitzreihen. Als der Augenblick kam, wo wir alle hinknien mussten, war es mir fast nicht mehr möglich, eingeklemmt zwischen den mit gesenktem Kopf Knieenden auf dem Notizblock des Sheraton-Dallas-Hotels noch etwas aufzuzeichnen.

Der Kirchenchor war in dunkelrote Gewänder gehüllt. Criswell trug – genauso wie Mrs Reagan bei ihrem ersten Auftritt in der Kongresshalle – Weiß oder Cremefarben, jedenfalls etwas sehr Helles. Der Farbkontrast muss die Wirkung auf dem Fernsehschirm erheblich gesteigert haben. Im Gang zwischen den Sitzreihen stand eine Kamera. Der Gottesdienst wurde live übertragen, und das Programm (in dem auch das Formular für eine »Entschlusserklärung« lag) wies darauf hin, dass Videokassetten von der Veranstaltung beim kirchlichen »Kommunikationsbüro« erhältlich seien.

Um zu seinem Thema zu kommen, wählte Criswell den Weg über die Homosexualität. Er sprach ohne Umschweife. Keine Euphemismen, keine Ironie, kein Anflug von Humor. Von Anfang bis Ende blieb er ernst. Er ging auf dem Podium hin und her, und manchmal drehte er sich (in seiner weißen Kostümierung) einen Augenblick lang zu seinem rot gewandeten Chor um.

»Tagaus, tagein verhöhnen wir das Wort Gottes … wir gewähren Lesbierinnen und Schwulen Zutritt zu unserer Gesellschaft und Kultur … und jetzt kommt dieses verheerende Gericht über uns … diese Krankheit und Sünde namens Aids …«

Aids, am ersten Sonntag nach dem Parteitag der Republikaner, und mit solcher Donnerstimme! Bedachte man es freilich genauer, dann war das Thema gar nicht so abwegig. Obgleich Criswell nicht eigens darauf insistierte, hatte die Aidserkrankung, die nur Schwule und bestimmte Schwarze traf, während sie alle Übrigen verschonte, einen sonderbar biblischen Zug.

»Gott ist wie seine GESETZE!«, fuhr Criswell in seiner Donnerrede fort. »Überall gibt es Gesetze. Gesetze des Höllenfeuers, Gesetze der Schwerkraft.«

Von diesem Gedanken des Gottesgerichts und der Gesetze (die bei Criswell zwei ganz unterschiedliche Bedeutungen von »Gesetz« in sich vereinten) gelangte der Pfarrer schnurstracks zu Karl Marx. Ein Schwuler? Nur im übertragenen Sinn. Karl Marx stand in seiner Predigt für den Atheisten des neunzehnten Jahrhunderts. Criswell nannte zwar seine Lebensdaten, sagte aber wenig über seine ketzerischen Lehren: In diesem Gemeindesaal war Karl Marx lediglich ein teuflischer Name, und das reichte. Marx sei nicht tot, mahnte Criswell – oder wenigstens glaubte ich, etwas dergleichen zu hören, denn die Theologie bereitete mir Schwierigkeiten. Marx lebe noch immer; sterben werde er erst am Tag des Jüngsten Gerichts.

»Dieser Tag steht am Ende der Zeit, der Geschichte, der Zivilisation … Das ganze Universum wird in Flammen aufgehen … Der ganze Schlund unterhalb dieser Erde wird sich in furchtbares Feuer und Wüten verwandeln, wenn der HERR diese Erde säubert und reinigt … wenn Gott mit der Welt Schluss macht.«

Eine wunderbare Idee des Kosmos – wenn Gott mit der Welt Schluss macht: fast unvorstellbar. Aber noch unvorstellbarer war der Gedanke, dass viele Menschen in diesem Saal auf irgendeine Weise vor dem kosmischen Nichts bewahrt bleiben sollten; und dass die Rettung jedem offen stand. Beginnen konnte man etwa mit dem Ausfüllen der Entschlusserklärung, die im Programm lag; und ähnlich wie bei einer Frühstücksvormerkung im Hotel, wo man ein Häkchen an die gewünschte Uhrzeit macht, konnte man auf der Entschlusserklärung mit einem Häkchen die Uhrzeit des Gottesdienstes markieren, durch den man erweckt wurde. So trivial und alltäglich war die hier herrschende Vorstellung von Erlösung und Entschluss.

Viele Menschen waren wie ich nur wegen Criswells Predigt gekommen. Also warteten wir weder den Lobgesang noch die Aufnahme neuer Gemeindemitglieder ab.

Draußen vor dem klimatisierten Predigtsaal konnte man noch einmal die ganze Größe des kirchlichen Immobilienbesitzes ermessen; viele der Gebäude waren nach Criswell benannt. Außerdem wurde man – obgleich die Straße im Schatten der Hochhäuser kühl wirkte – an die fast 38 Grad Celsius erinnert, die in Dallas herrschten.

Meist war man dort, wo die Hitze nicht hindrang, und nahm sie nur als Lichtqualität oder Himmelsfarbe wahr. Aber hin und wieder stieß man in dieser Weise auf sie, in einer flüchtigen Empfindung – nicht unangenehm, weil sie mit der durchweg klimatisierten Luft kontrastierte und daran erinnerte, dass man in einer geschlossenen Blase lebte.

In Dallas war alles klimatisiert – Hotels, Geschäfte, Wohnhäuser, Autos. Das Kongresszentrum war überklimatisiert; bei annähernd zwanzig Grad unter der Außentemperatur herrschte eine regelrechte Kühle. Dieses klimatisierte Dallas erschien mir als erstaunliche Leistung, als Produkt einer großen Vision und im besten und menschlichsten Sinn amerikanisch: Geld und angewandte Wissenschaft hatten an einem Ort, wo das Leben früher bestialisch gewesen war, eine elegante Stadt geschaffen.

Doch in dieser Stadt, die sich einer auf höchstem Stand operierenden Wissenschaft verdankte, predigte Criswell vom Höllenfeuer und genoss öffentliches Ansehen. Und die Botschaft des einwöchigen Parteitags lautete, dass dies keinerlei Widerspruch darstelle, dass in Amerikas Glauben und Frömmigkeit Raum für Amerikas Fortschritt und Erfolg sei. Karl Marx und die Homosexuellen gehörten zu den Gegnern der alten amerikanischen Frömmigkeit und konnten problemlos in einen Topf geworfen werden.

Der von den Republikanern kultivierte Fundamentalismus reichte über die Religion hinaus. Er vereinfachte die gesamte Welt; er packte viele verschiedenartige Ängste zusammen – Studenten, Drogen, Rassen, Schwule und Russland, um nur einige zu nennen; und er offerierte die einfachste, die unbestimmteste Lösung: »Amerikanismus«. Alles Praktische stand im Parteiprogramm, und dort blieb es auch, wohl verschlossen. Abgesehen von Jeanne Kirkpatricks außenpolitischer Rede hatte es so gut wie keine rein politische Debatte gegeben. Amerikanismus, das war das Thema des Parteitags: mal im herausfordernden, mal im gefühlsseligen Ton, wie etwa in Reagans oben erwähnter Rede. Fundamentalismus galt den Republikanern – in der politischen Bedeutung, die sie ihm verliehen – nicht einfach als verbissene Pflichterfüllung; nein, er war so beschwingt wie Ronald Reagan persönlich. Die Republikaner waren »für das Leben«. Das hieß eigentlich gegen die Abtreibung; aber im Laufe des Parteikongresses erhielt das Wort einen zusätzlichen, übertragenen Sinn. Für das Leben zu sein bedeutete jetzt: vital, fröhlich und optimistisch zu sein; sich abzukehren von der Düsternis und Trübsal der Gegner, die nur über Probleme und Steuern redeten.

Nicht alle auf dem Parteitag versammelten Republikaner waren Christen. Es gab auch eine Gruppe Asiaten. In der Region um Dallas und Fort Worth sollen zwanzigtausend Inder leben; die Parteitagsbroschüre für Amerikaner asiatischer Herkunft enthielt eine hinduistische Interpretation des Amerikaner- und Republikanerseins, die ebenso viel Licht auf die Einwanderer wie auf die Gastgeber warf.

Inder, so die Broschüre, immigrieren in die Vereinigten Staaten, um ihren »Traum« zu verwirklichen: in diesem Land der »Chancen« all ihre Potentiale auszuschöpfen. Sie kommen, weil sie nach der Erfüllung ihrer Wünsche und nach Glück streben, weil sie Außerordentliches erreichen wollen … In den letzten

Jahren sind aus den meisten Besitzern einer Greencard amerikanische Staatsbürger, vollberechtigte Teilnehmer am sozioökonomischen und politischen Geschehen geworden. Aus freien Stücken haben sie die USA gewählt: als ihr *karmabhumi*, als das Land des Karma oder der Tat.

Texas, Schauplatz des Karmas – was hätte Trammell Crow wohl damit anfangen sollen? Aber eigentlich war es doch nur die hinduistische Version von Criswells Fundamentalismus, und in dieser Version ließen sich manche Dinge mit ganz neuen Augen betrachten. Die persönliche ökonomische Chance und die günstige Gelegenheit zu ergreifen: Das war hier mehr als ein politischer Akt; es war zugleich ein religiöser Akt, das Ja zum eigenen Karma. In diesem Rahmen konnte Religion, als politische Haltung begriffen, eine Form der Selbstliebe sein und Applaus ernten.

Einer der Tausende von Reportern sagte zu mir: »Ein Parteitag ist wie ein skandinavisches Büfett.« Vieles fand außerhalb der Kongresshalle statt. Das Pressebüro brachte täglich einen Veranstaltungskalender heraus, der auf vier Seiten etwa fünfzig Events nannte: Pressekonferenzen, Delegiertentreffen, Frühstück oder Mittagessen, Partys, Berühmtheiten oder Leute, die gerade »in« waren, wunderliche Organisationen, Interessengruppen – alle wetteiferten um unsere Aufmerksamkeit. Was zum Beispiel sollte man am ersten Vormittag tun? Gab es da nicht diese von einer Zeitschrift gesponserte Besichtigungstour durch besonders elegante Häuser der Stadt? Oder sollte man sich lieber im Kongresszentrum durch die Sicherheitskontrollen quälen, weil dort Miss Texas die Nationalhymne sang und der gestresste Trammell Crow eine Begrüßungsansprache hielt? Oder wie wär's mit etwas, das direkt in meinem Hotel stattfand:

»11.00 Uhr. Pressekonferenz Richard Viguerie und Howard Phillips von der Populist Conservative Tax Coalition. Thema: ›Sind Liberale zu weich gegenüber dem Kommunismus?‹ Gastredner: Eldridge Cleaver, ehemaliger Black Panther.«

Eldridge Cleaver! Einer der Berühmtesten aus den späten sechziger Jahren: der Mann, der nach eigenem Eingeständnis weiße Frauen vergewaltigt und jahrelang im Gefängnis gesessen hatte, der Black Muslim, der 1968 *Soul On Ice (Seele auf Eis)* publizierte, nicht eigentlich ein Buch, sondern gesammelte Aufzeichnungen, aber ein Werk von außerordentlicher Aggressivität, ganz dem damaligen Zeitgeist entsprechend. Als ich 1969 einige Wochen in den Vereinigten Staaten verbrachte, hieß es dort immer, eines Tages werde Cleaver in einem Schusswechsel von FBI-Beamten umgebracht werden. Doch dazu kam es nicht. Cleaver erhielt Asyl in Algerien und später in Frankreich; von Heimweh gepackt, kehrte er als wiedergeborener Christ in die Vereinigten Staaten zurück.

In der ersten Hälfte dieses Jahres lernte ich in Paris einen Mann kennen, der in den Revolutionstagen der späten sechziger Jahre einen wichtigen Film über Cleaver gedreht hatte. Mittlerweile betrachtete der Regisseur die damalige Zeit trotz ihrer Ruhmestitel als Zeit der Verblendung. Und nun auch noch Cleaver mit seinem Auftritt in einer – wie es mir vorkam – Nebenveranstaltung des republikanischen Parteitags!

Es schien, als sei er tief gesunken. Aber noch trauriger war ich, als ich bei der Ankunft im Veranstaltungsraum sah, dass nur wenige Menschen dort waren und Cleaver gar nicht im Mittelpunkt stand, sondern am äußersten rechten Ende der zweiten Reihe saß; manche der Anwesenden schienen nicht einmal zu wissen, wer er war, und die wenigen Journalisten, die Interviews machten, interessierten sich mehr für die anderen Mitglieder der Populist Conservative Tax Coalition.

Da saß er nun, so normal, so ungefährdet, dieser Schwarze, dem man den tollkühnen Tod eines Revolutionärs vorausgesagt hatte. Ich kannte ihn nur von Fotos, die ihn als jüngeren Mann zeigten. Er war jetzt neunundvierzig und fast kahlköpfig; was ihm an Haaren blieb, war grau. Seine Augen und Wangenknochen hatten etwas Chinesisches, Gelassenes; er sah sehr geduldig aus. Seine Augenbrauen waren schmale, wie mit der Feder gezogene Bögen, und seine zusammengekniffenen Augen blickten ruhig.

Der Redner, der am Pult stand, kam gerade zum Schluss seiner Erläuterungen über das Thema, wie Liberale sich gegenüber dem Kommunismus verhalten. »Sie *sind* nicht zu weich ... Er *macht* sie weich.« Der da sprach, war ein großer Mann im dunkelblauen Anzug; unterhalb der Taille ahnte man schlaffes Fleisch. Auf dem Pult stand in geprägten Buchstaben »Sheraton-Dallas Hotel & Towers« – für den Fall, dass ein Foto gemacht würde; schließlich hatte jeder etwas zu verkaufen. Zur Rechten des Redners hing eine US-Flagge an einer senkrechten Stange; daneben stand eine tragbare Filmleinwand.

Dann erbat der Redner einige Worte von einem Kollegen; es war ein klein gewachsener ehemaliger CIA-Mann, der mehr oder weniger wiederholte, was schon gesagt worden war. Und schließlich auch von »Eldridge«. Cleaver stand auf. Neben dem CIA-Mann war er groß. Er hatte jetzt einen Bauch, sogar einen leichten Hängebauch. Er trug ein blaues Hemd mit weißem Kragen und eine dunkelrote, sehr lange Krawatte. Dieser Hauch von Eleganz wirkte Vertrauen einflößend.

Jemand fragte nach seinen politischen Ambitionen. Er sagte, er werde versuchen, einen Sitz im Stadtrat von Berkeley zu bekommen. Dann wurde er, wie nicht anders zu erwarten, nach seiner Einstellung zum Wohlfahrtssystem gefragt. Seine Antwort klang müde; man hatte den Eindruck, als hätte er diese Worte schon unzählige Male gesagt. »Ich bin entschieden gegen das Wohlfahrtssystem, es hat die Menschen zu abhängigen Schmarotzern des Staates gemacht ... Ich will, dass die Schwarzen den Anschluss ans Wirtschaftsleben finden ... Ein Wohlfahrtssystem führt nur zum Sozialismus, denn es bringt den Menschen bei, dass ihre Probleme von der Regierung gelöst werden.«

Und das war auch schon alles. Mehr verlangte man offenbar nicht von »Eldridge«, gerade mal dieses Statement zu Sozialismus und Wohlfahrtssystem. Und nur kurze Zeit später wurde die Veranstaltung für beendet erklärt. Dann bereitete man die Wiederholung vor. Wie beim Jahrmarkt wurden die Darbietungen ständig wiederholt, und in den Pausen tätigte man Geschäfte.

Auf der Leinwand neben der Flagge begann von neuem der Film *Whose Side Are You On? (Auf wessen Seite stehst du?)*. Er handelte von Niedergang und Chaos im Nachkriegsamerika; ein heutiger Sprecher kommentierte alte Wochenschaustreifen aus dem Jahr 1945: MacArthur, Außenminister Shigemitsu, die Kapitulation Japans. Weit weg von der dunklen Ecke lehnte der grauhaarige Cleaver gelassen an einer Wand. Zwei oder drei Journalisten traten auf ihn zu. Aber da dieser Vorführmann so einfach gestrickt schien, stellten sie ihm nur oberflächliche Fragen, all jene, die man ihm immer schon gestellt hatte.

Dort stand jedoch eine vielschichtige Persönlichkeit. Mit ein paar simplen Fragen am Rand einer öffentlichen Versammlung ließ sich dieser Mensch nicht enträtseln. Auf die Spur kam man ihm erst bei der Lektüre seines Buches von 1968: *Seele auf Eis*. Und dort – in einem Buch, das anrührender und gehaltvoller war, als ich es in Erinnerung hatte – fand man den vielschichtigen Menschen: mit seinem nie nachlassenden Gefühl für Religion und seinem Interesse an Erlösung (zuerst als Katholik, dann als Black Muslim, dann als Revolutionär); mit seinem Gemeinschaftsbedürfnis, das ihn immer wieder zu einfachen Lösungen greifen ließ, seinem Wissen um das eigene, veränderliche Ich und seinem politischen Scharfsinn.

»Den Eldridge, der ins Gefängnis kam, kannte ich sehr gut, jenen Eldridge aber gibt es nicht mehr. Und der, der ich jetzt bin, ist in vieler Hinsicht ein Unbekannter für mich. Vielleicht ist es nicht einfach für dich, dies zu verstehen, aber für einen Gefängnisinsassen ist es sehr leicht, sein Selbstbewußtsein loszuwerden. Und wenn er alle Arten extremer, verworrener und wilder Veränderungen erfahren hat, ist es nur folgerichtig, daß er nicht mehr weiß, wer er ist. (…)

In diesem Land der Dichotomien und der unvereinbaren Gegensätze hatten diejenigen, die wirklich um das Wiedererstehen schwarzer Amerikaner bemüht sind, ewig mit schwarzen Intellektuellen zu tun, die ihre eigenen Widersprüche geworden waren (…)

In einer Hinsicht sind beide, neue Linke und neue Rechte, aus der Revolution der Neger hervorgegangen. Über dem Bürgerrechtskampf entwickelte sich ein allgemeiner nationaler Konsensus, der den Geist und den moralischen Mut hatte, die Rechtsradikalen zu verabscheuen. Dieser Konsensus, der zwischen einer gewalttätigen Nation und dem Chaos steht, ist Amerikas kostbarster Besitz. Aber da sind die, die ihn verachten.

Fieberhaft hat sich die neue Rechte der Aufgabe gewidmet, diesen Konsensus zu zerfressen und zu zerstören, was durchaus eine konkrete Möglichkeit ist, da die genauen Sachverhalte und Bedingungen, durch die der Konsensus entstand, nicht länger bestehen.«

Aus der »neuen Rechten« von 1968 war die neue Rechte von 1984 geworden, zu der Cleaver nun selbst gehörte. Von dieser neuen Rechten wusste ich nichts, bis ich nach Dallas kam; und was ich da erfuhr, war verwirrend. Es schien, als sei die neue Rechte nicht minder ein Geschöpf moderner Technologie als das klimatisierte Dallas; und als sei ihr Schöpfer, Richard Viguerie, ein ebenso erstaunlicher, mit einer großen Vision ausgestatteter Texaner wie Trammell Crow.

Viguerie verdiente Geld damit, dass er Leute anschrieb und um Spenden bat. Er hatte mehrere konservative Kunden, unter anderem: »Conservative Books for Christian Leaders«, »No Amnesty for Deserters« und die »National Rifle Association« (diese Kostprobe gibt Frances FitzGerald in der *New York Review* vom 19. November 1981). Dann verfiel er auf die Idee, dass man all jene, die nur ein begrenztes oder gar abseitiges konservatives Projekt unterstützten, durchaus dazu bewegen könnte, noch weitere konservative Ziele zu unterstützen, was ihnen doch schließlich zu einem umfassenderen, lohnenderen konservativen Engagement verhelfen würde. Mit Hilfe von Adresslisten, Computer und feiner Witterung spürte er das konservative Kernstück seines Landes auf, und der Computer speicherte die Namen. Und wie Erdöl, das auf Befehl aus den winzigen

Poren des Felses oder gar des schweren grünen texanischen Marmors hervorschießt, schoss nun auf Vigueries Bitten das Geld aus dem Urgestein des konservativen Amerika hervor. Er brachte mehrere Millionen Dollar zusammen. Er war ein gefragter Mann, um den Politiker werben mussten.

Dieser Viguerie war der Star der Pressekonferenz (»Sind Liberale zu weich gegenüber dem Kommunismus?«) im Sheraton-Dallas. Ihn – und nicht Cleaver – wollten die Journalisten sehen und hören. Aber ich wusste nichts von seinem Ruhm. Ich kam mit nichts als meinem Cleaver-Bild im Kopf und einer Nummer des *Conservative Digest* vom Juni 1984. Es war Vigueries Zeitschrift. Ich fand sie inhaltslos. Sie erinnerte an ein Missionarsmagazin; endlos wiederholte sie denselben Gedanken, weswegen sie nicht nur langweilig, sondern auch peinlich war, wenn man ihr intellektuelles Niveau bedachte. In diesem Blatt schien der Name Viguerie mindestens ebenso wichtig zu sein wie die konservative Botschaft.

Es war kaum möglich, dem Namen auszuweichen. Er war der des Herausgebers; die Zeitschrift wurde »publiziert von Viguerie Communications, einer Abteilung der Viguerie Company, geleitet von Generaldirektor Richard A. Viguerie«. Auf der Rückseite des Titelblatts wurde, Foto inklusive, für einen »täglichen Rundfunkkommentar mit Richard A. Viguerie« geworben, und sein Name war siebenmal in der Anzeige vertreten. Im redaktionellen Teil des Blattes fand man einen zweiseitigen Artikel von Richard Viguerie und einen zweiseitigen Brief des Herausgebers Richard Viguerie, auf der letzten Umschlagseite schließlich die Anzeige für ein Buch von Richard Viguerie, in dem er eine Revolution gegen das »elitäre Establishment« und die Geburt einer neuen »populistischen« Partei prophezeite. Laut Anzeige behandelte das Buch *The Establishment vs. the People* unter anderem das Thema »Wie man liberale Rhetorik mit konservativen Ideen verschmilzt«.

An diesem Punkt, denke ich, kam Eldridge ins Spiel.

Über fast alles, was den Parteitag betraf, konnte man eine »Pressemappe« mit mindestens einem fix und fertig geschriebenen Artikel bekommen: über die Mobilfunkanlagen von Southwestern Bell; über die Aktivitäten von AT&T (»mehr als 100 Kilometer Kabel und mehr als 5000 Telefonapparate auf den mehr als 20 000 Quadratmetern des Kongresszentrums, um dem Kommunikations- und Informationsbedürfnis der 4470 Delegierten und ihrer Stellvertreter, der 10 000 bis 15 000 Gäste und 13 000 Journalisten zu entsprechen«); und sogar über die Firma Morrow's Nut House (»seit 1866«), die den Delegierten eine »Shuttle-Mischung« aus Nüssen und Trockenobst anbot – »Shuttle«-Mischung, weil sie zuvor an die Astronauten des Spaceshuttle, der Raumfähre, geliefert worden war.

Am Samstag vor der Eröffnung des Parteitags erschien niemand Geringeres als Carol Morrow, stellvertretende Direktorin von Morrow's Nut House (»mit landesweit mehr als 260 Geschäften«), am Presseeingang, einen Einkaufswagen mit der Shuttle-Mischung (und den Pressemappen) vor sich herschiebend. Es war unglaublich: ein so beiläufiges Zusammentreffen mit einer so großen Dame. Es war, als stünde man urplötzlich vor dem Besitzer von Dunkin' Donuts (sofern es einen gibt), der Probierpäckchen mit seinen Krapfen anbietet.

Der Mann, der mir die Akkreditierungskarten gab (man sollte sie um den Hals hängen; im Kongresssaal und in den Presseräumen hatten alle irgendetwas um den Hals hängen), sagte auf meine Frage: »Oben gibt es mehr Informationsmaterial, als Sie schleppen können.« Und tatsächlich lagen im Pressebüro auf schmalen langen Tischen Tonnen von Papier: Biographien über jeden, der jemand war; Zeitungsartikel über Gott und die Welt; und von Montag an auch Kopien der noch nicht gehaltenen Parteitagsreden. Auf den Fernsehschirmen sah man, was gerade im Saal geschah: Man brauchte gar nicht wirklich dabei zu sein. Ein eifriger Reporter konnte, angesichts der fix und fertig geschriebenen Information und der vielen AT&T-Telefonapparate, seiner Zeitung den lieben langen Tag Artikel durchgeben.

Doch weder Fotos noch Fernsehschirm vermittelten einen echten Eindruck von der Kongresshalle selbst. Die Dimensionen waren umwerfend. Die tief herabhängenden, kreuz und quer verstrebten Stahlträger der Decke erinnerten mich an die Eisenkonstruktionen der Londoner Bahnhöfe Paddington und Waterloo (irgendwo in Dallas wurde neben einem Highway gerade ein Nachbau des Kristallpalastes von 1851 errichtet). Aber alles war überdimensioniert: Ich hatte kein Gefühl für die Größe mehr.

Die Gestalt auf dem Rednerpodium war klein. Doch oberhalb des Podiums an der Rückwand des Saals hing eine große Leinwand; auf ihr sah man ein partielles, knapp unter den Schultern abgeschittenes Bild der Gestalt auf dem Podium, um ein Vielfaches größer als die Wirklichkeit. Kleinere Bildschirme, die an den Deckenträgern hingen, zeigten immer wieder dieselbe Gestalt; Lautsprecher verstärkten die Stimme. Wer den Saal zum ersten Mal betrat, spürte, wie sein Wirklichkeitsgefühl durcheinander geriet; er stand mitten in einem Geschehen, das sich selbst kopierte, vergrößerte und mit Wichtigkeit auflud: als sei hier die Zeit, der flüchtige Augenblick, dehnbar geworden.

Das Bittgebet wurde von einem Rabbi gesprochen; und die Frömmigkeit schien untadelig. Über der Veranstaltung mit ihrer Vergrößerung des Menschen lag etwas wie Religion. Religion nicht als stille Betrachtung oder persönliches Erleben des Göttlichen; sondern Religion als die Quintessenz einer Kultur, als das verbindliche, über die Brüderlichkeit hinausgehende konkrete Bedürfnis. Nur deswegen, und nicht wegen politischer Debatten, waren die Menschen nach Dallas gekommen. Dimensionen, Stimmung und surreale Umgebung erinnerten mich an eine der muslimischen Missionsidee gewidmete Versammlung, die ich im pakistanischen Pandschab auf einem riesigen, mit Zelttuch überspannten Gelände, in einem Konstrukt aus Bambusstangen und Baumwollbahnen gesehen hatte. In Dallas hätte ich es kaum überraschend gefunden, wenn überall geschäftige, gottesfürchtige Helfer umhergelaufen wären, um Süßigkeiten oder heilige Symbolspeisen zu verteilen.

Der Fernsehschirm gab die Veranstaltung nicht lebensecht wieder. Im Saal hingegen war man gezwungen, sich sozusagen die Kinoversion anzuschauen, denn ein Teil des Geschehens spielte sich nur auf der Leinwand ab. Bevor Jeanne Kirkpatrick sprach, lief ein kurzer Film über Jeanne Kirkpatrick. Darin wurde sie von Reagan persönlich als Frau vom Format einer Golda Meir oder Margret Thatcher vorgestellt. Und diese feministische Perspektive kam nicht überraschend; die Presse hatte pflichtschuldigst berichtet, für den Abend hätten die Republikaner einen Beitrag zur »Kluft zwischen den Geschlechtern« geplant.

Der Film war zu Ende; die Band spielte; die Delegierten brüllten durcheinander und applaudierten. Der Applaus war rhythmisch und ekstatisch, wie bei der Massenpredigt eines Evangelisten. Die Plakate – WIR WOLLEN JEANNE, WIR LIEBEN JEANNE –, die freiwillige Helfer gemalt und andere auf den Fußboden unterhalb der Delegiertenplätze gestellt hatten, wurden für die Fernsehkameras hochgehalten und geschwenkt: eine Fortsetzung des verwirrenden Wechselspiels zwischen Kino und Wirklichkeit, zwischen dem miterlebten realen Ereignis und seiner vergrößerten Filmaufnahme.

Der Text der Rede lag vor; aber die Rede selbst ging erheblich über den Text hinaus. Gehalten wurde sie von einer Person mit Sprachgefühl, und sie war die einzige Parteitagsrede, die trotz ihrer Vereinfachungen einen echten Verstand, einen mehr als politischen Verstand, in Aktion zeigte. Sie befasste sich mit der Notwendigkeit, gegenüber den Russen und ihren Verbündeten hart zu bleiben. Arglistig wurde das Thema verwoben mit einem Spottrefrain über die Amerikaner aus dem anderen politischen Lager: »Doch immer geben sie die Schuld Amerika« – und dieser Refrain gewann durch seine ständige Wiederholung die Durchschlagskraft (und den Rhythmus) von Marc Antons »Doch Brutus ist ein ehrenwerter Mann«. Die Rede wurde mit Begeisterungsstürmen aufgenommen; ein fantastisches Foto der *New York Times* zeigte am nächsten Tag Mrs Kirkpatrick auf dem Höhepunkt ihres Erfolges, strahlend und in Hochstimmung.

Danach lief in der Kongresshalle alles wie von selbst. Ein berühmter schwarzer Footballspieler trat auf und stellte ein paar Olympiasportler vor. Dieser Auftritt war nicht Teil des offiziellen Programms, sondern ein nachträglicher Einfall; angekündigt wurde der Spieler mit Verweis auf seine Größe (etwa ein Meter neunzig) und sein Gewicht (das ich mir nicht notiert habe). Danach kamen die Politiker, Prominente. Aber trotz Musik und Applaus und Plakaten schienen alle ein und dieselbe Rede zu halten, im selben Ton und mit denselben nichts sagenden Worten.

Howard Baker: Was hat es uns beschert, das Gespann Carter-Mondale? Eine zweistellige Inflationsrate, einen Zinssatz von 21 Prozent, einen Punchingball anstelle von Außenpolitik und den Armutsindex.

Katherine Ortega: Wie weit haben wir es schon gebracht, seit den Jahren von Carter und Mondale mit ihrer zweistelligen Inflationsrate, dem Zinssatz von 21 Prozent und der wirtschaftlichen Armut?

Margaret Heckler: Wir stehen an einem wichtigen Scheideweg. Wir haben die Wahl zwischen Stagnation und Wachstum, die Wahl zwischen leeren Versprechungen und reeller Leistung.

Baker: Amerika wählt in diesem Jahr nicht nur zwischen Ronald Reagan und Walter Mondale. Es wählt zwischen einem Team, das nachweislich Erfolg hat, und einem Team, das nachweislich keinen hat.

Heckler: Die Wahl fällt mir nicht schwer. Bei Ronald Reagan finde ich jene spezifisch amerikanische Gottesfürchtigkeit, deretwegen meine irischen Eltern in dieses Land gekommen sind.

Ortega: Liebe amerikanische Mitbürger, auf der Dollarmünze der Vereinigten Staaten prangt der Kopf, das Profil, der Freiheitsstatue; ihren hundertsten Geburtstag feiern wir 1986, genau in der Mitte von Ronald Reagans zweiter Amtszeit.

Vielleicht spielte es, so wie die Veranstaltung angelegt war – zelebriert wie eine Stammesreligion –, keine Rolle, was gesagt wurde. (Auch bei den Hindus reicht es, wenn ein heiliger Mann nur *darshan* darbietet, den Anblick seiner Person). Aber diese unpersönlichen, gleichförmigen Reden gaben für einen Redner kaum etwas her. Das Englische wird ja, ebenso wie andere lebende Literatursprachen, durch Binnenverweise beständig nuancenreicher. Man kann es kaum sprechen, ohne Anspielungen zu machen, ohne wissentlich oder unwissentlich auf einen Shakespeare-Satz oder die King-James-Bibel oder irgendeinen der vielen Dichter, Komödienautoren, Filmemacher, Historiker oder Staatsmänner zu verweisen. In einer Rede während des Krieges zitierte Churchill eine Verszeile des frühviktorianischen Dichters Clough: »But westward look, the land is bright.« (»Nach Westen schau, das Land ist hell.«) Bald schon war Clough in Churchill aufgegangen; und die mittlerweile berühmten, aber Churchill zugeschriebenen Worte können in vielfältiger (heute vielleicht vor allem ironischer) Weise verwendet oder verdreht werden. Selbst Mrs Thatcher bringt es zu einem effektvollen Wortspiel, wenn sie den Titel eines Bühnenstücks (von Christopher Fry, der in ihrer Jugendzeit berühmt war) folgendermaßen verfremdet: »The lady's not for turning« – statt »for burning« (»Die Dame ist nicht fürs Umkehren«, statt »fürs Feuer«).

Nichts davon in der Sprache von Baker, Heckler oder Ortega. Dieselbe Ausdrucksweise (oder fast), derselbe Ton, dieselbe Persönlichkeit (oder Nichtpersönlichkeit), dieselbe Sprache: anspielungsfrei, gesäubert, steril; kraftlos und nichts sagend; Computersprache, hier und da auf Leidenschaftlichkeit programmiert, aber nirgendwo mehr als die Sprachgewandtheit eines Werbetexters – ganz als gäbe es im Innersten dieser riesigen Veranstaltung mit ihrer Menschen-Vergrößerung einen Hohlraum, eine Leere.

Ich erfuhr noch einiges über den schwarzen Footballspieler, der nach Mrs Kirkpatrick auf das Podium kam. Er hieß Roosevelt Grier. Er war eine »Fernsehgröße«, eine »Berühmtheit«. Nach dem Football hatte er sich ausgerechnet die Näherei ausgesucht. Aber politisch war er damals noch im anderen Lager. Es hieß, er sei mit Robert Kennedy zusammen gewesen, als dieser ermordet wurde. Daher war sein Auftritt vor den Republikanern eine Sensation; das erklärte, so schien mir, warum er so ungeschickt begonnen hatte.

Nach den Reden der Politiker wollte ich mir gern noch einmal anschauen, was der Footballspieler gesagt hatte. Ich ging also (da ich, faul geworden durch die vielen Informationsangebote, nichts notiert hatte) ins Pressebüro, als sei es ein Himmel, wo alles aufgezeichnet ist.

Lächelnd fragte die junge Frau: »Welche Rede?«

Von allen anderen Reden gab es Papierstapel noch und noch (in unterschiedlicher Höhe), nichts jedoch über Grier oder von ihm. Er war nachträglich ins Programm aufgenommen worden.

»Dann wird wohl morgen etwas in der Presse stehen«, sagte ich.

»Das bezweifle ich«, erwiderte sie.

Tatsächlich war nichts zu finden; in einer einzigen Lokalzeitung wurde Grier erwähnt, aber ohne den Wortlaut seiner Rede. Die beflissenen, folgsamen Journalisten wussten, was sie auszulassen hatten.

Am nächsten Tag erschien Gerald Ford, der 38. Präsident der Vereinigten Staaten, auf dem Parteitag. In der Presse wimmelte es von halb bewundernden, halb mürrischen Artikeln über die riesigen Summen, die er mit einundsiebzig Jahren verdiente – zusätzlich zu seiner Präsidentenpension in Höhe von hunderttausend Dollar. Aber Ford war bei der Rechten in Ungnade gefallen, und deshalb hatte (einem weiteren Artikel zufolge) das nationalkonservative politische Aktionskomitee NCPAC im Rahmen seines Projekts »Amerikas Helden für Reagan« ausgerechnet diesen Tag für seine große »Texas-Gala« zur Beschaffung von Geldmitteln gewählt. Das Galadiner, bei dem ein Einzelgedeck tausend Dollar kostete (die zugelassenen Presseleute wurden allerdings gratis verköstigt), sollte etwa 45 Kilometer außerhalb von Dallas, auf der Circle T-Ranch von Nelson Bunker Hunt, stattfinden.

Bunker Hunt – dieser Name war fast unwiderstehlich. Der Mann, der versucht hatte, den Silbermarkt aufzukaufen; der Mann, der astronomische Summen in Sojabohnen und Rennpferde investierte; der Mann, der von seinem Vater eine Milliarde Erdöldollar geerbt und daraus zwei Milliarden gemacht hatte; der Mann, dessen Reichtum – wie auch der seiner Geschwister – sich eigentlich jeder Vorstellung entzog.

Andrew, ein junger Schriftsteller aus New Jersey, hatte mich unter seine Fittiche genommen. Nach Dallas war er mit einem alten Auto gekommen, das er für 650 Dollar gekauft hatte; und in diesem – nicht klimatisierten – Auto fuhren wir morgens um etwa halb sieben Uhr aus Dallas, bei annähernd 40 Grad Celsius auf dem Highway, in eine feuerrote Sonne hinein, zusammen mit vielen anderen, die gleichfalls in die vor den Toren der Stadt gelegene Landschaft strebten. Von Landschaft konnte eigentlich gar keine Rede sein. Der Flughafen Dallas-Fort Worth ist einer der größten der Welt, und immer wieder stießen die Flugzeuge, schwarze Rauchwolken hinter sich herziehend, eins nach dem andern und vielleicht sogar in zwei Reihen nebeneinander, aus dem heißen ockerfarbenen Himmel in unser Blickfeld hinab, wo dann mit einem Mal ihre Scheinwerfer aufblitzten. Auf dem Highway zischte der Strom der Pendler, um uns herum dröhnte der Himmel.

In seinem Nordstaatler-Überschwang hatte Andrew gemeint, es gebe eine eigene Ausfahrt zur Ranch. Tatsächlich wäre das grandios gewesen. Aber es traf nicht zu. Man musste lediglich nach links abbiegen, ein Verkehrspolizist stoppte den Gegenverkehr. Das Gras war leuchtend grün, was bei der Hitze verwunderte; das Gatter war weiß gestrichen. Gleich dahinter warteten die ersten Helfer (und die erste Kette der

Wachschutzleute): junge Männer in schwarzer Hose und weißem Hemd, manche mit schwarzer oder weißer Baseballmütze.

In der Ferne stand ein großes weißes Zelt; wir fuhren darauf zu. Die niedrigen, in regelmäßigen Abständen gepflanzten Bäume erinnerten eher an eine Obstfarm als an einen Landschaftspark. Unweit des Zeltes hielten wir an und stiegen aus dem Auto. Bei diesem Galadiner gab es einen »Parkservice« – bei einem Gedeckpreis von tausend Dollar musste man das schon bieten. Junge Männer in schwarzer Hose und weißem Hemd fuhren die Autos der Besucher zum weiter entfernten Parkplatz; dann kamen sie zurückgerannt – ja, gerannt, als gehörte das zu der netten Geste hinzu.

Wir wurden kontrolliert; wir hängten uns den Presseausweis um den Hals; die jungen NCPAC-Ordner (ihr Autoritäts-Abzeichen war mit einer Art Klebefolie an die Brusttasche ihres Hemdes geheftet) ließen uns nicht aus den Augen. Und die Gala? Ein Cowboy, der auf einem Schimmel thronte, lächelte unverwandt und ziellos ins Publikum hinein und schwang ein kleines Lasso im Kreis auf und ab. Ein Cowgirl saß rittlings auf einem anderen Pferd. Zwischen den Gästen spazierten mehrere Barmädchen und Revolverhelden umher, die an Westernfilme erinnern sollten. Auf einem zahmen Langhornochsen saßen Leute und wurden fotografiert. Aus einem offenen Zelt hörte man Instrumente und Gesang im Stil der Countrymusic. Es gab Stände mit texanischen und mexikanischen Speisen. Im Freien wurde ein großes Stück Rindfleisch gegrillt, das Fett tropfte in eine lange schwarze Pfanne, die auf dem grünen Gras stand. Mit einer Postkutsche konnte man kleine Fahrten machen; es war eine nachgebaute Kutsche, keine echte, antike. Anderswo hatte man, allerdings ohne Pferd, einen Planwagen abgestellt, der sichtlich alt und echt war. Außerdem waren unter den Gästen drei oder vier Indianer in vollem Federschmuck, die darauf warteten, fotografiert zu werden.

Wir waren in Texas, in Temperaturen und einer Landschaft, die Bewunderung für die ersten Siedler weckten. Wie hoch lag das Durchschnittstempo einer Postkutsche? Zehn Kilometer, dreizehn oder vierzehn Kilometer? In den siebziger Jahren des neunzehnten Jahrhunderts kam dann die Eisenbahn – fuhr sie fünfundzwanzig Stundenkilometer? Doch der Westen, den diese Gala präsentierte, entbehrte jeder Verherrlichung der Vergangenheit. Er wirkte eher »produziert«; und nach Angaben der vom NCPAC verteilten obligaten Presseinformation war er es tatsächlich: inszeniert nämlich von einer einschlägig spezialisierten und äußerst erfolgreichen Firma (über die auf einem zusätzlichen, randvoll bedruckten Zettel informiert wurde). Kino und Fernsehen hatten die Vergangenheit aufgesogen; die Gala war für Leute da, die vielleicht nicht nur den Western mochten, sondern auch die Vorstellung, dass sie, als Patrioten, den Western mochten. Und nun wurde diese Kinofassung des amerikanischen Westens ihrerseits fürs Fernsehen gefilmt: Show in der Show. Von Zeit zu Zeit wurde ein roter Kran mit einer Fernsehkamera ausgefahren, der sich hoch über uns gegen einen prachtvollen Sonnenuntergang abhob. Am Himmel flogen schwerelose Flugzeuge; jemand meinte, es könnten weitere Galagäste sein.

Auf der anderen Seite, weit weg von rotem Kran und Fernsehkamera, Gala und weißem Zelt, lag das Wohnhaus der Ranch: auf einer kleinen Bodenerhebung, umstanden von Bäumen. Es wirkte bescheiden. Aus diesem bescheiden wirkenden Haus kam jetzt Nelson Bunker Hunt mit seiner Frau, vor ihnen ein Fernsehteam und mehrere Schaulustige (vielleicht mehr als Galagäste: etwa politische Freunde oder auch Leute, die Zugang zum engeren Kreis hatten). Das Fernsehteam – Kameramann, Tontechniker und Reporter, die sich im Krebsgang rückwärts bewegten – nötigte dem Zug eine gemessene, würdevolle Gangart auf. Als die Galagäste merkten, was sich dort tat, gab es ein unwillkürliches Ah! des Erstaunens, wie beim Auftritt eines Heiligen oder einer königlichen Person. Tatsächlich war Nelson Bunker Hunt dank seiner Familie, seines

Reichtums und seiner Abenteuer so etwas wie eine Märchengestalt geworden; in unserer Welt gab es niemanden, der sich so ganz mit ihm vergleichen ließ. Und da war er nun selbst, in seiner privaten Umgebung, engagiert für eine Sache, die er gut und gottgefällig fand, und halb unser Gastgeber.

Was er dem Fernsehreporter sagte, konnte man kaum verstehen. Er sprach mit sanfter Stimme; manche Worte schien er fast zu zerkauen; ich schnappte nur zwei- oder dreimal das Wort »konservativ« auf. Er schien sich erfreut über den Erfolg des Projekts zu äußern.

Im »Selbstporträt«-Fragebogen, den er für die *Dallas Morning News* ausgefüllt hatte, gab er »Überfressen« als seine schlechteste Gewohnheit an (offenbar aß er liebend gern Eiskrem); aber er war erheblich weniger dick als auf den Fotos, die die Londoner Blätter zur Zeit seines »Coups« auf dem Silbermarkt abgedruckt hatten. Blau hatte er als seine Lieblingsfarbe angegeben, und nun trug er tatsächlich ein hellblaues Hemd mit einer Lederriemenkrawatte, die kaum stärker war als ein Schnürsenkel, und am oberen Hemdknopf saß anstelle des Knotens ein Silberdollar, der irgendwie durch den Riemen gehalten wurde – vielleicht eine scherzhafte Anspielung auf den Silbercoup. Beim Sprechen deutete er ein Lächeln an. Seine Frau, die neben ihm winzig wirkte, lächelte unentwegt; es schien, als lächele sie aus reiner Freude über das festliche Ereignis – die Gala, die Gäste, das politische Projekt. Sie trug eine Hufeisenbrosche aus Diamanten – ein Hauch von Extravaganz, fast ein kleiner Scherz (wie der Silberdollar ihres Ehemannes) –, die zusammen mit ihrem Lächeln so etwas wie ein Geschenk an uns, ihre Gäste, zu sein schien.

Und so bewegten sie sich, mitsamt ihrem Pressetross, vorwärts – vorbei an den indianischen Kriegern aus Oklahoma mit ihrem leuchtenden Federschmuck (Häuptling Blue Hail samt Anhang) und vorbei an der nachgebauten Postkutsche und dem zahmen Langhornrind: Mr und Mrs Bunker Hunt, Leutseligkeit und Gemeinsinn demonstrierend, Repräsentanten von Geld und Glück und Öl und Land und Arbeit und Lohn und

Gott und guten alten Sitten, Inkarnation und extrem vereinfachte Form jener vielschichtigen amerikanischen Tugend, die mit Grill und Gala verherrlicht und verteidigt werden sollte.

Wir wurden zu Tisch gerufen. Mit Glöckchen? Peitschenknallen? Ich weiß es nicht mehr: Aber das Signal war etwas für den Westen Typisches, etwas Ungewöhnliches und Teil des Volkstheaters dieser kostspieligen Veranstaltung. Das riesige Zelt für annähernd zweitausend Personen hatte – kaum zu glauben! – eine Klimaanlage; die fünfhundert Tonnen schweren Gerätschaften stammten von der Firma Mobile Air of Houston, die auch Kühler für Erdölraffinerien lieferte. Im Handumdrehen servierte man die ungefähr 1700 Abendessen (»arrangiert von der Speisedesignerin Dorothy Berry aus Dallas«).

Den Segen sprach Jerry Falwell, der fundamentalistische Baptistenprediger, der religiöse Star der Rechten, der am folgenden Tag beim Parteikongress, nach der Vorstellung von Mrs Reagan, den Segen sprechen sollte. Noch am frühen Abend hatte Falwell rittlings auf dem Langhornrind für die Kameras posiert. Jetzt, auf dem Podium des Zeltes im Licht der Scheinwerfer und vor laufenden Fernsehkameras, drückte er der Gala, auf deren amerikanischen Geist er sich eingelassen hatte, den Stempel seiner Religiosität auf. Er wandte sich direkt an Gott: »Dir, Herr, ist dieser Abend geweiht.« Auf das »Amen« folgte texanisches Freudengebrüll, das aber keineswegs als Sakrileg gemeint war. Diese Männer stellten sich in echter Demut (nicht der bedeutungslosen Demut des Besiegten, sondern der großartigen Demut des Siegers) auf die Seite Gottes und geißelten alles Gottlose, alles, was Veranstaltungen wie diese bedrohen könnte.

Und die Tugend belohnte sich selbst. Der Mann, der Bunker Hunt aufs Podium hinaufhalf, nutzte die Gelegenheit zu der Mitteilung, die Gala habe 1650 zahlende Gäste angelockt – und nicht nur die etwa vierhundert, mit denen er und das NCPAC anfangs gerechnet hatten. Nach Abzug der Unkosten hätten die im Zelt versammelten Gäste an diesem Abend mehr als eine Million Dollar für das Projekt »Amerikas Helden für Reagan« gespendet.

Die Summe war überwältigend. Ein Fotograf mittleren Alters an unserem Pressetisch wurde ganz aufgeregt. Er war ohne Freund oder Kollegen gekommen und musste unbedingt mit jemandem sprechen. Über den dunklen Tisch hinweg sagte er: »Ich hab ein Foto von Jerry Falwell auf dem Langhornrind. Nie hätte ich gedacht, dass ich so was in den Kasten kriege. Auch von Bunker hab ich eins. Als er übers Gras ging, sah er eine Gabel auf dem Boden liegen und *bückte sich.* Er bückte sich und hob die Gabel auf, steckte sie in die Tasche und sagte: ›So spart man Geld.‹«

Ein flüchtige Begegnung mit dem Großen Mann, und schon wird die Geschichte zum Märchen.

In dieser Atmosphäre des Erfolges und der kollektiven Selbstbeglückwünschung flimmerte dann der vom NCPAC produzierte Film »Ronald Reagans Amerika« über die Leinwand. Von unserem Pressetisch aus sahen wir ihn nur von hinten. Man hatte die Leinwand genau vor uns aufgebaut und uns damit von den reichen Eine-Million-Dollar-Pinkeln abgetrennt.

Der Film begann mit Aufnahmen von John Wayne. Er präsentierte ihn als große amerikanische Persönlichkeit, fast als historische Gestalt – während er doch nur ein Schauspieler der Gegenwart war. Die Botschaft lautete, alle Amerikaner, die eine positive Lebenseinstellung mitbrächten, ihre Arbeit machten und ihrem Land dienten, seien Helden, wie Wayne einer war. Unterschwellig aber hieß sie, Wayne sei in Reagan wieder auferstanden. Die Schauspielerkarriere, die in Reagans politischer Anfangszeit vielleicht eher peinlich war, schlug jetzt zu seinen Gunsten aus. Amerikanismus war zum Hauptziel der Konservativen geworden; und die verständlichste, idealste und gefühlsseligste – bei Projekten der Rechten unverzichtbare! – Form dieses Amerikanismus waren nun mal die Comics (etwa »The Justice Society of America« mit seinem Team aus bekannten Superhelden) und das Unterhaltungskino.

So viel Reichtum und Macht, so viel Wissenschaft und Organisation: Selbst für die einmalige Darbietung der Texas-Gala machte man verschwenderischen Gebrauch von ihnen. Und so viel Geglitzer auf dem Rückweg nach Dallas. Aber je größer der Erfolg und die Verheißung, desto schmerzlicher der Gedanke, dass alles auf irgendeine Weise zu Ende gehen könnte. Über diesen Gedanken der Bedrohung – die Kehrseite der konservativen Gefühlsseligkeit – sprach Ed Jenkins am nächsten Morgen im NCPAC-Raum des Sheraton-Dallas.

Ich war mit Andrew gekommen. Wir sprachen Ed Jenkins an, weil er zu dieser frühen Stunde hier der einzige ranghöhere Parteimann war. Er reagierte herzlich, offen und hilfsbereit. Er verließ seine mit Stapeln voll bepackte Büchertheke und setzte sich mit uns an einen runden Tisch. Auf meine nervöse Bitte hin stellte er sogar »Ronald Reagans Amerika« leiser – offenbar lief dieser Film pausenlos neben dem Rednerpult weiter, vielleicht, um Publikum anzulocken.

Ed Jenkins war zweiunddreißig Jahre alt. Er arbeitete ganztägig bei der Conservative Alliance, einer der Gruppen innerhalb des NCPAC. Dessen Vorstandsvorsitzender war zugleich Bundesvorsitzender der Conservative Alliance. Die Letztere hatte ein Projekt namens »Nationale Koalition für Amerikas Überleben« gestartet, in dessen Rahmen es ein Sonderprogramm zur Frage der Menschenrechte gab. Mit diesem Programm hatte Ed Jenkins hauptsächlich zu tun; den »Grundgedanken« beschrieb eine Pressemappe so: »Die Regierung der Vereinigten Staaten muss endlich aufhören, den Sowjets und anderen kommunistischen Regierungen die Technologie, die Anerkennung, das Geld und die Sicherheit zu verschaffen, die es ihnen gestatten, weiter Menschenrechte zu verletzen und andere Verbrechen gegen Gott und die Menschheit zu verüben.«

Über die Conservative Alliance sagte Ed Jenkins: »Unser oberstes Ziel ist es, dem Kommunismus entgegenzutreten. *Und* ihn rückgängig zu machen. Nach unserer Ansicht darf es ihn nicht geben. Die ganze Welt müsste so frei sein wie wir.« Große Sorge bereite ihnen zumal die Lieferung von Hochtechnologie an Russland.

Begonnen hatte die Bewegung allerdings auf einfacherem Niveau, eigentlich mit der Innenpolitik. »Vor sieben Jahren wurde sie aus der Taufe gehoben. Damals hieß sie ›Conservatives Against Liberal Legislation‹. In diesem Jahr hat man den Namen geändert. Gegründet wurde sie als Protestbewegung gegen das Durchboxen der liberalen Gesetze.« Mit diesen Gesetzen meinte Jenkins vor allem das so genannte »busing«, den Fahrdienst für Schüler, mit dem eine gleichmäßigere Rassenverteilung in den Schulen erreicht werden sollte. »Das Volk der Vereinigten Staaten wollte diesen Fahrdienst nicht.« Er habe viele Familien in Nöte gebracht. Ed Jenkins selbst hatte eine Schwester, die – obgleich sie mittlerweile anderthalb Autostunden von der Stadt entfernt wohnte, in der ihr Mann arbeitete – noch immer mit Schrecken an das »busing« dachte.

»Diese Menschen haben sich von ihrer Regierung abgewandt. Ohne es zu wissen, gaben sie den Anstoß zu der ganzen Bewegung. Ich weiß noch, dass ich damals auf eine Privatschule ging, und erinnere mich, wie verzweifelt manche Eltern waren; sie versuchten, davon wegzukommen.«

Ich glaube nicht, dass Andrew ein Konservativer war. Aber als Ed Jenkins vom »busing« sprach – so weit weg vom Thema Menschenrechte und Überleben der Nation und Russland, doch die Logik der politischen Entwicklung war unübersehbar, zumal für einen Idealisten, der vielleicht weder die rassistische Trommel rühren noch gar rassistische Leidenschaften anerkennen wollte –, als Jenkins sprach, sah ich, dass Andrew, der distanzierte Schriftsteller und ehemalige Universitätsstudent, mit Anteilnahme und Betroffenheit reagierte. Andrew aus New Jersey verstand genau, wovon Ed Jenkins redete.

Wegen des »busing«, so fuhr dieser fort, hätten die Leute nach und nach ihre Kinder auf kirchliche Schulen geschickt. Durch das »busing« sei der religiöse Fundamentalismus gesellschaftsfähig geworden.

Das war, sechzehn Jahre später, eine überraschende Bestätigung der Sätze, die Eldridge Cleaver in *Seele auf Eis* geschrieben hatte: »Über dem Bürgerrechtskampf entwickelte sich ein allgemeiner nationaler Konsensus (...) Fieberhaft hat sich die neue Rechte der Aufgabe gewidmet, diesen Konsensus zu zerfressen und zu zerstören, was durchaus eine konkrete Möglichkeit ist, da die genauen Sachverhalte und Bedingungen, durch die der Konsensus entstand, nicht länger bestehen.«

Ed Jenkins fuhr fort: »Ich muss dazu sagen, dass die Fundamentalisten in den Jahren davor unpolitisch waren. Niemand hielt sie für eine wichtige Kraft in diesem Land. Aber man muss auch sehen, dass die neue Rechte nicht bloß eine fundamentalistische Bewegung ist. Sie steht für das *ganze* Volk. Die fundamentalistische Bewegung ist ein bedeutender Teil von ihr. Ich bin kein Fundamentalist; doch ich habe großen Respekt davor.

Ich komme aus der Episkopalkirche. Sie ist eine der Großkirchen in den Vereinigten Staaten, aber ich bin ausgetreten. Ich bin ausgetreten, weil ich dort nie was von Religion gehört habe. Ich hörte nur, wie unser Pfarrer gegen die Regierung vom Leder zog und gegen die Ungerechtigkeit in unserer Gesellschaft und gegen Vietnam. Er erzählte uns, die Vereinigten Staaten wären eine imperialistische Macht und unsere Soldaten brächten Frauen und Kinder um. Damals hatte ich drei Schwäger in Vietnam – zwei kamen nicht zurück.

Die Veränderung war dramatisch und doch unmerklich. Ich glaube, der Liberalismus, dem Amerika in den späten sechziger und frühen siebziger Jahren huldigte, hat die Machtbasis der heutigen Rechten geschaffen.

Wie gesagt, aus der Kirche ausgetreten bin ich, weil mein Pfarrer der Meinung war, aus der Religion müsse eine soziale Bewegung werden. Diese Großkirchen – wie die Episkopalen – wurden damals zu einem Teil der Regierung. Wenn eine fundamentalistische Kirche in irgendetwas Politisches hineingeriet, dann wurde sie als ein Haufen von Schwachköpfen beschimpft. Aber wenn eine Großkirche – für unser Geld –

Geistliche nach Selma in Alabama schickte, die dort in gewalttätige Konflikte hineingerieten, dann war das ein soziales Anliegen und kein politisches.«

Und nun begann Ed Jenkins, ohne dass Andrew oder ich ihn dazu veranlasst hätten, von seiner Familie zu erzählen. Das lag einerseits an seiner offenen Art. Andererseits war es eine Reaktion auf das Interesse, das wir ihm entgegenbrachten.

»Mein Vater war sehr konservativ. Er ist in Akron im Staat Ohio aufgewachsen. Er stammt aus einer sehr armen Familie, Iren und Waliser. Auf der Seite meiner Mutter sind irgendwo deutsche und holländische Vorfahren. Wahrscheinlich war mein Vater der typische Amerikaner. Er kämpfte sich durch Oberschule und Universität durch und hatte fast immer drei Jobs. Er studierte Journalismus, weil er sich Medizin nicht leisten konnte. Aber dann hat er es doch noch getan und ist Arzt geworden. So mit sieben-, acht- oder neunundzwanzig. Er hat mit nichts angefangen. Mit siebenundfünfzig starb er an Überarbeitung. Aber er hatte zwei Sachen geschafft, die er schaffen wollte. Erstens war er nicht nur Arzt geworden, sondern so gut gewesen, wie er irgend konnte. Und zweitens hatte er dafür gesorgt, dass seine Kinder nicht mehr durchmachen mussten, was er durchmachte. Er erzählte mir oft, wenn seine Mutter dabei war, dass sie sich in seiner Kindheit vielleicht einmal pro Woche gesehen hätten – obwohl er Einzelkind war. Weil sie in Armut lebten, war mein Vater – ich würde nicht sagen, unterernährt – aber er kriegte nicht genug Vitamine, nicht die Nährstoffe, die er brauchte, und deshalb war er sein Leben lang schwächlich und sehr klein.«

Ed Jenkins war nicht schwächlich; aber von der kleinen Statur hatte er etwas geerbt.

Andrew, der zum Teil russischer Herkunft war, wollte wissen: »Und Ihr Großvater?«

»Fabrikarbeiter. Wenn er Arbeit bekam. Mein Großvater spielte in der ersten Footballmannschaft Amerikas. Er starb bettelarm. Die Leute in den frühen Mannschaften kriegten kaum Geld. Meine Großmutter konnte sich gut erinnern, wie begeistert sie war – noch ganz am Anfang –, weil es ein Meisterschaftsspiel gab und jeder Spieler der Siegermannschaft *fünf* Dollar bekommen sollte.«

Einerseits war es eine Geschichte über Entbehrung in einem Land des Überflusses; in vielen Ländern hätte sie Zorn und Wut ausgelöst. Andererseits war es eine Geschichte vom sozialen Aufstieg: Großvater Fabrikarbeiter, Vater Arzt. Und genauso sah es Ed Jenkins. »Ich hab's mit der Muttermilch eingesogen: Jeder kann schaffen, was immer er will; wenn Wunsch und Wille da sind, kann ihn nichts hindern. Gerade das war ja so schön an Amerika. Ich weiß noch, wie Nachbarskinder irgendwas angestellt hatten und dann verprügelt wurden. Bei uns zu Hause war das Schlimmste, was man tun konnte: *es nicht so gut machen, wie wir können*, egal, ob's um Rasenschneiden oder Studieren ging.«

»Sind Sie dann auch verprügelt worden?«, fragte Andrew.

»Ja.«

»Wann ist Ihr Vater gestorben?«, fragte ich.

»1967, kurz bevor ich sechzehn wurde. Mein Vater war gegen das, was die Regierung machte. Nach seiner Ansicht errichtete sie einen Wohlfahrtsstaat, und das war, wie er sagte, nur ein milder Ausdruck für ›Sozialismus‹. Obendrein fand er sie zu nachgiebig gegenüber den Kommunisten. Er war überzeugt, dass die Kommunisten sich die gesamte Welt unterwerfen wollten. Er war Goldwater-Republikaner, bis er zum Parteitag fuhr. Ich fuhr mit ihm hin, damals war ich zwölf.«

So lernte Ed Jenkins schon früh die offizielle Politik kennen; und nicht nur sie, sondern – gerade weil seine Familie Erfolg hatte – auch den Gedanken der Bedrohung, der Instabilität (weil neue Schrecken die alten ersetzten), den Gedanken, dass einem die Welt, derer man sich gerade bemächtigt hat, gleich wieder genommen wird.

»Mir schien, als zerstörte die Regierung das ganze Gebäude Amerikas, alles, was Amerikas Größe ausmacht.«

Aber wann war das, diese gute Zeit, diese Periode der Sicherheit?

»Hin und wieder werde ich gefragt, wer der letzte große Präsident gewesen ist. Manche sagen: Kennedy. Ich finde das nicht. Auf die Gefahr hin, borniert zu wirken, sage ich: Teddy Roosevelt. Er war ein Kämpfertyp, unbeugsam. Er hat sozusagen ständig für Amerika geworben. Amerika war das großartigste Land der Welt, und er wollte alles tun, um das zu beweisen. Er besaß genau die Eigenschaft, zu der ich erzogen worden bin: dass man alles macht, so gut man irgend kann, egal, was es ist. Und eines kann man bestimmt sagen von Teddy: Wenn er etwas anpackte, dann tat er es mit Begeisterung, mit Liebe zum Leben. Er *liebte* das Leben. Und er liebte Amerika.«

Eigentlich wollte Ed Jenkins nur ein Jahr bei der Conservative Alliance arbeiten; nun waren es schon vier Jahre. Es war ein finanzielles Opfer, aber er hielt es für richtig und notwendig: »Mein Vater hat sich um *seine* Kinder gesorgt, ich sorge mich um *meine.*«

Später sagte Andrew, der von Ed Jenkins stärker beeindruckt war, als er es vorausgeahnt hätte: »Diese Geschichte über Armut und Daseinskampf erzählen viele Leute, die zur Rechten gehören.«

Er lag ganz richtig. Am selben Abend ging es in zwei Parteitagsreden um frühe Armut. Senator Domenici erzählte von seinem armen Vater und dessen Lebensmittelladen in New Mexico. Der schwarze Baptistenpfarrer Hill erzählte, wie er 1947 in Dallas im Schweinestall geschlafen hätte. Mit Bitterkeit wurde registriert, dass die Schweinestallrede von den Sendern nicht übernommen wurde. Sie wäre politisch sehr wirkungsvoll gewesen.

Unter den Parteitags-Publikationen war auch eine Liste mit den (aus verschiedenen Quellen zusammengetragenen) Äußerungen, die beide Präsidentschaftskandidaten zu verschiedenen Problemen – Abtreibung, Homosexualität, Frauenrechte, Pädophilie, Pornographie, Atomstopp, Beten in der Schule – angeblich von sich gegeben hatten. Da all diesen Problemen eine »biblische« Dimension zugeschrieben wurde, erwies sich jedes als bloße Facette des einen großen Problems von Gut und Böse und erforderte lediglich einen bestimmten religiösen Glauben.

Auf dieser Liste schnitt Reagan gar nicht so schlecht ab. Bevor er Präsident wurde, hatte ihn einmal ein Reporter gefragt: »Governor, wen haben Sie sich zum Vorbild genommen?« Reagan erwiderte: »Ach, das lässt sich leicht beantworten. Den Mann aus –« Nach all den Aufnahmen von John Wayne in »Ronald Reagans Amerika« und nach der Würdigung von Reagans Kinovergangenheit hätte man erwartet: »Den Mann aus Laramie.« Stattdessen sagte er: »Den Mann aus Galiläa.« Und seltsamerweise schien es während des einwöchigen Parteitags, als seien diese Männer einander nicht unähnlich. In der alles beherrschenden Gefühlsseligkeit – altes Amerika, alter Glaube, der Westen (oder der Western), alte Filme, alte Stars – waren sich beide Ideen nahe gekommen, fast ohne dass es blasphemisch wurde. Reagan spielte seine drei Rollen – Schauspieler, Politiker, altmodischer Christ – und war damit zu einer wirkungsvollen politischen Persönlichkeit geworden. Er kam vielen Bedürfnissen entgegen; zahlreiche Menschen innerhalb der vielfältigen Rechten konnten ihre Träume in ihm wiederfinden. Er war einfach Schauspieler: Der braucht nur wenig zu sagen und kann doch vieles darstellen.

Am Mittwoch zeigte das Kongresszentrum nach der (im typisch baptistischen, einschüchternden Ton vorgetragenen) Schweinestallrede einen Film über Mrs Reagan. Darin sah man, wie sie eine Gedenktafel für ihren Vater, einen Chirurgen, enthüllte und dabei zu weinen schien. Außerdem wurde über ihre Karriere als Schauspielerin berichtet. Frank Sinatra sang seinen Song über Nancy. Mr Reagan sagte gerührt: »Ich weiß nicht, was ich ohne sie täte.« Und am Schluss gingen beide einen Hang hinunter und verschwanden in einem Wald.

Es wurde wieder hell, und man applaudierte. Dann kam die Überraschung. Der Film war kein Ersatz für die wirkliche Mrs Reagan. Während er lief, hatte jemand sie in den Saal gebracht; nun stand sie auf dem Podium, in Weiß. Und noch eine Überraschung: Auf der großen Leinwand an der Rückseite des Saales sah man nicht das vergrößerte Bild von Mrs Reagan, sondern eine Live-Aufnahme, die Mr Reagan in seinem Zimmer in dem von Trammell Crow betriebenen Hotel Anatole zeigte. Mrs Reagan winkte der großen Leinwand zu. Für einen Moment schien Reagan verwirrt, dann winkte er zurück. Es war ein großer Augenblick mit Familientheater – und genügte vollkommen. Es war das, was die Delegierten brauchten. Nun fehlte nur noch Reagans leibhaftige Gegenwart. Und die bescherte uns der letzte Tag.

Im politischen Teil seiner Rede wiederholte er, was schon andere gesagt hatten. Der poetische Schlussteil, über den »Frühling der Hoffnung«, war weniger eine Rede, weniger etwas, das mit Poesie und Sprache zu tun hatte, als vielmehr das Drehbuch zu einem kurzen Dokumentarfilm über das Amerika der vielen Rassen und der vielen Landschaften. Auf dem Höhepunkt der ganzen Veranstaltung gab es, ebenso wie im Zentrum der meisten politischen Reden, schlichtweg nichts. Es schien, als hätte die ganze Gefühlsseligkeit – Religion und Amerikanismus – nichts weiter offenbart als eine geistige Leere; als hätte die Computersprache des Parteitags nur den Fantasiemangel dieser Politikerexistenzen zutage gefördert. Es schien, »als wäre« – trotz aller Bittgebete und Segenssprüche (den letzten sollte Criswell sprechen) –, »als wäre die Inspiration versiegt, als gäbe es keine umfassende Hoffnung, keine Religion, keinen Jubelgesang, keine Weisheit und keine Analogien mehr«.

Die Worte stammen von Emerson; sie galten England. Das 1856 erschienene Buch *English Traits* erzählt von den zwei Besuchen, die Emerson dem Land 1833 und 1847 abstattete; damals spürte er, dass sich die Macht Englands, so einschüchternd und unangefochten sie immer noch war, einem Wendepunkt näherte und das englische Geistesleben unter dem gewaltigen Bewusstsein, im Besitz von Macht, Geld und gerechter Sache zu sein, erstickt wurde. »Jedes Talent üben sie nur noch aus einem tiefer liegenden Beweggrund aus«, heißt es bei Emerson. »Sie leben und handeln gleichsam im Unterbewusstsein.« Etwas davon empfand ich in der Glitzerwelt von Dallas. Macht war das Thema des Parteitags, und diese Macht schien ein Kinderspiel – die Macht der Nation, des Einzelnen, der neuen Rechten. In der Kongresshalle von Dallas hatte ich – nicht anders als Emerson in England – den Eindruck, »auf einem Marmorboden zu gehen, auf dem nichts wachsen wird«.

Strenge Zucht in Grenada

Siebzehn Tage nach der amerikanischen Invasion reiste ich nach Grenada, drei oder vier Tage, nachdem der Flughafen wieder für den zivilen Luftverkehr geöffnet worden war. Die Kämpfe waren schon längst zu Ende. Die etwa siebenhundert Kubaner, die sich in dem Inselstaat aufhielten, hatte man zusammengetrieben und mitsamt ihren zweiundvierzig Toten in ihr Heimatland abgeschoben. Die 1200 Mann starke Revolutionäre Volksarmee (PRA) Grenadas war auseinander gefallen. Der Hauptteil hatte kapituliert; die restlichen Soldaten wurden nach und nach aufgespürt.

Die amerikanischen »Psy-Ops« – die Leute von der psychologischen Kriegsführung, einer Abteilung des Special Warfare Centre, die ihrerseits zum Special Operations Command gehörte – waren bereits, wie ihr Oberst zwei Tage später mitteilte, »zu zivilen Aufgaben übergegangen«. Sie entwarfen Plakate. Eines dieser Plakate, primitiv gedruckt, in einfachem Schwarzweiß und fünf verschiedenen Schriftarten, schien einem Wildwestfilm entnommen. *An alle ehemaligen PRA-Soldaten: Eure korrupten Führer haben kapituliert, weil sie wissen: Widerstand ist ZWECKLOS …*

Über dem Flughafen dröhnten Hubschrauber in düsterem Schwarz. Allenthalben sah man bewaffnete Marinesoldaten im Kampfanzug; außerdem Militärlaster und Jeeps in Tarnfarben, manche mit Maschinengewehren; sowie Zelte und Tarnnetze.

Über einer Tür des Flughafengebäudes hatte ein Spaßvogel einen dicken schwarzen Strich durch das Logo der kubanischen Luftfahrtgesellschaft gezogen und unter das Logo geschrieben: *2. Batallion 82. Luftlandeeinheit.*

Auf die landesüblichen Einreiseformalitäten folgte – in dieser juristisch zwiespältigen Situation – ein Kontrollpunkt der US-Marines, die bereits eine Namensliste vorliegen hatten. Nur wenige Schritte weiter, beim Zoll, traf man wieder auf zivile Beamte – der Dienst tuende, hoch gewachsene Schwarze trug ein unglaublich hellblaues Hemd, auf dem als Muster kaum sichtbar der Name GUCCI stand.

Ein paar hundert Meter vom Flughafen entfernt sah es aus, als würde hier irgendein Fernsehstreifen neu gedreht: Neben der noch regennassen Straße gingen mehrere, mit Gewehren bewaffnete Marines neben einer etwas in die Länge gezogenen Reihe von fünf oder sechs Schwarzen her, die bis auf die Unterhose entkleidet waren. Einer der Männer hatte Rasta-Locken. Verfilztes Haar, nackter Körper und schlampiges Aussehen gehörten zum Rastafari-Look; doch jetzt, in Gefangenschaft, wirkte der Mann besonders entwürdigt. Es handelte sich um angebliche PRA-Soldaten. Höchstwahrscheinlich hatten Einheimische sie denunziert, denn fast allen Grenadern waren Revolution und Revolutionsarmee mittlerweile verhasst. Die Gefangenen – rein juristisch waren sie nur »in Haft genommen« – wurden zum Flughafen gebracht. Dann sollte sie einer der schwarzen Hubschrauber über das bewaldete Bergland der Insel zum zentralen amerikanischen Militärlager an der Südwestküste bringen. Dort hatte man ein Haftzentrum angelegt, wo Verdächtige verhört und überprüft wurden. Amerikanische Korrespondenten, die fieberhaft nach Stoff für ihre täglichen (oder zweimal täglichen) Artikel suchten, hatten dieses Zentrum – oder, wie es bei Pressekonferenzen genannt wurde, »diese Anlage« – gerade erst entdeckt.

Die Straße, die über die Berge führte, war schmal und hatte viele, oft unübersichtliche Kurven. Mindestens zwei der großen kubanischen Lastwagen, die die Amerikaner konfisziert hatten, waren hier verunglückt. Farne und große wilde Bananenstauden streckten ihre langen Blütenzweige aus den vulkanischen Felswänden heraus. Der rote Weihnachtsstern stand in Blüte, ebenso der Hibiskus; und der Losbaum, eine wuchernde Schlingpflanze, hatte Hecken und Strommasten mit Wehen aus rosaroten Blüten überzogen.

Die Häuser waren klein, sie standen auf Pfählen oder niedrigen Betonsäulen und hatten geneigte Wellblechdächer. Die älteren Häuser waren aus Holz, manche im französisch-karibischen Stil gebaut; sie hatten durchbrochene Giebelbretter, Fächerlampen und Jalousien. Was um sie herum wie Waldland aussah, war Anbaufläche: Dort standen kleine Kakaobäume mit ihren purpurroten Schoten, die direkt aus dem schwarzen Stamm und Astwerk herauswuchsen; daneben Grapefruit, Avocado und Mango, der großblättrige Brotfruchtbaum und die tropische Kastanie sowie Pisang, Banane und Muskatnuss. Nirgendwo gab es große Landgüter. Hier fand man nur typisch karibische Kleinbauern.

In verstreut liegenden Häusern an der Straße, in Jeeps und Lastwagen, die auf den ungepflasterten Nebenwegen standen, hatten Marinesoldaten es sich bequem gemacht, allerdings ohne in ihrer Wachsamkeit nachzulassen. An einer Kreuzung stießen wir auf eine Straßensperre.

»Hab's mir schon gedacht«, sagte Lennox, der Taxifahrer. »Ich hatte gehört, dass sie heute absperren und filzen.« Er sprach gelassen; er hatte gelernt, mit großen Ereignissen zu leben.

Der Marinesoldat stoppte uns nicht durch Winken. Er ging halb in die Hocke und schlug mit geballter Faust gegen unser Auto. Theater. Und tatsächlich schien es, als stünden alle Kinder des Dorfes nur als Zuschauer da. Einer der Marines war schwarz, ein anderer sah chinesisch, ein dritter wie ein Hispanier aus. Man stellte Fragen, durchsuchte das Gepäck, durchsuchte das Auto. Am Straßenrand wurde ein Transistorradio auf volle Lautstärke gestellt, bis einer der Soldaten einen Jungen aufforderte, es leiser zu drehen.

Erst als wir wieder fuhren, reimte ich mir das verwirrende Erlebnis zusammen und begriff, dass dieser Junge selbst das Radio lauter gestellt hatte, dass dann auf die Musik eine spanischsprachige Sendung folgte und der wie ein Hispanier aussehende Soldat, der oberflächliche, zusammenhanglose Fragen stellte, meine Reaktion auf die spanische Sprache beobachtete. Psychologische Kriegsführung. All diese Durchsuchungsaktionen waren gut einstudiert. In Grenada suchten die Amerikaner noch immer nach Kubanern.

Die Straße führte nun wieder bergab durch das feuchte, farnreiche, naturgeschützte Waldgebiet hindurch zur Westküste. Auf Mauern und Zäunen erschienen die Embleme der Revolution: kreisrunde rote Scheibe auf weißem Feld. In der Nähe der Hauptstadt St. George's wurden die Tafeln mit revolutionären Losungen häufiger. Keine war überschmiert worden. In einigen Losungen ging es um »Produktion«. In der kleinbäuerlichen Umgebung war das vermutlich ein allzu großes Wort, ein fremdartiges Wort. Niemals kann es die ihm unterstellte Bedeutung gehabt, immer muss es für die Macht der Herrschenden gestanden haben.

In Grenada – 344 Quadratkilometer, 110 000 Einwohner – war die Revolution etwas ebenso Aufgedrängtes (ebenso theaterförmig und überdimensioniert) wie die amerikanische Militärpräsenz, die sie auf den Plan gerufen hatte.

Als im März 1979 die »New Jewel«-Bewegung durch einen Staatsstreich an die Macht kam, waren die meisten Grenader froh darüber. Schon zu lange stand die Insel unter der Herrschaft von Eric Gairy. Dieser Mann aus einfachen Verhältnissen hatte 1951 einen großen Streik organisiert. Nach seinen Anfängen als Erlöser der verarmten Schwarzen gewann er binnen kurzem auch politischen Einfluss und hielt eisern daran fest. Als er die Macht erobert hatte, wurde er geschmäcklerisch. Er hatte Geld; er war elegant; er trug weiße Anzüge; und es hieß, selbst weiße Frauen schwärmten für ihn. Die armen Bauern in den kleinen Häusern Grenadas verstanden. Für sie waren

Gairys Triumphe die Triumphe eines Schwarzen und daher ihre eigenen; sie liebten ihn; immer wieder wählten sie ihn in sein Amt. Er führte Grenada in die Unabhängigkeit.

Mit der Zeit aber war Gairy – wie andere vergleichbare Volksführer auf den kleinen Inseln der Karibik – zu einem gefürchteten und etwas exzentrischen Negerpotentaten geworden. Bei internationalen Begegnungen redete er von UFOs; im Land hatte er eine große Schlägertruppe, die sich die politischen Gegner vornahm. In der postkolonialen Karibik wurde Gairy zunehmend zum Störfaktor, und die Kinder jener Menschen, denen er früher Hoffnung geschenkt hatte, hassten ihn.

Der 1972 gegründete New Jewel rekrutierte sich aus der ersten Generation gebildeter Grenader. Sein führender Kopf war ein gut aussehender junger Mann, der seine Ausbildung in England absolviert hatte. Der Sturz Gairys durch diese Bewegung der Jungen und Gebildeten war doppelt populär. Diese Popularität nutzte der New Jewel, um Grenada die Revolution anzutragen – ohne je Wahlen abzuhalten. Es war eine richtige sozialistische Revolution. Kuba wurde zum Verbündeten, der Imperialismus zum Feind des Inselstaates.

Die Sprücheschreiber der Partei nannten die Revolution »the revo« oder vielmehr – mit dem karibischen Akzent – »de revo«.

»Is only now I seeing how dis Revo good for de poor an ah dam sorry it didn't come before.«

[Erst jetzt seh ich, wie gut diese Revolution für die Armen ist, und mir tut's verdammt Leid, dass sie nicht vorher gekommen ist.]

Sprache des Volkes, Rechtschreibung nach dem Gehör – beides nutzte die Partei, um den Menschen die schwierigeren Teile ihrer Lehre und Praxis nahe zu bringen: um den vielen Kundgebungen und »Solidaritäts«märschen einen volksnahen Anstrich zu geben; um den von außen importierten Apparat sozialistischer Herrschaft und Bevormundung – Organisationskomitee der Partei, Politbüro, Zentralkomitee, die vielen »Massen«organisationen, Volksarmee und Volksmiliz – als fröhliches Fest, als typisch grenadisch und typisch schwarz, als »de revo« erscheinen zu lassen.

Der Apparat war lächerlich. Aber die Macht war real. Und in den viereinhalb Jahren ihrer Herrschaft überzog die Partei Grenada mit strenger Zucht, mit »heavy manners«, wie man es nannte. Diese Worte, die aus dem jamaikanischen Straßenslang stammen und in die Reggaemusik eingingen, wurden von der Revolution übernommen und ihrem Arsenal ernst gemeinter Scherzworte einverleibt. »Zucht«, »Respekt« vor der Revolution und ihren Führern, war jedermanns Pflicht. Deshalb gab es keine Wahlen und keine oppositionelle Zeitung; der Volkswille war doch etwas ganz Einfaches. Aus dem Substantiv »manners« machte man ein revolutionäres Verb. »To manners a counter« hieß, einem Konterrevolutionär eine Lektion zu erteilen: ihn zu schikanieren, aus dem Arbeitsverhältnis zu entlassen oder ohne Klageerhebung oder Prozess ins Gefängnis zu stecken. Mehrmals wurden Hunderte von Menschen inhaftiert. Gerichtsverfahren galten als »bürgerliche Justiz«. Die »Revo« brauchte nur das Gesetz des Volkes, strenge Zucht, »heavy manners«; und allein diese Worte konnten aus der Gesetzlosigkeit ein Thema für Calypsomusik machen. Um für Zucht zu sorgen, stellte man eine Armee auf – wo jeder quasi für die Partei arbeitete.

Kuba lieferte der Armee die Waffen. Und Kuba baute – zur Beunruhigung sowohl der Vereinigten Staaten als auch einiger anderer Karibik-Dominions – den Großflughafen in Point Salines mit einer mehr als drei Kilometer langen Start- und Landebahn.

Mindestens zweihundert »internationalistische« Arbeitskräfte, Sozialisten, wurden auf die Insel geholt, um bei der Umsetzung der Revolution behilflich zu sein. Zur Hälfte kamen sie aus Europa und Amerika, zur anderen Hälfte aus den übrigen westindischen Dominions. Diese Besucher – landesfremde und anspruchsvolle Gäste beim Revolutionsfest anderer – trugen Sorge dafür, dass die sozialistische Nachahmung so komplett und so unverfälscht wie irgend möglich ausfiel. Deshalb war das Grenada der Revolution besessen von Formen, Organisationen, Strukturen, Komitees; es hatte sogar einen Schriftstellerverband. Erst gegen Ende der Revolution fiel einem westindischen Besucher aus den Vereinigten Staaten noch eine Lücke ins Auge. In Grenada, so sagte er, habe er kein Haus der Kultur vorgefunden; alle sozialistischen Länder hätten eines. Also machte man sich in Grenada an den Aufbau eines Hauses der Kultur.

Je perfekter die Nachahmung, desto begeisterter wurden die Gläubigen in anderen Ländern; im Ausland bekam die grenadische Revolution eine gute Presse. In dem kleinen Grenada, einem rückständigen Agrarland mit schwarzer Bevölkerung, gab es nicht nur die Revolution; es gab auch eine Eruption von lauter korrekten sozialistischen Formen. Die Nachahmung schien zu beweisen, wie natürlich und gerecht die Sache des Sozialismus war.

Dann bekam die Revolution einen bitteren Beigeschmack. Ihr Erfolg in der sozialistischen Welt war zu groß, zu plötzlich gewesen. An der Spitze, im Zentralkomitee, kam es zu Zwistigkeiten, und einige erhoben die Forderung nach Teilung der Macht. Man fand, der Revolutionsführer kümmere sich zu viel um seinen Auslandsruhm, seine Auslandsreisen; währenddessen treibe die heimische Revolution ziellos dahin.

Der Führer versuchte, sich herauszureden. Er räumte ein, dass er hier und da kleinbürgerlich sei, aber er wollte nicht abtreten. Schließlich habe er die Revolution gemacht; das Volk stehe hinter ihm. So kam es, dass die »Zucht«, die bisher Hunderten anderer gegolten hatte, nun auf den Führer selbst zurückschlug. Einige seiner Mitstreiter aus dem Zentralkomitee stellten ihn unter Hausarrest.

Dem Volk gefiel das gar nicht. Nach einer Woche stürmte eine Menschenmenge das Haus, und der Revolutionsführer wurde befreit. Es herrschte Aufruhrstimmung; das Land stand am Rande eines Bürgerkrieges. Der Führer begab sich mit zahlreichen Anhängern zum Fort George (damals noch, nach seinem Vater, Fort Rupert benannt), um die dort stationierten Soldaten auf seine Seite zu bringen. Der Revolutionäre Militärrat, der Grenada seit der Krise regierte, schickte Panzerkampfwagen zum Fort. Es wurde geschossen; die unbewaffnete Menge geriet in Panik, und eine unbekannte Anzahl von Menschen kam ums Leben – die Schätzungen reichen von siebzehn bis hundert; zusammen mit fünf ehemaligen Ministern wurde der Revolutionsführer exekutiert. Über die Insel wurde eine 24-stündige Ausgangssperre verhängt, und fast eine Woche lang lebte das Volk von Grenada in Angst vor der Revolutionären Volksarmee. Dann folgte die amerikanische Invasion, und jedermann bekam eine Zucht zu spüren, die strenger war als alles, was Grenada bis dahin erlebt hatte.

Eine Revolution fanden die Amerikaner nicht vor. Die war in der Woche des Terrors verschwunden. Die Amerikaner, die aus Eigeninteresse gekommen waren und mit dem Einmarsch in Grenada nur einen mindestens zwei Jahre alten Plan umsetzten, sahen sich als Befreier begrüßt. Auf der besetzten Insel, wo es noch viel mehr »Lärm« gab als auf Calibans Insel, wimmelte es von Denunzianten; die Gefängnisanlage in Point Salines füllte sich rasch.

Die westindischen Zuckerkolonien waren reicher als die amerikanischen Kolonien des achtzehnten Jahrhunderts. Manche der Schiffe, die den von Sklaven angebauten Zucker nach Europa holen wollten, brachten Backsteine und Lehmziegel als Ballast mit. Diese Ziegel und Backsteine verschaffen dem alten St. George's hier und da einen Hauch von achtzehntem Jahrhundert. Das Städtchen liegt am steilen Hang des hufeisenförmigen Hügels, der den inneren Naturhafen umschließt.

Auf der Höhe dieses Hafens lag die Hauptstraße der Spielzeugstadt: Feuerwehr, Zigarettenfabrik, Büro der Fluggesellschaft, Restaurant, Hauptpostamt. Auf dem Hügelkamm standen – gut sichtbar und mit einem einzigen Rundblick zu erfassen – die offiziellen Gebäude, die in dem unlängst abgelaufenen Drama eine Rolle gespielt hatten. Das grüne Dach am südwestlichen Ende des Hufeisens gehörte zum Fort, wo der Revolutionsführer und andere erschossen wurden. Das rote Dach auf der anderen Seite der Bucht zeigte das Haus an, in dem der Führer unter Arrest gestanden hatte. Unweit davon lag das Zivilgefängnis, in dem jetzt der Revolutionäre Militärrat und weitere Exmitglieder des Zentralkomitees inhaftiert waren.

Am Nordende des Hügels, also an der Oberseite des Hufeisens, stand das herrschaftliche Haus, in dem der Generalgouverneur residierte. Es hatte eine breite, teils mit Fußbodenfliesen, teils mit Steinplatten ausgelegte Veranda, außerdem ein Empfangszimmer mit großen Türen, einer hohen, kunstvoll gestalteten Decke, vergoldeten Spiegeln und handgefertigten Möbeln. Ein paar Tage später fand dort, im Beisein des Generalgouverneurs, eines Schwarzen und ehemaligen Schulleiters, der die noch vorhandene staatliche Autorität Grenadas verkörperte, die Vereidigung der Mitglieder seines neuen Beratergremiums statt. Die Männer leisteten ihr Treuegelöbnis auf Königin Elisabeth II. und küssten die Bibel.

Die Formen der grenadischen Regierungsgewalt stammten noch aus der Zeit des britischen Empire. Doch an diesem Tag waren die wichtigsten Anwesenden – abgesehen von Pressekorrespondenten und Fernsehteams – zwei Amerikaner: General Farris, der schlanke, weißhaarige Kommandeur der 82. Luftlandeeinheit, und ein Mann im blauen Anzug, der amerikanische De-facto-Botschafter, der zivile Arm von General Farris' De-facto-Regierung.

In dem einfach gebauten kleinen Museum im Stadtzentrum stand in einer Vitrine das Geschenk, das Großbritannien neun Jahre zuvor Grenada zur Unabhängigkeit überreicht hatte: ein silbernes Kaffeeservice und vierundzwanzig Wedgwood-Kaffeetassen aus altweißem Porzellan, alles ausgestellt auf naturfarbenem Juteleinen.

Der New Jewel hatte gegen diese Unabhängigkeit opponiert. Er befürchtete, in einem unabhängigen Grenada werde Gairy noch stärker zu Übergriffen neigen. In einer Zeit der Proteste hatten Gairys Leute den Jewel-Führer und andere Mitglieder

der Bewegung schwer misshandelt. Eine zweite Vitrine des Museums erinnerte an diese Vorfälle; dort lag neben dem blutbefleckten Sporthemd des Führers auch der Stein, der seinen Kopf getroffen und eine dauerhafte Sehbehinderung (Doppeltsehen) verursacht hatte.

Tatsächlich zog die Gewalt ins unabhängige Grenada ein. Zehn Jahre später wurde der Revolutionsführer von der von ihm selbst aufgestellten Armee hingerichtet. Und diesmal gab es kein Erinnerungszeichen. Seine Leiche war noch nicht gefunden worden.

In der östlichen Karibik war gerade Regenzeit. Als der Morgen dämmerte, stiegen die Wolken so schnell wie Rauchschwaden am Osthügel von St. George's empor. Der Himmel verdunkelte sich; es goss in Strömen, und der Regen tränkte die Pflanzen, die auf den leeren Schotterflächen zwischen den ans achtzehnte Jahrhundert erinnernden Häusern wuchsen; dann klarte es wieder auf. Am späten Nachmittag tauchte das goldene Licht, vom Hügelbogen eingefangen und vom Wasser reflektiert, alle Gebäude in ein Rosarot, das sich deutlich gegen den dunklen Pflanzenbewuchs und den milchig blauen östlichen Himmel abhob.

Schwarze Hubschrauber durchquerten das Blickfeld, wie sie es schon den ganzen Tag getan hatten. Minutenlang schwebten sie über dem Zivilgefängnis.

»Das ist das Militär«, sagte ein amerikanischer Korrespondent. »Sind Sie noch nicht mitgeflogen? Sie mögen's, wenn was los ist.«

Erstaunlicherweise hielt sich noch immer eine amerikanische »Internationalistin« auf der Insel auf. Sie hieß Michele Gibbs und kam aus Chicago. Die US-Militärs hatten sie »gebeten«, Grenada zu verlassen, und sie wollte abreisen. In Grenada gab es nichts mehr für sie zu tun.

Sie war eine attraktive braunhäutige Frau Ende dreißig, schlank und kleinbusig; die Achselhöhlen hatte sie nicht ausrasiert, und der dichte Haarfilz wirkte seltsam aggressiv, unwillkürlich musste man hinschauen. Ihr politisches Ziel, so erzählte sie, habe sie mit der Muttermilch eingesogen; beide Eltern – ihre Mutter war russische Jüdin, ihr Vater ein schwarzer Texaner – seien Kommunisten gewesen.

Drei Jahre lang war Grenada, der revolutionäre Staat der Schwarzen, für Michele so etwas wie das Paradies. Ihr schien es, als hätte sie eine Heimat gefunden, und sie hoffte, für immer bleiben zu können. Sie bezog eine Wohnung im Erdgeschoss eines restaurierten alten Hauses in begehrter Hanglage, gleich unterhalb des Amtsgebäudes, in dem der Premierminister residierte. Das dem Meer zugewandte vordere Zimmer mit der kleinen kreisrunden Terrasse lag nachmittags im Schatten einer Bougainvillea. Unter solchen Lebensbedingungen, die einer Einwohnerin Chicagos gewiss wie eine Idylle erschienen, diente Michele der Revolution; sie arbeitete im Bildungsbereich, betätigte sich als revolutionäre Malerin und Schriftstellerin und veröffentlichte handgeschriebene und im Fotosatz vervielfältigte Revolutionsgedichte:

de forest move
de land watch
de folk talk.
de cat mew
de dog bark
de revo start.

[der Wald bewegt sich / das Land beobachtet / die Leute reden. / die Katze miaut / der Hund bellt / die Revo beginnt.]

Jetzt, mehr als drei Wochen nach dem Zusammenbruch, war sie noch immer etwas benommen. Die Menschen stünden »seelisch unter Schock«, meinte sie; sie merkten, dass sie »von ihren eigenen Leuten betrogen« worden seien. Und was den amerikanischen Einmarsch angehe, so wären sie »erleichtert, dass ihnen die Situation aus den Händen genommen worden ist«. Alles, was sie selbst jetzt wolle, sei »ganz weit weg« gehen.

Der Kommunismus war ihr als ein hohes Ziel mitgegeben worden, und sie verschrieb sich einer fast mystischen, persönlichen Suche danach. In Grenada fand sie, was sie sich erwünschte und brauchte; und auch wenn ihre Gedichte über Grenada mitunter jemanden rüffelten, der sich, wie es schien, von der Revolution entfernt hatte, war es kaum überraschend, dass sie abstrakt blieben und wenig mehr darstellten als die Erfindung von Parteilosungen. Ihre Gedichte über das Leben der Schwarzen in Detroit waren persönlicher, konkreter, erstaunlich hart, hier hatte sie viele Stacheln nach innen gekehrt. In Amerika hatte sie Kommunismus als etwas Peinvolles erlebt: Hier und da klang Überdruss angesichts des pausenlosen Kämpfens durch. Eines der längeren Gedichte war autobiographisch.

Die Polizei sah bleich vor Zorn
uns drei:
Ted, schwarz
Paula, weiß
und mich
zusammen und in voller Freiheit.

Das Gedicht schrieb Michele in Grenada, nachdem sie erfahren hatte, dass ihre 72-jährige Mutter in den Vereinigten Staaten von einem Straßenräuber erschossen worden war – vielleicht war es ein Schwarzer, aber das Gedicht schwieg sich darüber aus.

Dieser Tod hatte etwas ähnlich Ironisches wie die Zerstörung jenes Ziels, das Michele in Grenada vor Augen stand. Vielleicht hatte ihr ganzes Leben etwas Ironisches, einfach weil sie die Welt auf bestimmte Weise anschaute – oder nicht anschaute. Ihr Grenada blieb privat; die Stellung, die sie dort einnahm, war nicht so, wie sie selbst sie gesehen hatte. Keiner der Revolutionäre nahm sie ernst. Sie hatte eine amerikanische Vorstellung von der eigenen Person; mit ihren Gedichten und Gemälden und ihrem allgemeinen Auftreten schien sie nur etwas für sich selbst zu tun. Man hielt sie und die anderen amerikanischen Internationalisten für Leute, die in der Revolution »Urlaub machten«, Leute mit amerikanischen Zielen, die mehr Interesse daran hatten, Protest zu äußern, als Macht auszuüben.

Nach meiner Abreise aus Grenada lernte ich eine westindische Internationalistin kennen, die aus einem anderen Dominion kam und es für denkbar hielt, dass Michele als CIA-Agentin gearbeitet hatte. Sie selbst habe überdies, so ihre Auskunft, zu einem bestimmten Zeitpunkt den Eindruck gehabt, man wolle ihr die bis dahin getane Arbeit entziehen und Michele damit beauftragen (was sie auf Machenschaften von Micheles Gönnern innerhalb der Revolution zurückführte).

Das Leben der Revolutionäre, das Michele als Idylle beschrieben hatte, hörte sich nun eher halsabschneiderisch an. Während die Revolutionsführer und ihre privilegierten Helfer von einem geläuterten Volk unter tadelloser Führung und mit kooperativer Form des Zusammenlebens träumten, brach in den obersten und den unmittelbar folgenden Rängen immer wieder Streit aus: Hier kam es zum Konflikt der Charaktere, zu ebenjenem Wechselspiel menschlicher Leidenschaften, das die Verwalter der sozialistischen Utopie dem Volk so gerne untersagt hätten.

Es gab eine rein grenadische Geschichte: die Geschichte einer rückständigen Inselbevölkerung, die von nur wenig gebildeteren Menschen wie Geiseln in die Formenwelt einer überdimensionierten Revolution entführt wurden. Aber davon abgetrennt und ihr aufgepfropft, gab es eine amerikanische Geschichte: die Geschichte des US-Militärs in Grenada. Auf sie konzentrierten sich die amerikanischen Korrespondenten.

Was sie von der Gefängnisanlage in Point Salines gesehen hatten, gefiel ihnen gar nicht. Als sie ins Hotel zurückkamen, erzählten sie von Kleinstzellen – knapp zweieinhalb Meter im Quadrat –, die auf dem nackten Erdboden standen, eine PVC-Umhüllung hatten und nur durch ein Meter zwanzig hohe Eingangsklappen zu betreten waren. Befremdet nahmen die Korrespondenten zur Kenntnis, dass die Militärs mit dieser Anlage sehr zufrieden zu sein schienen und sie der Öffentlichkeit unbedingt zeigen wollten. Vielleicht war sie schon vorher geplant? Vielleicht war der Einmarsch in Grenada nur eine Vorübung zum Einmarsch in Nicaragua?

Die humanitäre Betroffenheit der Journalisten war echt und dennoch vermischt mit den professionellen Instinkten von Presseleuten. Grenada bildete nur einen winzigen Teil in der größeren amerikanischen Geschichte; und Misstrauen gegen das Militär gehörte unverzichtbar zur Ausstattung des guten Berichterstatters hinzu. In Grenada war dieses Misstrauen groß. Die amerikanischen Reporter wussten, dass man sie von der Invasion ausgeschlossen hatte, und nahmen das sehr persönlich.

»Eine Beziehung zwischen Widersachern«, sagte ein Fotograf. Und in geringem, aber provozierendem Maße trugen die Soldaten weiterhin Siege davon. Tag für Tag kamen sie aus ihren Zelten im freien Gelände und übernahmen die noch geöffneten Hotels. Sie gruben die Strände weg, um Sandsäcke zu füllen; sie umgaben die Rasenflächen mit Sandsäcken und einem neuartigen Stacheldraht; zwischen den Kokospalmen stellten sie Militärlaster mit Maschinengewehren ab. Journalisten, die noch am Morgen vom Hotelpersonal wie Gäste behandelt wurden, konnten schon abends von einem nervösen Wachposten aufgefordert werden, das Kennwort zu nennen. Unter den Marinesoldaten waren auch Frauen. Festzustellen war das manchmal nur an der weiblichen Stimme, die nachts »Halt!« rief.

Im Grenada Beach Hotel – ehemals Holiday Inn – hatte die 82. Luftlandeeinheit ihr Hauptquartier aufgeschlagen. In einem Flügel des Gebäudes waren ein paar Zimmer durch Bomben zerstört worden; doch die Amerikaner hatten präzise gebombt, und so konnte das Hotel den Betrieb fortsetzen. Die Pressekonferenz der Psy-Ops fand in dem an den Garten angrenzenden offenen Speisesaal statt, von wo aus man den neuen, glänzenden und von der Seeluft noch nicht angerosteten Stacheldraht kaum wahrnahm. Die Kellner, ebenso tadellos uniformiert wie die Soldaten, waren dabei, die Tische für das Mittagessen zu decken.

Der Mann vom *Miami Herald* hatte eine Frage zu dem von den Psy-Ops angefertigten Plakat, das ein Foto des Oberbefehlshabers der Revolutionären Volksarmee zeigte. »Er ist völlig nackt und sitzt da, nur mit einem Badehandtuch bedeckt, hinter ihm ein Marinesoldat. Finden Sie das nicht entwürdigend?«

Der Oberst erwiderte (und jeder Satz brachte ein neues Argument): »Es war nichts anderes da, als wir kamen. Vielleicht wurde gerade seine Kleidung kontrolliert. Vielleicht wollte er gerade duschen oder so was. Er selbst hat beschlossen, das Handtuch nicht um die Schultern zu legen. So sah man, dass er nicht verletzt war. Der Soldat auf dem Bild sollte zeigen, dass er in Gefangenschaft war.«

Eine erschöpfende Antwort. Aber das Hauptinteresse der amerikanischen Journalisten galt dem Special Warfare Centre. Ganz offensichtlich war das für sie etwas Neues. Sie wollten wissen, wo es stationiert, womit es beauftragt und wie es organisiert war.

»Wer ist der Kommandeur?«

Der Oberst antwortete mit dem exakten militärischen Rang: »Brigadier-General Promotable Lutz. L-u-t-z.«

Gehorsam wie Studienanfänger, die alles und jedes notieren wollen, schrieben die Journalisten mit. Dann stutzte jemand.

»Promotable. Ist das ein Name?«

»Das heißt zur Beförderung vorgesehen, er wird in wenigen Tagen Major-General sein.« Der Oberst lächelte. »Verzeihen Sie den Militärjargon.«

So war der Kommandeur vielleicht, bei richtiger Interpunktion, nicht Brigadegeneral und Generalmajor in spe, sondern: Brigadier (General, promotable) Lutz.

Die zentrale Pressekonferenz des Vormittags fand in St. George's selbst statt, in einem kleinen, altertümlichen Wohnhaus, das an einer der Querstraßen am Hang oberhalb des Hafens lag. Es war eine traditionelle, typisch westindische, sozial gemischte Straße. Hier hatten Herren und Sklaven einmal Seite an Seite gewohnt; und Elendsquartiere – mit verandalosen, dicht gedrängten Holzbaracken – standen manchmal nur einen Meter oder ein Grundstück von den vornehmen Gebäuden entfernt. Das Haus, das den Besucher mit einheimischer Kunst begrüßte – am Eingang hing eine moderne Reliefplatte und in der Eingangshalle ein Gemälde –, war für die bescheidenen Ansprüche der grenadischen University of the West Indies umgebaut und nun als Pressezentrum eingerichtet worden. Auf Zetteln, die über die Türen geheftet waren, stand in Handschrift: »Fernschreiber« oder »Konferenzraum«. In einem der Räume hatte jemand auf einer grünen Tafel mit Kreide die Opferzahlen aufgelistet. Im Kampf gefallen, im Kampf verwundet: US-Amerikaner 18 und 113; Kubaner 42 und 57; Grenader 21 und 280.

Die Pressekonferenz fand in dem an die Rückwand des Hauses angebauten Hörsaal statt. Es gab wenig Neues zu berichten. Die meisten Fragen galten der Gefängnisanlage und den Opferzahlen. Man stritt über die Zahl der Toten; die Überprüfung bei den einheimischen Leichenhäusern hatte mehr Tote ergeben. Einige Korrespondenten wurden aggressiv. Die Armeesprecher, ein Schwarzer und ein Weißer, blieben gelassen. Hin und wieder sagte der Schwarze: »Wollen Sie, dass ich das aufnehme?«, oder »Okay, das nehm ich auf.« »Aufnehmen« war offenbar ein Terminus technicus, er bedeutete: nachprüfen.

Das Bibliothekspersonal der Universität stand an den Fenstern des eigentlichen Hauses und schaute zu. Diese Fenster gingen direkt auf das Podium des Hörsaals hinaus; so wirkten die Zuschauer wie Personen auf dem Balkon eines elisabethanischen Theaters oder brave westindische Bürger, die aus angemessener Entfernung einem Streit im Hintergarten zusehen.

Bei dem Zank um die Zahl der Toten ging es in Wirklichkeit um die mangelnde Information durch die Armee; er gehörte zu der fortwährenden Auseinandersetzung zwischen amerikanischem Militär und amerikanischer Presse. Auf beiden Seiten kam Berufsstolz ins Spiel. Die schreckliche Tatsache des Todes war eine völlig andere Geschichte und Grenada nur der Hintergrund.

Zwei Tage später erreichte der Konflikt zwischen Journalisten und Militärs einen Höhepunkt, als der Korrespondent einer berühmten amerikanischen Zeitung an einer nächtlichen Straßensperre von Marinesoldaten auftrat, als wäre er bei einer morgendlichen Pressekonferenz, und sich mit Handschellen auf dem Erdboden sitzend wiederfand.

Die wichtigen Häftlinge saßen im Zivilgefängnis von St. George's. Die weniger wichtigen – vermeintliche Soldaten der Revolutionären Volksarmee – wurden in Point Salines festgehalten; es lag mehrere kurvenreiche Kilometer weiter südwestlich, an Buchten und Buschland vorbei.

Hier lag auch der von den Kubanern gebaute Flughafen. Er war jetzt Mittelpunkt des zentralen amerikanischen Militärlagers – mitsamt seinen neuartigen klimatisierten Lazarettzelten –, das die Rapid Deployment Force mit Hilfe ihrer computergesteuerten Gerätschaften errichtet hatte (und das sie in achtzehn Stunden wieder abbauen konnte).

Nach all den Wäldern, Bergen und kurvenreichen Straßen des restlichen Grenada hatte man hier den Eindruck, ins Freie zu gelangen, in ein völlig anders geartetes Land: vor einem die nackte Fläche aus Beton und rissiger Erde, durch welche die mehr als drei Kilometer lange, von den Kubanern gebaute Start- und Landebahn im breiten, glatten Streifen auf den Horizont zulief. Überall stand schweres kubanisches Gerät. Am Rande der Startbahn war Stacheldraht gespannt. Die unfertigen Betonhangars gehörten zu den größten Gebäuden in ganz Grenada; und noch jetzt, drei Wochen nach der Invasion, sah man, wie Amerikaner und Einheimische im Freien Sandsäcke füllten und stapelten. Geschäftig fuhren Müllwagen hin und her. Über uns knatterten wie immer die Hubschrauber.

Das Gefängnisareal, das ein wenig von der Startbahn entfernt neben einer brennenden Müllkippe lag (selbst der Müll wirkte neu), war umgeben von Stacheldrahtrollen und bewacht von

Marinesoldaten. Die PVC-bedeckten Zellen, knapp zweieinhalb Meter im Quadrat (wie man uns gesagt hatte), wirkten wie hohe Kästen. Sie standen zu ebener Erde, in Reihen. Es sah trostlos aus. Doch die Schilderung der amerikanischen Journalisten, die sie als Mungokäfige bezeichnet hatten, kam mir übertrieben vor.

Einige der Häftlinge sollten am selben Nachmittag entlassen werden. Genau das wollten wir uns anschauen. Wir mussten warten. Hin und wieder regnete es. Ein amerikanischer Lastwagen mit einheimischen Arbeitern kam herangefahren und lud an der brennenden Müllkippe frischen Müll ab. Auf dem Gelände war ein Marinesoldat (vermutlich eine Frau – also Sieg für ein weiteres amerikanisches Anliegen) damit beschäftigt, ein Maschinengewehr auf die Stelle zu richten, wo die entlassenen Häftlinge sich sammeln sollten.

Ein altes ziviles Fahrzeug erschien auf der Bildfläche. Die Marines, die an der Schranke standen, brachten ihre Gewehre in Anschlag. Das Auto hielt an, wurde sorgfältig geparkt. Ihm entstieg eine schwarze Familie: ein Mann, der versuchte, so wenig wie möglich aufzufallen; ein unförmiges, eingeschüchtertes Mädchen in Hosen; ein dünneres, dunkleres Mädchen in leuchtend bunter Kleidung und mit weiß-roten Plastikohrringen, deren Farbe und Material sich wirkungsvoll gegen ihre schwarze Haut abhoben.

Sie war eine wahre Giftspritze, diese Schwarze, eine jener »beißenden Ameisen«, wie sie die Slums bevölkern. Sie sprach uns an, ohne auch nur einen von uns wahrzunehmen, und sagte mit dem schon vertrauten Karibikakzent: »Überall machen sie Draht um uns. Um die Straße. Um die Strände. Um alles machen sie Draht.«

Ihr Bruder war dort drin. Einmal hatte sie ihn schon besuchen dürfen; sie war nicht sicher, ob er an diesem Nachmittag entlassen würde. Aber er wurde: Sie erspähte ihn in einer Gruppe, die sich vor den Baracken aufstellte, und sofort vergaß sie uns.

Aus der Ferne gesehen, verliehen Jeans, Hemden und Strohhüte (sowie die kleine amerikanische Flagge in der Hand eines der Häftlinge) den Männern, die gleich entlassen werden sollten, etwas Fröhlich-Festliches. Aus der Nähe jedoch – die Busse hielten außerhalb des Gefängnisareals kurz an, und wir durften hineinschauen und mit den Männern sprechen – verstörten mich die Gesichter. Da blickten mich Männer der Revolutionsarmee an, die immer noch eine Gruppe bildeten und bereit waren, einer für den anderen einzustehen: Sie hatten nicht mehr die derben Gesichter der Straße, sondern die Gesichter einfacher Männer, die selbst im Kleinstaat Grenada gelernt hatten, was Macht ist. Ich war kein Amerikaner. Aus dem Auge, das meines fixierte, sprachen nach wie vor Machtbewusstsein und feste Überzeugung.

Gairy herrschte mit Hilfe der so genannten Mongoose Gang, der Green Beasts. Der New Jewel herrschte mit Hilfe der Armee. Für eine derart kleine Insel war Grenadas Bevölkerung erstaunlich vielfältig, es gab zahlreiche rassische Typen, Dialekte, Sitten und Gebräuche, Bildungsniveaus. Vielleicht ging auch die mörderische, geheimbündische Politik Grenadas ein wenig auf die Geographie der kleinen Insel zurück, auf die Beengtheit der Berge und Wälder und Dörfchen, in der die Menschen sich kaum weiterentwickeln konnten und die Vergangenheit nah war. Gairy war mehr als ein Gewerkschaftsführer gewesen; er zehrte zugleich von der afrikanischen Religiosität seiner Anhänger. Und vielleicht steckte in dem sonderbaren Namen Jewel (Joint Effort for Welfare, Education and Liberation) ein grenadischer Gegenzauber gegen die Green Beasts. Was beiden Bewegungen in dieser Hänsel-und-Gretel-Welt der Schwarzen gemeinsam war: Sie lieferten – Gairy einem ungebildeten, Jewel einem nur wenig gebildeteren Volk – die Vision einer plötzlichen Erlösung der Rasse.

George Louison, Gründungsmitglied des Jewel, war bis zum Auseinanderbrechen der Bewegung Minister in der Revolutionsregierung und Mitglied des Zentralkomitees. Dort wurde ihm oft vorgeworfen, er sei zu kleinbürgerlich; und zum Schluss ließ der Revolutionäre Militärrat ihn unter der Anschuldigung festnehmen, er wiegele das Volk auf. Nach der Invasion sperrten ihn die Amerikaner einen Tag lang in Point Salines ein. Später holten sie ihn völlig überraschend noch einmal ab. Diesmal hielten sie ihn nur acht Stunden fest, und er betrachtete das Ganze als Zermürbungstaktik. Ich traf ihn nach seiner Entlassung.

Er war zweiunddreißig Jahre alt, ein Mann vom Lande mit schwarzer Hautfarbe, nicht sehr groß, Sohn eines Bauunternehmers und von Beruf Lehrer. Er lebte an der Westküste, in einem Dorf, das hinter unbebaut wirkendem Ackerland auftauchte. Sein Haus stand an einem steinigen Sträßchen, das von der großen Küstenstraße abbog und an einem reißenden Fluss entlang in ein Tal führte. Das Tal war dunkel, da es im Schatten der Nachmittagssonne lag. Das Betonhaus war, obgleich es in der Umgebung anspruchsvoll wirkte, einfach gebaut: Zum oberen Stockwerk führte eine Außentreppe.

Mit einem Schlag brach die Nacht herein. Die Stromversorgung war ausgefallen; wir unterhielten uns bei Kerzenlicht im kahlen Vorderzimmer des Erdgeschosses.

Louison hatte nichts Gekünsteltes an sich. Er hatte sich die Ernsthaftigkeit und Schlichtheit seiner Herkunft bewahrt. In dieser Gegend war der Name Louison bekannt: Der Onkel seines Vaters besuchte von 1900 an eine Oberschule und war einer der ersten Schwarzen Grenadas, die eine richtige Ausbildung erhielten. Louisons Vater wurde 1918 geboren. Er begann als Zimmermann und Maurer im Dorf, dann absolvierte er einen Fernkurs und wurde Bauhandwerker. Aus diesem Drang, seine eigene Lage zu verbessern, erwuchs auch sein Interesse an den politischen Zielen der Neger. Er erwärmte sich für das Projekt Zurück-nach-Afrika, das Marcus Garvey propagierte; in seinem Haus hing ein Bild von ihm.

Aber hat Garvey die Schwarzen nicht um das Geld betrogen, das sie ihm für das Projekt gaben? War das für Louisons Vater nicht ein Schlag ins Gesicht?

»Hier im Dorf«, sagte Louison, »glauben die Leute, dass das von Garveys Gegnern und der US-Regierung inszeniert wurde.

Und Garvey stand für mehr als die Rassenfrage. Er stand für den Kampf gegen den Kolonialismus.«

Nach Garvey kam Marryshow, ein grenadischer Politiker, der sich für die Idee einer westindischen Föderation stark machte. »Marryshow endete völlig verarmt«, sagte Louison. Und dann kam Grantly Adams von der Arbeiterpartei in Barbados.

»Später betrieb mein Vater einen kleinen Laden, genau hier, wo jetzt das Haus steht. Da traf man sich zum Diskutieren. Ende der fünfziger Jahre versuchte er, im Dorf Erwachsenenbildung einzuführen.« Das war die Zeit von Eric Gairy. Anfangs gehörte Louisons Vater zu dessen Anhängern, aber 1960 wandte er sich von ihm ab. »Seine Hauptbasis hatte Gairy unter den Landarbeitern, aber nie hat er etwas zur Hebung ihres Lebensstandards getan. Nie hat er versucht zu verstehen, wie eine Gesellschaft sich weiterentwickeln kann.«

»Hätte Ihr Vater das so gesehen?«

Louison gab keine direkte Antwort. »In der Zeit um 1969/70«, sagte er, »wäre ich zu diesem Schluss gekommen.«

Damals war George Louison achtzehn Jahre alt und politisch schon stark engagiert. Er hatte früh angefangen, in der Jugendarbeit, mit »Politik in humanitärer Form«. Dann folgte er zusammen mit seiner Generation dem Ruf der Black-Power-Bewegung von 1970. Er ging nicht zum Studium ins Ausland; er blieb einfacher Lehrer; er dachte nicht ans Heiraten. »Ich bin noch immer nicht verheiratet. Viele Leute im New Jewel waren wie ich. In den frühen Siebzigern hatten wir fast das Gefühl einer Mission.« Black Power, das war mehr, als der Name besagte. »Black Power im Sinne der Rassenfrage gab es in Grenada nur zwei Jahre lang. Anfang 1973 passierte etwas: nichts Großes, aber etwas Entscheidendes. Wir hatten geplant, Leute zum Sechsten Panafrikanischen Kongress zu entsenden. Einen Monat vor dem Kongress erfuhren wir, dass Gairy auch teilnehmen wollte.« Zur Begründung brachte Gairy vor, er sei Schwarzer und habe Black Power in Grenada schon verwirklicht. Und irgendwie stimmte das. »Uns wurde klar, dass es bei Black Power nicht um das Schwarzsein ging. Es ging um Politik und Vorstellungen von der Gesamtgesellschaft.«

Die ganze Zeit über setzten Louison und seine Mitstreiter vom New Jewel, die sich kontinuierlich weiterbilden wollten, ihre Studien fort. Lernen, die Idee des Lernens, lag diesen ernsten jungen Männern sehr am Herzen, und das Lernen galt, so scheint es, in erster Linie der Politik. »Bis vor zwei Monaten haben wir gemeinsam studiert. Alles Mögliche. Anfangs war das sehr breit gefächert, aber in den letzten sechs oder sieben Jahren haben wir vor allem Schriften zum Sozialismus gelesen.«

Kurz vor und nach der Unabhängigkeit, 1973 und 1974, gab es erbitterte Kämpfe mit Gairys Leuten. Schon 1973 wurde der Jewel-Führer schwer verwundet – im Museum lag noch sein blutiges Hemd; Anfang 1974 wurde sein Vater ermordet. Der New Jewel veränderte sich. »Zuerst, 1973, waren wir eine populistische Bewegung. Ende 1974 kamen wir zu dem Schluss, dass unser Überleben davon abhing, eine klar umrissene Idee zu haben.« Damals vollzogen sie den Bruch mit der »humanitären Politik« der Vergangenheit. Ihre Studien hatten sie zum Sozialismus geführt; von nun an zog der Sozialismus ihren Studien enge Grenzen. »Wir wollten einen Weg gehen, der uns die schrecklichen Übel der kapitalistischen Entwicklung erspart. Dafür mussten wir uns in vielen Ländern umsehen. Vor allem natürlich in Kuba – das war ja schon seit zwanzig Jahren dabei. Aber wir schauten uns auch den Jemen und Laos an.«

»Unterscheiden sich solche Länder nicht völlig von Grenada?«

»Uns interessierten alle Länder, die unabhängig von kapitalistischen Rahmenbedingungen und von den Almosen des Imperialismus zu existieren suchten. Und Länder, die Erfahrung mit dem Kolonialismus gemacht hatten.«

Wirklich erklären konnte Louison nicht, warum sie diesen letzten großen Sprung getan hatten – er präsentierte ihn als Tatsache, als etwas Selbstverständliches. Doch seine politische Entwicklung war klar genug. Ein ganzes Jahrhundert lang gab es in diesem Dorf immer wieder Louisons, denen auf je andere Weise mit dem Gedanken einer Erlösung der Schwarzen gewunken wurde. Einfache Leute hatten daraus eine einfache Idee gemacht; und die einfache Idee hatte Männer wie Gairy hervorgebracht, der die Menschen in Abhängigkeit hielt, um sich stets als ihr Erlöser ausgeben zu können. Der Sozialismus nahm den Erlösungsgedanken in sich auf, läuterte ihn, befreite ihn von den ihm innewohnenden Entstellungen. Er schaffte das Rassenproblem beiseite und ließ die Menschen nichts als Menschen sein. Alles, was man zum Sozialismus brauchte, war: Lernen und das Gelernte gewissenhaft in die Tat umsetzen; Grenada mit den korrekten Formen ausstatten.

Doch ebenso wie andere Glaubensbekenntnisse hatte auch der Sozialismus seine Puristen und Fanatiker. »Irgendjemand hat kürzlich gesagt, die Revolution ist uns um die Ohren geflogen. Wir selbst haben die Revolution kaputtgemacht.« Die Männer im Zentralkomitee, die um der revolutionären Reinheit willen auf kollektive Führung drängten, den Revolutionsführer unter Hausarrest stellten und die Armee auf die Massen hetzten – sie seien »wahnsinnig« gewesen. »Ihr Kurs war idealistisch, voluntaristisch und unwissenschaftlich und hatte keinerlei Basis im Volk.«

»Voluntaristisch?«

»Damit meine ich eigennützig.«

Selbst nach dem Zusammenbruch fand Louison im Sozialismus, den er studiert hatte, die Worte, die alles erklärten. Sein Haus war geplündert worden. Die Menschen hatten sich gegen die Revolution gewandt, und dennoch trauerte er der Revolution nach. »Zurzeit bin ich dabei, alles gründlich zu überdenken.« Aber politisch könne er nur dort stehen, wohin ihn sein Lernprozess gebracht habe. Es gebe kein Zurück mehr zur »humanitären Politik«, zu den simplen Rassenproblemen eines Grenada ohne Sozialismus. Die Vision der Welt, die ihm einmal vergönnt war, lasse sich nicht einfach vergessen; er könne sich nicht wieder klein machen.

Große Revolution, kleines Land, das war der Titel eines kubanischen Films über die grenadische Revolution. Aber gemessen an den viereinhalb Jahren ihrer Herrschaft, hat die revolutionäre Volksregierung wenig erreicht.

Sie baute mit kubanischer Hilfe einen Großflughafen. Sie stellte eine Armee, eine Miliz auf. Sie kämpfte beständig gegen die Konterrevolution, irgendwann spürte sie mal eine sechsundzwanzigköpfige Gruppe auf. Sie verstärkte die Bevormundung ihrer Anhänger, indem sie mehrere neue und unproduktive staatliche Organisationen gründete. Sie holte zweihundert internationalistische Arbeitskräfte ins Land. Sie schrieb Losungen. In solche Dinge floss das Geld: in Formen, Parteibürokratie, Sicherheitsapparat, Protzerei, Machtdemonstration.

Das Leben auf der Insel war in sich schief. Während die Menschen in Angst vor der »Zucht« lebten, herrschten an der Spitze, im Zentralkomitee – wie sich nach der Invasion herausstellte, als man die Sitzungsprotokolle einsehen konnte –, Unfähigkeit und Konfusion.

Wenig getan wurde – und das auf einer agrarischen Insel – für die Landwirtschaft, trotz der Tafeln mit »Produktions«losungen und trotz des vielen brachliegenden Landes, das unter Gairys Regime enteignet und dann mehr oder weniger sich selbst überlassen wurde. Die Doktrin stand dem Handeln im Wege: Förderung der erfolgreichsten Bauern, das wäre doch Förderung des Klassendenkens auf dem Lande, während als Endziel die bäuerliche Kooperative angesteuert wurde. Auch in anderen Punkten stand die sozialistische Lehre quer zum Naturell der Menschen. Unterprivilegierte Jugendliche zum Beispiel wollten alles andere als auf dem Land arbeiten, auch wenn sie liebend gern Marihuana pflanzten. Außerdem gab es – wie man auf einer Komiteesitzung in gewissenhaft klassenloser Sprache formulierte – das Problem der »aufsässigen Jugendlichen, der Graswurzel-Jugendlichen«, mit denen rein gar nichts anzufangen war.

Man entdeckte große neue Wörter für alte Verhaltensweisen: Die Arbeiter Grenadas, so stellte man fest, seien verdorben durch »Ökonomismus« – sie wollten einfach nur Geld und sähen keinerlei »gedanklichen Zusammenhang« mit der Arbeit. Bei manchen Sitzungen des Zentralkomitees herrschte eine Schulatmosphäre: sprachliche Fertigkeit, neuer Umgang mit Wörtern, das schien hier zum Selbstzweck zu werden.

Immer weniger Menschen kamen zu »Massen«kundgebungen. Im Zentralkomitee diskutierte man die immer gleichen Probleme, und offenbar änderte sich kaum etwas. Einmal geschah es, dass wichtige Losungen nicht geschrieben waren; als Entschuldigung wurde vorgebracht, es sei keine Farbe da gewesen. Oft kamen die Mitglieder des Zentralkomitees müde und unvorbereitet zusammen; bei einer Sitzung schliefen einige dann auch tatsächlich ein. Hin und wieder ging es um Kritik und Selbstkritik; dieser sozialistische Ritus schien viel Spaß zu machen.

Sie hatten den Apparat einer Revolution aufgebaut, aber sie wussten nichts damit anzufangen. Mit dem Apparat sollte der Sozialismus kommen, aber er kam nicht. Sie meinten, es läge am Apparat. Daher holten sie – und verzerrten damit das Leben der Gemeinschaft immer mehr – weitere Spezialisten aus Russland und Kuba; und noch sehr spät, fast zum Schluss, wollten sie die fortgeschrittenen sozialistischen Länder um zusätzliche Lehrer bitten, die ihnen in Fragen der Parteiorganisation behilflich sein sollten.

Sie warfen sich wechselseitig vor, Kleinbürger zu sein. Und daneben kultivierten sie einen weiteren Argwohn, einen nur halblaut, in gelegentlichen, verstreuten Sätzen anklingenden Zweifel, in dem alle alten Ängste der Rasse wieder aufzuleben schienen. Ließ sich das Volk von Grenada vielleicht gar nicht mit den hehren Idealen des Sozialismus zusammenbringen? Sahen die wirklichen Sozialisten, die da draußen in der großen Welt waren, in den grenadischen Revolutionären vielleicht nur »Politclowns«?

Dieser Wunsch, ernst genommen zu werden, dieser Wunsch, die Menschen der Theorie anzupassen, verleitete sie zu unglaublichen Methoden. Es gab Probleme mit den Rastafaris. Zu Gairys Zeiten schien es, als stünden sie auf der Seite der

Revolution und lehnten Gairy und das kapitalistische System ab. Aber als die Revolution kam, blieben sie weiterhin, was sie immer waren. Sie weigerten sich, zu arbeiten oder ihre Kinder zur Schule zu schicken; sie liefen ungewaschen und nackt umher; sie rauchten Marihuana und fanden es legitim, in der Not auch zu stehlen.

Sie waren eine Schande für die Revolution. Man kam zu dem Schluss, unter den Rastafaris gebe es Konterrevolutionäre, so genannte »Konter-Rastas«, und einige wurden verhaftet. Man erwog, sie in Lagern »mit strengem Tagesablauf und besänftigender Musik« unterzubringen. Aber man plante auch, diesen »lumpenproletarischen« Rastas den Prozess zu machen und sie dann auf Gefängnisfarmen zu schicken. Straffällig gewordene Rastas, die vor Gericht nicht zu überführen waren, sollten in geheime Lager gesteckt werden, für die die Volksmiliz »gut bezahlte Wächter unter Anleitung von Parteimitgliedern« zu stellen hatte. So verleitete der mit unausgesprochenem Rassenstolz vermengte revolutionäre Stolz groteskerweise manche Männer des Zentralkomitees, mit dem Gedanken des Konzentrationslagers zu spielen.

Aus diesem Wunsch nach dem reinen, affektlosen, klassenlosen revolutionären Handeln resultierte der letzte, plötzliche Wahnsinnsanfall: der Entschluss, den Revolutionsführer unter Hausarrest zu stellen, die Armee gegen die Menschenmenge einzusetzen, den Führer und andere Minister (alles Mitglieder des Zentralkomitees) umzubringen. Der Revolutionäre Militärrat war überzeugt, er hätte das Richtige getan. Umso größer der Schock, als Fidel Castro mit Ablehnung reagierte und sich weigerte, bei der Abwehr eines amerikanischen Angriffs behilflich zu sein. Aus einer handschriftlichen Aufzeichnung, die später gefunden wurde, ging hervor, dass die Ratsmitglieder zu dem Schluss kamen, die Kubaner hätten »die Ereignisse in Grenada von einem subjektiven und nicht vom Klassen-Standpunkt aus betrachtet«.

Selbstbewährung und Selbstzerstörung: Für die grenadische Revolution fiel beides zusammen.

Die Psy-Ops wollten eine Gruppe Marinesoldaten aufs Land schicken, um sich bei der Bevölkerung beliebt zu machen.

Ein CBS-Team begleitete sie, und ich konnte im Minibus des Senders mitfahren. Die CBS-Abendschau bestand aus acht oder neun Filmberichten, jeder etwa hundert Sekunden lang. Der Produzent hoffte, seinen Film dort unterbringen zu können. Er hatte einen Kameramann, eine Tontechnikerin, einen Reporter (mit tiefer, Achtung gebietender Stimme), einen einheimischen Chauffeur und einen ortskundigen Führer. Gegen Ende des Tages würde ein Skript mit Fernschreiber nach New York abgehen. Falls den New Yorkern der Text gefiel, würde der Produzent seinen Film per Hubschrauber nach Point Salines bringen; von dort könnte er mit dem Flugzeug nach Barbados fliegen, um den Film sendefertig zu machen.

Wie facettenreich das amerikanische Projekt war! Wie vielen Einzelaktivitäten es Raum bot, die sich wechselseitig Nahrung gaben! Grenada wurde wieder zur Kulisse.

Die Goodwill-Aktion ähnelte eher einer Übungstour. Ein Großteil der Vorräte, die die Marinesoldaten mitnahmen, bestand aus den Hinterlassenschaften der Kubaner: Kondensmilchdosen, davon einige schlecht geworden. Und obwohl auch Krankenbesuche gemacht werden sollten, gab es nicht viele Medikamente.

Wir fuhren zu einem Dorf namens Munich und hielten vor einem Lebensmittelgeschäft. Die umgebende Landschaft war grün, feucht und bergig. Auf dem Schild über der Ladentür stand der Name des Inhabers, Calliste, samt einem Zusatz, der besagte, dass er Vertreter einer Firma in St. George's war, die sich »auf Einbalsamieren und Transport spezialisiert« hatte. Im Geschäft roch es nach gepökeltem Fisch, Öl und Gewürzen. Hinter der Theke stand eine große, ruhige, braunhäutige Frau mittleren Alters mit Brille. Es war Mrs Calliste.

Ein ebenfalls braunhäutiger Mann sagte zu ihr mit dem vertrauten Akzent: »Also, wenn ihr euch richtig benehmt, seid ihr okay. Wenn ihr richtig lebt, kommt die Polizei nicht zu euch. Wenn ihr euch schlecht benehmt, kommen sie und helfen euch, dass alles in Ordnung kommt.« Dann stieg er hastig, als könnte er schon zu viel gesagt haben, in seinen Lieferwagen und fuhr davon.

Ein klein gewachsener junger Mann mit nacktem Oberkörper und den Anfängen einer Rasta-Frisur kam über die Straße. Er redete von Marihuana und bot dann, da er mich für ein Mitglied des amerikanischen Teams hielt, seine Dienste als Beschaffer an. Aber er tat nur wie ein Ganove; er lebte nämlich halbwegs anständig und bebaute oben in den Bergen ein Stück Land, das seiner Familie gehörte, wobei er wie andere Bauern unter niedrigen Muskatpreisen, schlechten Transportbedingungen und fehlendem Lagerraum für verderbliche Produkte litt. Nach seinen Worten waren die Callistes die größten Bauern in der Umgebung; sie hatten zahlreiche Muskatbäume. In einem zweistöckigen Haus, ein Stückchen weiter, wohne noch ein anderer Reicher; im Erdgeschoss seines Hauses betreibe er einen Tanzsaal, außerdem besitze er einen Bus. »Er hat mehr Geld. Sie« – der junge Mann rollte hochachtungsvoll mit den Augen und neigte den Kopf zu Mrs Calliste hin, die selbstbewusst und ruhig hinter ihrer Theke stand –, »sie ham mehr Ansehn.«

Mrs Calliste verschwand in einem Hinterzimmer. Es begann zu regnen, und ein Teil des Hühnerkots vor dem Geschäft wurde weggespült. Eine barfüßige Schwarze mit nass-glänzendem Gesicht, verstaubten ungekämmten Haaren, fehlenden Schneidezähnen und einem schmutzigen graublauen Kleid kam durch den Regen herein. »Frag Mistress Calliste«, sagte sie mit ihrem Karibikakzent zu der jungen Aushilfe, »ob sie Stoff für Taschen hat.«

»Was?«, warf ein alter Mann ein. »Ihr müsst jetzt Yankee reden und das anders sagen.«

»Ja, wir müssen jetzt Yankee reden.«

Das Mädchen kam zurück. »Mistress Calliste sagt, sie hat keinen Stoff für Taschen.«

»Kein Stoff für Taschen ins Ausland?« Taschen ins Ausland? Mit dem Wort »pocket« (für Tasche) war »packet« gemeint: Päckchen ins Ausland. »Ist denn hier kein Stoff im Laden?«

Aber der Stoff im Regal war zu dünn.

»Okay«, sagte die barfüßige Frau und ließ allen Stolz fahren. »Gib mir'n Mehlsack.« Sie zeigte auf die Glasvitrine. »Lass mich mal die Kekspackung da sehen. Ich will se nich kaufen, ja? Nur angucken.« Sie hielt die Packung in der Hand. »*Was? Dafür* drei fuffzig?« Als hätte sie's nicht gewusst. In ihrer hilflosen Arme-Frauen-Manier hätte sie liebend gern Geld für die köstlichen Kekse aus dem Fenster geworfen, aber selbst fünfzig Cent wären zu teuer für sie gewesen. So konnte sie nur diese kleine Show abziehen und die Dorfbewohner, die sich hier im Laden untergestellt hatten und über ihre Armut genau Bescheid wissen mussten, in Verlegenheit bringen.

Mrs Calliste stand wieder hinter ihrer Theke. Ein schwarzer Marinesoldat, der plötzlich aufgetaucht war, fuhr sie barsch an: »Gehört Ihnen der Laden?«

Er war nicht gut zu verstehen, und er hatte sich weder vorgestellt noch guten Morgen gesagt. Sie wusste nicht, wie sie reagieren sollte.

»Wo ist der Besitzer?«

»Er's nich da«, sagte Mrs Calliste, die endlich die Sprache wiederfand.

»Wann kommt er zurück?«

»So um vier.« Mrs Calliste blickte beunruhigt.

»Dann bin ich wieder weg.«

Die barfüßige Frau schaltete sich ein. »Sie können's ihr ja sagen«, wandte sie sich an den Soldaten. »Sie ist Mistress Calliste.«

Doch er hatte nichts Besonderes auszurichten. Er wollte nur noch loswerden, was er als Psy-Op in diesem Stadium anzukündigen hatte. »Wir werden gleich etwas Musik machen und ein paar Ansagen. Dann wird's laut, und es kommen viele Leute.« Und weg war er.

Aber es kamen nicht viele Leute. Das geschah erst etwa eine Stunde später, nachdem die Psy-Ops, angeführt von einer einheimischen Krankenschwester und gefolgt vom CBS-Team, Krankenbesuche in mehreren Häusern gemacht hatten.

Nach dem Regen war die steinige, schmutzige Straße, die vom Laden bergab führte, ganz glitschig.

»Sehen schlimm«, sagte ein alter Mann. »Ach ja, Sehen ganz schlimm.« Er hatte von den Krankenbesuchen gehört und seine Sonntagssachen angezogen. Vorsichtig tastete er sich hinter mir die abschüssige rote Straße entlang, er hielt mich für ein Mitglied des Teams. Aber es gab niemanden, der etwas für seine Augen tun konnte. Und es gab keine Pillen für die alte Frau, die mit den Nerven fertig war. Auch sie war, mitsamt ihrem Krankenzimmer, für den Besuch hergerichtet worden.

»Sie hatte einen Nervenzusammenbruch«, sagte ihr Neffe, ein Bauhandwerker, in seinem einfachen Englisch, »und dann kam sie ins Krankenhaus. In diesem Jahr hat sie schon vier Rückfälle gehabt. Sie wohnt im Haus da oben am Hang, ich hab sie zu mir geholt, na ja, als sie krank geworden ist. Sie kratzt sich hier, sie kratzt sich da, und die ganze Zeit tut's ihr so weh im Rücken.«

Die alte Frau, halb wahnsinnig vor Schmerzen, hob die Arme. »Meine Nerven! Mir tut's so weh!«

Doch es gab keine Medikamente für sie. Der amerikanische Arzt war bekümmert; er sagte, er werde am nächsten Tag wiederkommen.

Die Psy-Ops hatten ihre Schulung in North Carolina absolviert. In Grenada arbeiteten sie zum ersten Mal mit der Bevölkerung eines anderen Landes. Die Leute waren ihnen freundlich gesonnen. Hier brauchten die Psy-Ops keine Herzen zu gewinnen. Was sie vor sich hatten, war richtige Not, richtige Hilfsbedürftigkeit; und den Männern, die eher eine Macho-Rolle einstudiert hatten, fehlten die Mittel, um mit beidem fertig zu werden.

Aus dem Lautsprecher des Jeeps ertönte eine sonderbare (vielleicht »besänftigende«) Art Reggae: zusätzliches Trommeln im Lärm des tropischen Regens. Die Durchsagen mit ihrem halb drohenden, halb begütigenden Ton wurden pausenlos wiederholt. Die Nachricht von dem Besuch verbreitete sich in anderen Dörfern. Und bald schon sammelten sich vor

Mrs Callistes Laden viele Menschen, Männer und Frauen, die sich den Blutdruck messen lassen wollten.

Das CBS-Team war im Regen umhergezogen und hatte viel gefilmt. Der Kameramann war ausgerutscht und hatte sich am Ellbogen verletzt (aber die Kamera hatte er gerettet). Sollte dieser Film tatsächlich in der CBS-Abendschau gesendet werden, dann wäre er das größere amerikanische Projekt des Tages gewesen. Sollte er nicht gesendet werden, dann müsste er hinter der Psy-Ops-Übung zurücktreten.

Auf dem Rückweg nach St. George's überholten wir drei Schülerinnen in weißer Bluse und marineblauem Rock. Eine von ihnen rief: »*Weiße – Leute!*« Es war keine Begrüßung. Es war beschreibend, gleichbedeutend mit einem Pfeifsignal, halb freundlicher Spott, halb Aggression, wie ein Stück uraltes Grenada, ein Wissen um die Distanz zwischen den Rassen.

Die Psy-Ops fanden es überflüssig, die Losungen der Revolution zu übermalen oder zu entfernen; eine Ausnahme machten sie nur an der kurzen Straße, die hinauf nach Fort George führte. Dort hatten die Hinrichtungen der Revolutionären Volksarmee stattgefunden.

Die Ereignisse jenes Tages waren bereits zur Legende geworden. In den Einzelheiten gab es Abweichungen – nahezu jeder wollte Augenzeuge oder Betroffener gewesen sein; doch es schälte sich eine Kerngeschichte heraus. Als die Menge den Revolutionsführer aus dem Hausarrest befreite, fand sie ihn sehr entkräftet vor. Er hatte drei Tage nichts gegessen, entweder aus Angst vor Vergiftung oder weil kubanische Ärzte ihm ein Entwässerungsmittel injiziert hatten. Er war nackt, an ein Bett gefesselt, und konnte nicht laufen. Die Menschen brachten ihn mit einem Auto zum Fort. Die dortigen Soldaten schlugen sich auf seine Seite, von seiner Mutter kamen belegte Brote und Orangensaft. Dann schickte der Revolutionäre Militärrat die Panzerkampfwagen los. Einen Abschluss hatte die Geschichte nicht. Aber sie war zur Legende geworden, zu einer grenadischen Passionsgeschichte.

Das Fort lag oberhalb der Einfahrt zum inneren Hafen. Auf den Wehrmauern standen Geschütze aus dem neunzehnten Jahrhundert. Die Kaserne – vor der Aufstellung der Revolutionären Volksarmee als Polizeihauptquartier genutzt – war in einem robusten alten Kolonialbau untergebracht, einem Gebäude im italienisierenden Stil des Bau- und Verkehrsministeriums. Die Amerikaner hatten präzise und sparsam bombardiert: vier nahe beieinander liegende Einschläge im grünen Wellblechdach. Auf der einen Seite des Hofs lag das Gefängnis; über den winzigen Gefängnishof, auf den die drei kleinen Betonzellen hinausgingen, war rostiger Stacheldraht gespannt.

In diesen Zellen hatte man den Konterrevolutionären »Zucht« beigebracht. Einige der Häftlinge waren Rastafaris; bis zu zwanzig hatte man auf dem kleinen Raum festgehalten. Offizielle Losungen in roter Schablonenschrift – DISZIPLIN IST EIN MUSS SEID JETZT DISZIPLINIERT und LIEBER STERBEN ALS MARIONETTEN DES US-IMPERIALISMUS WERDEN – standen noch immer neben wirren oder unter Drogeneinfluss geschriebenen Rastafari-Bekenntnissen: WOZU IST EIN MENSCH EIGEN WENN ER DIE GANZE WELT GEWINNEN SOLL UND DEN VERLUST SEINER SEELT VERLIREN.

Die Wehrmauern waren übersät mit irgendwelchen Sachen – flach gedrückte ausrangierte Uniformen der Revolutionsarmee, Stiefel, ausgepolsterte Kisten, in denen russische Waffen gelegen hatten (auf den Deckeln stand der Inhalt in Englisch), viel Papier, viel Schriftliches. Diese Armee hatte gelernt, studiert. Sie hatte Politik studiert; eine spezielle Luftabwehrrakete studiert; und viele einfache Übungstexte geschrieben. In der Kaserne lagerte noch mehr Papier: unzählige schriftliche Übungen, viele kommunistische Zeitschriften.

Die Revolution hing an der Sprache. Mal benutzte sie große, verschwommene Worte; dann wieder missbrauchte sie die Sprache des Volkes. Hier diente der Gedanke des Lernens – ein guter Gedanke, den die meisten Grenader mit höherem Bildungsstandard assoziierten – lediglich dazu, einfache Menschen einfach und folgsam zu halten.

»Mein Gott, sie richten die Gewehre gegen das Volk!« Dieser Satz soll einer der Letzten gewesen sein, die der Revolutionsführer gesagt hat. Ein Foto aus der Zeit der Schießereien zeigt Panzerkampfwagen, Militärlaster, rennende Menschen und die – später übermalte – Losungstafel am Fuß des Hügels, auf dem das Fort lag: POLITIK DISZIPLIN KAMPF BEREITSCHAFT GLEICH SIEG.

Die Revolution war eine Revolution der Worte. Wie eine Erleuchtung, wie ein kürzerer Weg zur Würde, wirkten die Worte auf diese gerade erst mit Bildung ausgestatteten Männer, die sich in ihrer Gesellschaft an nichts messen konnten, und schließlich kaum etwas an ihr zu schätzen wussten. Doch die Worte waren bloße Nachahmung. Sie waren zu groß; sie passten nicht; sie blieben Worte. Die Revolution wurde hinweggefegt; und in Grenada blieb nichts als eine Mordgeschichte.

1984

Eine Hand voll Staub: Cheddi Jagan und die Revolution in Guyana

Anfang der dreissiger Jahre reiste Evelyn Waugh auf der Route der alten spanischen Galeonen ins Landesinnere von Britisch-Guyana. Eingezwängt zwischen Venezuela und Brasilien, gab es damals drei Guyanas, ein britisches, ein französisches und ein holländisches. Britisch-Guyana war von den dreien am größten. Mit seinen hundertachtzigtausend Quadratkilometern hatte es annähernd die gleiche Fläche wie Großbritannien, aber nur eine Bevölkerung von rund einer halben Million. Ein großer Teil der Bevölkerung – die in der Hauptsache aus Indern und Afrikanern bestand – lebte an der Atlantikküste, wo sich die großen Plantagen befanden. Weiter drinnen, nur wenige Kilometer von der Küste der Kolonie entfernt, begann die südamerikanische Wildnis, die sich bis nach Brasilien erstreckte: Hartholzwälder, Indiodörfer, Flüsse voller Felsklippen, Wasserfälle: und dahinter Savanne mit ihren Lateritböden und mit riesigen roten Ameisenhaufen und Palmen, die den Lauf vereinzelter flacher Flüsse säumten.

In dieser Savanne findet Waughs betrogener Held aus *Eine Handvoll Staub* (1934), der sich auf Reisen begeben hat, um seine englischen Kümmernisse zu vergessen, eine furchtbare Form von sozialer Vernichtung: In dem fast menschenleeren Land von einer despotisch herrschenden Gruppe englisch-indianischer Abstammung gefangen gehalten, muss er deren Oberhaupt wieder und wieder die Werke von Dickens laut vorlesen.

Guyana war schon immer ein Fantasieland. Es war das El Dorado und der Ort der Jonestownkommune. Bemerkenswert an Waughs Fantasie aber ist, dass zwei Jahre nach Erscheinen des Buches ein junger Mann von der Plantagenküste Guyanas zu einer Reise aufbrach, die sich wie eine Imitation des Schicksals von Waughs Romanheld ausnimmt.

Im Jahr 1936, als er achtzehn war, verließ Cheddi Jagan, Enkel indischer Vertragsarbeiter, die für die Arbeit auf den Plantagen herübergeholt worden waren, Guyana mit fünfhundert Dollar und fuhr in die Vereinigten Staaten, um dort zu studieren. Er hielt sich sieben ganze Jahre, bis 1943 also, in den USA auf – in Washington, New York und Chicago. Während seines Studiums hielt er sich mit verschiedenen Jobs über Wasser: Schließlich wurde er Zahnarzt. Gegen Ende seines Aufenthalts in den USA heiratete er eine bildschöne Amerikanerin. Außerdem hatte er eine marxistische Erleuchtung.

Als Cheddi Jagan 1943 nach Guyana zurückkehrte (seine amerikanische Braut traf zur Verblüffung der Familie Jagan kurze Zeit später ein), war er ein Mann mit klarer politischer Mission. Was immer an Vorstellungen über seine indische Herkunft beziehungsweise über sein indianisches oder guyanisches Milieu er hegen mochte und welche Gefühle historischer oder sozialer Desorientierung auch immer in ihm sich entwickelt haben mochten – all das ging in seinen marxistischen Überzeugungen vom Mehrwert und vom weltweiten Klassenkampf unter. Diese Überzeugungen waren für ihn Vision genug. Und wie eine Spielart des Waughschen Helden harrt Cheddi Jagan seit fünfzig Jahren aus und wartet auf seine Stunde, wartet unverdrossen, während der Zweite Weltkrieg endet, Deutschland und Japan wieder aus der Versenkung auftauchen, die europäischen Kolonialreiche abgewickelt werden, Schwarzafrika zerfällt, der Kalte Krieg kommt und geht, der europäische Kommunismus zusammenbricht, Guyana selbst seine Unabhängigkeit erlangt (und sich ohne vernünftigen historischen oder etymologischen Grund aus Guayana in Guyana umbenennt).

Fast von Anfang an hatte er »seine Basis in den unterdrückten Zuckerrohrarbeitern«, um den Umschlagtext der 1966 in der DDR auf Englisch erschienenen Ausgabe seiner Autobiographie *The West on Trial* zu zitieren. Nach fast fünfzig Jahren sind diese Arbeiter (beziehungsweise ihre Nachkommen) mehr oder minder unverändert verfügbar. Mag sein, dass die Reinheit der marxistischen Überzeugungen Cheddi Jagans mit dazu beigetragen hat, diese Menschen in ihren alten Rollen zu fixieren.

Schon früh war ihm Erfolg beschieden. Im Jahr 1947 wurde er das jüngste Mitglied im kolonialen Gesetzgebungsrat von Britisch-Guyana. 1950 gründete er mit anderen die *People's Progressive Party* (PPP; Fortschrittliche Volkspartei). Es handelte sich um ein außergewöhnliches Bündnis der beiden Hauptethnien Guyanas – der Afrikaner (wie sie genannt wurden), die von den Sklaven abstammten, und der Inder, die auf den Plantagen an die Stelle der Afrikaner getreten waren. Im Jahr 1953 errang seine Partei mit überwältigender Mehrheit die Macht. Jagan schien im Begriff zu stehen, der erste Führer des ersten kommunistischen Staates in der Neuen Welt zu werden. (Fidel Castro betrat erst fünf oder sechs Jahre später die Bühne.) Jagan und seine Frau Janet erlangten große Berühmtheit. Eine Zeit lang dienten sie der britischen Boulevardpresse als Buhmänner und füllten als heiße Story die zeitliche Lücke zwischen Mossadegh, der das iranische Öl verstaatlichte, und Nasser, der den Sueskanal unter ägyptische Oberhoheit brachte.

Britisch-Guyana war freilich weder Iran noch Ägypten. Britisch-Guyana war 1953 nichts weiter als eine Kolonie. Nach drei Monaten im Amt wurde die Regierung Jagan von der britischen Regierung abgesetzt; London hob die Verfassung auf und schickte Truppen. Unter diesem Druck zerfiel die PPP nur zu rasch in ihre zwei Komponenten, den afrikanischen und den indischen Bestandteil. Die beiden Ethnien waren in Guyana fast gleich stark vertreten. Unter dem Firniss marxistischer Worte regredierte Guyana auf seine tiefer verwurzelten ethnischen Verhaltensweisen.

Die Stimmen der Inder brachten Jagan 1957 und 1961 zurück an die Macht. Es war indes die afrikanische Partei, die – mit amerikanischer Hilfe und nach schweren Rassenunruhen – die der Unabhängigkeit vorausgehenden Wahlen von 1964 gewann. Von da an wurden Jagan und seine indische Anhängerschaft durch eine Reihe von manipulierten Wahlen von der Macht fern gehalten, während Guyana – bis 1984 – eine Art von marxistisch-afrikanischem Kurs steuerte und sich als »genossenschaftliche Republik« etablierte. Während der letzten sechs Jahre hat man sich von den »genossenschaftlichen« Prinzipien abgewandt; mittlerweile aber ist Guyana ein ebenso armseliger Ort wie der heruntergekommenste osteuropäische Staat.

Sämtliche wichtigen Industrien – Bauxitabbau, Reisanbau – übernahm die afrikanisch beherrschte Regierung; und die Regierung verteilte an ihre Anhänger Jobs oder schuf welche für sie. Die Staatsdespotie kommunistischen Zuschnitts war also gleichzeitig eine ethnische Despotie; und die kleinen und großen Korruptionserscheinungen hatten zugleich einen ethnischen Drall. Alles verfiel in diesem Staat; alles wurde zum Verlustgeschäft. Immer mehr Geld wurde gedruckt; in dem rassistischen Staat verlor die guyanische Währung, die einst mit der Währung eines Staates wie Trinidad auf gleichem Fuß gestanden hatte, fast völlig ihren Wert. Die Einfuhren wurden beschränkt, viele Artikel durften gar nicht mehr eingeführt werden. Die Guyaner aller Ethnien verzehrten sich nach bestimmten einfachen, billigen Nahrungsmitteln, mit denen sie groß geworden waren – nach Sardinen aus New Brunswick, kanadischem Mehl, kanadischem Räucherhering und Salzfisch. Während im benachbarten Trinidad dank des Ölbooms der siebziger Jahre Überfluss herrschte, litt Guyana Mangel. Die Guyaner begannen auszuwandern, auf legalem und auf illegalem Weg, zuerst Inder, dann auch andere; sie gingen nach Trinidad, nach Kanada und in die USA. Über ein Drittel der Bevölkerung Guyanas lebt mittlerweile im Ausland.

Die Hauptstadt Georgetown, einst eine der schönsten aus Holz erbauten Städte der Welt (mit den großen Hartholzwäldern nur wenige Kilometer landeinwärts), verwitterte und verfiel. Über der heruntergekommenen Stadt ragt heute ein außergewöhnliches, skurriles Denkmal der Genossenschaftsrepublik empor, das den Abschluss einer der Hauptboulevards bildet: eine gigantische, afrikanisch aussehende Gestalt, langarmig und offenbar in Tanzbewegung, mit Symbolen auf ihren Gliedern, die den Eindruck kabbalistischer Zeichen machen. Dieses Sinnbild afrikanischen Erwachens wurde angeblich zu Ehren von Cuffy, dem Anführer einer guyanischen Sklavenrevolte des Jahres 1763, errichtet; es gibt allerdings Schwarze, nach deren Überzeugung die Figur – egal, was der Bildhauer mit ihr beabsichtigte – in Zusammenhang mit irgendeiner Art *obeah*-Zauberei für Forbes Burnham, den langjährigen afrikanischen starken Mann Guyanas, errichtet wurde. Mr Burnham soll am Ende seinen Marxismus mit *obeah*-Magie vermischt und sich einen *obeah*-Ratgeber zugelegt haben.

Im Botanischen Garten von Georgetown – einem der vielen Experimentier- und Forschungsgärten dieser Art, die im achtzehnten und neunzehnten Jahrhundert die Briten in den verschiedenen Teilen ihres Weltreichs angelegt haben – gibt es ein weiteres, komplementäres Monument zum Gedenken an Mr Burnhams Herrschaft. Es ist das Mausoleum, das für Mr Burnham nach seinem Tod im Jahr 1984 errichtet wurde. Es handelt sich um eine spinnenartige Konstruktion mit einem zentralen Pavillon und einer äußeren Kolonnade aus Betonstützen, die wie Spinnenbeine aussehen. Wie Lenin sollte der Begründer der Genossenschaftsrepublik dort eigentlich einbalsamiert zur Schau gestellt werden; aber etwas lief schief, und der Leichnam zersetzte sich, ehe er konserviert werden konnte.

Während all dieser Entwicklungen – Marxismus, ethnische Despotie, ökonomisches Sterben und *obeah* – hat Cheddi Jagan als Führer seiner Partei die Stellung gehalten; stets war er da, dieser Verfechter eines reineren marxistischen Kurses, und wartete darauf, dass man ihn rief. Die Unterstützung, die er fand, kam immer von den Indern; dennoch hat er sich nie damit abgefunden, einfach nur Führer einer Ethnie zu sein. In den schlimmsten Zeiten afrikanischer Unterdrückung hat er alle Gesetzesvorschläge unterstützt, die als sozialistisch oder marxistisch gelten konnten. Nach Ansicht einiger hat er also um der Reinheit seiner marxistischen Vision willen Verrat sowohl an den Interessen seiner Anhänger als auch an seiner eigenen politischen Karriere geübt.

Inzwischen ist er zweiundsiebzig. Nachdem der Kommunismus in Europa verschwunden ist und die Vorgänge in Guyana weder die USA noch Russland mehr interessieren, ist denkbar, dass die kommenden Wahlen frei sein werden und Cheddi Jagan endlich als Sieger aus ihnen hervorgeht. Mittlerweile aber sind knochenharte Zeiten angebrochen: Die Zinsen liegen bei 34 Prozent, der Guyana-Dollar ist einen US-Cent wert, und ausländisches Geld macht einen Bogen um das Land. Das Einzige, was eine vernünftige Regierung tun könnte, wäre, die Verstaatlichungen der letzten fünfundzwanzig Jahre rückgängig zu machen. Mit anderen Worten, falls Jagan an die Macht kommt, spricht viel dafür, dass er scheitern beziehungsweise seinen legendären Ruf einbüßen wird.

Freedom House, Cheddi Jagans Parteizentrale, ist ein altes weißes Holzhaus in einer basarähnlichen Straße. Dort suchte ich ihn auf. Grauhaarig und bebrillt, strahlte er Lebhaftigkeit aus. Er trug einen kurzärmeligen schiefergrauen Safarianzug. Der ließ eine gewisse Rundlichkeit um die Hüften erkennen; für einen Mann von zweiundsiebzig befand sich Cheddi Jagan dennoch in bemerkenswert guter Form, und ich hatte das Gefühl, dass ihm das in seiner Politikerrolle wichtig war.

Er habe keine Krankheiten, sagte er: Seit 1966 habe er jedes Jahr in einem der »sozialistischen Länder« seinen Gesundheitszustand überprüfen lassen. Der mittlerweile altmodische Begriff der»sozialistischen Länder« ging ihm mühelos über die Lippen; in dem kleinen Raum im Obergeschoss von Freedom House, mit den Sesseln, den Kaffeetassen, den vielen Papieren und dem gerahmten Schwarzweißdruck mit einer Zeichnung von Marx, Engels und Lenin, die man durch die geöffnete Tür in seinem Privatbüro hängen sah, gewann man den Eindruck, dass, allen Veränderungen, die draußen stattgefunden hatten, zum Trotz, hier alles gleich geblieben war.

Ich wollte wissen, wie er seit 1964 hatte durchhalten können, welche Hilfsmittel ihm im Land zur Verfügung gestanden hatten, warum er nicht wie so viele seiner Anhänger aufgegeben hatte. Er schien die Frage nicht zu verstehen. Stattdessen erzählte er von der Vergangenheit, den Anfängen seiner Bewegung und den großen Jahren von 1948 bis 1964. Er redete mit gewohnter Energie und auf seine akademische, in öffentlichen Versammlungen geschulte Art, hakte die einzelnen Punkte an seinen langen Fingern ab und schaffte es, Bandwurmsätze voller Fakten, Namen und Verweise zu bilden.

Die sechsundzwanzig Jahre seit 1964 handelte er kursorisch ab. Dann erklärte er, ein selbst gestelltes Thema aufgreifend und nicht etwa einer Anregung von meiner Seite folgend, er werde oft gefragt, warum er keinen »bewaffneten Kampf« begonnen habe. Er bat jemanden im Vorzimmer, ihm bestimmte Unterlagen zu bringen. Als sie gebracht wurden, nahm er ein Dokument, in dem es um das Defizit Guyanas ging. Dieses beidseitig bekleckste und bedruckte Blatt Papier war auf einem uralten Vervielfältigungsapparat hektographiert worden; der scharfe ölige Geruch der Kopierflüssigkeit haftete an ihm. Die nicht leicht zu entziffernden Diagramme zeigten, dass von 1965 bis 1988 das guyanische Staatsdefizit von 4,2 Millionen guyanischen Dollar auf 1309 Millionen angewachsen war. Er wollte damit deutlich machen – und es wirkte fast, als weihte er mich in eine alte politische Strategie ein –, dass es besser war, die Regierung sich durch ihr eigenes ungeheures Defizit zu Fall bringen zu lassen als durch einen bewaffneten Kampf, »bei dem man im Zweifelsfall den Kürzeren zog«.

Hier steckte seine Frau den Kopf durch die Tür. Dreißig Jahre waren vergangen, seit ich sie zuletzt gesehen hatte. Ich hatte eine außerordentlich attraktive Frau in Erinnerung. Dreißig Jahre, alle mit einem Schlag zur Geltung gebracht, hatten sie bis zur Unkenntlichkeit verändert. Zuerst sah ich nur die bleiche Farbe ihres üppigen Haars und die Farben ihrer Kleider, gelbbraun und schwarz, fremdartig in diesem Milieu, keine guyanischen oder karibischen Farben. Im Gesicht war sie abgemagert, ihr Körper war fülliger und schlaffer geworden, und sie trug weite Hosen; ihre Haut war faltig. Ihre Augen allerdings, ihre helle Stimme (die nach fast fünfzig Jahren in Guyana immer noch amerikanisch klang) und ihr nervöses Lachen passten zu der jüngeren Person, die ich im Gedächtnis hatte.

Sie sprach von ihren zwei Kindern und ihren fünf Enkelkindern. Ihr Sohn, der mittlerweile vierzig war, lebte in Chicago, wo sein Vater studiert hatte. Ihre Tochter lebte in Kanada.

Im Jahr 1961 stand Janet Jagan in Guyana im Ruf einer ausländischen weißen Revolutionärin, einer amerikanisch-jüdischen Radikalen. Jetzt hieß es, sie habe sich zurückgezogen. Einer ihrer alten politischen Gegner bemerkte: »Sie ist eine Matrone, aber verraten Sie ihr nicht, dass ich das gesagt habe.«

Guyana war der erste Ort, den ich als Schriftsteller besuchte. Ich hatte mir vorgenommen, über europäische Kolonien in der Karibik und in Südamerika zu schreiben. Ich war achtundzwanzig. Ich war ein unerfahrener Reisender und sollte bald entdecken, dass, aller Aufregung über neue Szenerien und aller Aufbruchsstimmung zum Trotz, eine Reise nicht unbedingt in der Niederschrift einer Geschichte resultierte.

Als politischer Beobachter war ich ungeübt und zaghaft. Ich glaubte, bei dieser Art von Schriftstellerei gelten lassen zu müssen, was die Leute mir erzählten. Die Zweifel, die ich als Romancier hegte, schob ich als einem anderen Genre zugehörig beiseite. In meinem Buch betrieb ich im Hinblick auf die Schwarzenbewegung der späten fünfziger Jahre wider besseres Wissen Schönfärberei. Ich kaufte mich los, indem ich mir erlaubte, die Dinge so zu sehen, wie sie mir präsentiert wurden. Das Unbehagen, mit dem mich die Glattzüngigkeit und Sentimentalität dieser Bewegung und ihr Moment von Bösartigkeit erfüllten, unterdrückte ich.

Und wenngleich ich – offiziell und privat – ziemlich viel Zeit in der Gesellschaft der Jagans verbrachte, damals, als Cheddi Jagan Premier der Kolonie und Janet Jagan Gesundheitsministerin war, konnte ich mich doch nie zu der Ansicht durchringen, dass es sich bei dem Marxismus der beiden um mehr handelte als um einen Sozialismus im Stil der Labour-Partei.

Im Jahr 1961 führte Forbes Burnham die Opposition an. Er war scharfzüngig und boshaft, hatte tiefschwarze, sehr glatte Haut und war bereits korpulent, wenn er sich auch nach wie vor wie ein aufgeweckter Stipendiat benahm. In seinem Gesicht und seinem Körper drückte sich sein Charakter aus; dennoch verweigerte ich mich der Einsicht, dass Burnham ein Genussmensch und gefährlich war, ein gleichzeitig verletzter und verdorbener, von Rachsucht erfüllter Mann.

Und ich, der ich in einem gewissen Maße aus ähnlichen Verhältnissen kam wie Burnham und Jagan, hätte nie für möglich gehalten, dass es diesen beiden Marxisten tatsächlich gelingen würde, im Zusammenspiel die Gesellschaft aus den Angeln zu heben. Ich sah, was ich sehen sollte, was ich sehen konnte, ohne mich beunruhigen zu müssen. Darin glich ich dem guyanischen Volk.

Martin Carter zählte zu denen, die das Erwachen Guyanas in den frühen fünfziger Jahren besangen. Nach seiner Ansicht entsprang die Verwirrung in Guyana zu einem großen Teil falschem Sprachgebrauch oder falschem Wortverständnis. Ein Wort wie »Sozialismus« sei ohne seine Geschichte nach Guyana gelangt, ohne die vielfältigen Bedeutungen, die es durch Leute wie Robert Owen, Bernard Shaw und William Morris erhalten habe. Jeder in Guyana kultiviere gemäß den Büchern, die er gelesen habe, seine eigenen Vorstellungen von Sozialismus; in diesem Punkt verstünden die Menschen einander häufig nicht. Nicht jeder stelle sich unter Sozialismus ein ökonomisches System vor. »Ein Sozialist war einfach ein guter Mensch, ein netter Mann. Und das blieb in der breiten Bevölkerung hier lange Zeit die Vorstellung, die man mit Sozialismus verband. Heute ist das anders, weil alles, was schief gelaufen ist, mit Sozialismus assoziiert wird.«

Martin Carter erzählte folgende Geschichte: »Pandit Misir, ein Brahmane vom Westufer des Demerara-Flusses, gehörte Cheddis Partei an. Die Sache passierte an einem Ort namens Vreed-en-Hoop – der übrigens John Gladstone, dem Vater des britischen Premiers William Ewart Gladstone, gehört hatte. Cheddi hatte Broschüren verteilt, die von der Kommunistischen Partei Großbritanniens an die Genossen nicht nur in Georgetown, sondern auch in anderen Teilen der Dritten Welt geschickt worden waren. Unter diesen Broschüren befand sich eine mit dem Titel *Die Kapitalistische Gesellschaft*. Das war noch vor den Wahlen von '53.

Cheddi veranstaltete am Westufer eine öffentliche Versammlung, bei der Pandit Misir den Vorsitz führte. Eine riesige Menge war gekommen. Und der Pandit – er war damals zwischen fünfunddreißig und fünfundvierzig, sah aber viel älter aus – lief angesichts der vielen Leute und der Anwesenheit von Cheddi Jagan zu Topform auf.

Er verkündete der Menge, er wolle ihr noch etwas sagen, bevor er das Wort an Cheddi übergebe. Und erklärte dann: ›Da gibt's was, das nennen sie kapitalistische Gesellschaft. Ist so was wie Vogelrebe. Wenn's dich erwischt, kriegst du's nicht wieder ab.‹ Vogelrebe nennt man den Rückstand, wenn sich Vögel den Schnabel an Bäumen wetzen, nachdem sie eine bestimmte Art Frucht gefressen haben, bei der es sich natürlich um die Frucht der Vogelrebe handelt – einer Pflanze, die an der Küste jedermann kennt.

Mehr sagte der Pandit nicht, und die Menge tobte, weil sie die Botschaft des Pandit verstanden hatte, dass die kapitalistische Gesellschaft etwas war, was einem das Leben schwer machen konnte. Das heißt, er hatte in den zwei Wörtern »kapitalistische Gesellschaft« die gesamte Plantagenerfahrung auf den Punkt gebracht. Pandit Misir selbst wusste es nicht besser. Er war ein schlanker, großer Mann. Ein leidenschaftlicher Mensch, und was er über die Vogelrebe sagte, vermittelte den

Leuten viel mehr als Cheddis lange Ausführungen über die Mehrwerttheorie von Karl Marx.«

Sodass also – dieser Analyse zufolge – irgendwo im Niemandsland zwischen der Volksnähe von Pandit Misir und den starren Formeln des marxistischen Gedankenguts die Realitäten Guyanas ihre Bestimmtheit einbüßten beziehungsweise verloren gingen und damit der Grund für die eine Seite der entsetzlichen Farce der Genossenschaftlichen Republik gelegt wurde.

Ein Mitstreiter Cheddi Jagans in den späten vierziger Jahren war Sydney King, ein afrikanischer Schullehrer. Er trennte sich Mitte der fünfziger Jahre von der Partei Jagans. Später machte er dann eine Wandlung zum Afrikaner durch. »Während die Inder sich im Glanze ihrer Zivilisation sonnten, wurden die Afrikaner hier von Selbstmitleid übermannt.« Im Rahmen einer »afrikanischen Namensbewegung«, die er in Gang zu bringen suchte, gab sich Sydney King den Namen Eusi Kwayana.

Über Cheddi Jagan äußerte er: »Ich glaube, er hatte ein kulturelles Problem. Wäre er ein gläubiger Hindu gewesen, wenigstens in seiner Jugend, er hätte einen plastischeren, menschlicheren Bezugsrahmen gehabt. Weil er aber zusammen mit dem Imperialismus und all seinen Schöpfungen auch die eigene Kultur verworfen hatte, suchte er sich ein anderes Zentrum, nämlich die Sowjetunion. Er verstand sie so, wie sie sich selbst darstellte. Alles, was er tat, musste er also vor sich selbst im Rahmen der Kultur dieses anderen Zentrums erklären. Gelang ihm das, fühlte er sich von der Richtigkeit seines Tuns überzeugt.

Als Burnham von 1971 an den Sozialismus einführte, äußerten sich Leute beider Rassen entsetzt darüber und wollten davon nichts hören. Jagan war das egal. Er gab eine Erklärung ab, ganz Guyana habe sich für den Sozialismus entschieden – der eine Teil für ihn, der andere für Burnham. Obwohl die Politik hier immer rassisch bestimmt war.«

Als es 1964 zu Rassenunruhen kam, tat sich Eusi Kwayana mit Burnham zusammen. Dann aber trennte er sich auch von diesem.

»Tatsache ist, dass Burnham Sklavenarbeit einführte. Auf Plantation Hope, einer Kokosnussplantage an der Ostküste, führte er Zwangsarbeit ein. Und alles, was man bekam, war das Recht, Waren zu kaufen, an denen Knappheit herrschte. Die Waren bekam man nicht einmal im Austausch gegen die Arbeit wie in den Tagen der Sklaverei; man musste sie vielmehr kaufen. Am freien Tag schuftete man, ohne etwas dafür zu bekommen. Auf Plantation Hope spielte er den Gutsherrn. Er ritt hoch zu Ross herum, trank und bewirtete seine persönlichen Freunde. 1977 schickte er Stenotypisten, Büroangestellte, Akademiker auf die Zuckerrohrfelder, um einen Streik der Zuckerrohrarbeiter zu brechen. Das ging daneben. Die Ernte verkam. Die Leute hatten keine Ahnung von der Sache.«

»Und doch liebte ihn die schwarze Bevölkerung«, sagte ich.

»Liebte ihn? Das hörte Mitte der Siebziger auf. Als er 1950 aus England zurückkam, bewunderten ihn die Guyaner, wegen seiner angeblichen Gelehrtheit und wegen seiner Redekunst – die ich hohl fand. Ich kannte sogar Indo-Guyaner, die ihn gern reden hörten. Vor allem bewunderten ihn die Afrikaner aus dem Mittelstand. Es brauchte lange, bis ihn auch die Afrikaner vom Land akzeptierten – sie mochten keine Anwälte.

Wie korrupt seine Regierung war, wurde 1971 bekannt. Jeder wusste, dass der Sozialismus der Regierung ein Schwindel war. Nach Ansicht mancher bewies Burnham, dass Sozialismus nichts anderes war als ein System, Leute zu beherrschen und in die eigene Tasche zu wirtschaften. Und das hat er aus Osteuropa übernommen.

Bei Burnhams Tod wurde sein Vermögen auf eine Million guyanische Dollar beziffert. 4,30 guyanische Dollar entsprachen damals einem US-Dollar. Die Leute lachten sich schief. Man erzählte sich, Burnham habe Millionen von Dollar in seinen Taschen gehabt, als er starb. Sein Tod löste Erleichterung aus, Freudenausbrüche in den Straßen. In Brooklyn feierten sie Feste. Und hier bekamen die Leute zwei Tage frei, wobei aber die Kneipen nicht öffnen durften, weil sonst die Freudenstimmung zu deutlich geworden wäre.

Am Tag nach der Beerdigung ging ich durch Georgetown, und jedermann wusste, dass in der vergangenen Nacht der Leichnam von Soldaten weggeholt worden war. Sie hatten Einbalsamierer eingeflogen und arbeiteten in einem Begräbnisinstitut in der Stadt an der Leiche. Ich glaube, die Einbalsamierer kamen aus Moskau – so stand es in den Zeitungen. Die Bevölkerung hielt gar nichts von dieser Idee, Burnhams Leichnam einzubalsamieren. Eine Afrikanerin sagte zu mir: ›Er tot. Er sollen Acker düngen.‹ Und in der Presse verkündeten sie, er werde einbalsamiert, damit er für alle Zeit erhalten bleibe und im Mausoleum ständig zu sehen sei. Der Leichnam war dann ein Jahr lang verschwunden – ein Jahr voller Gerüchte, voller Gerüchte über den Leichnam. Manche schwören, er sei nie einbalsamiert worden, der Fäulnisprozess sei fürs Einbalsamieren schon zu weit fortgeschritten gewesen; zurückgekehrt sei ein Wachsbild. Aus England, aus einem berühmten Studio – wie heißt es doch gleich?«

»Madame Tussaud's?«

»Die Leute sagen, es sei ein Werk von Madame Tussaud's. Nicht Burnhams Leichnam. Sie nennen ihn den Mann, der zweimal begraben wurde.«

Seiner körperlichen Erscheinung nach war Eusi Kwayana nicht die Art Mann, die mich sein afrikanischer Name und seine bewegte politische Vergangenheit hatte erwarten lassen. Er war seit über vierzig Jahren Vegetarier, dünn, von asketischem Aussehen, feingliedrig. Seine langen Finger machten elegante Bewegungen. Er erweckte den Eindruck einer religiösen Figur aus der byzantinischen Kunsttradition: lang gezogenes Gesicht, eine hohe, gewölbte Stirn zwischen zwei hohen, seitlichen Büscheln gräulich-braunen Haars, scharfe Nase und tiefe Falten, die von der Nase zum Kinn verliefen und das Kinn heraushoben. Sein Nacken war lang und runzlig, eine feine Falte reihte sich an die andere.

Ich fragte ihn, ob er seine Wandlung zum Afrikaner mittlerweile als feste Gegebenheit betrachte oder sich nach wie vor in Gedanken mit ihr beschäftige. Sein Lachen lief in ein Kichern aus. »Ich denke immer noch darüber nach.« Und verlegen hob er einen Arm, um mir zu zeigen, dass sein kurzärmeliger »afrikanischer« Kittel, ein Gewand, das er nun zu tragen gewohnt war, sein Praktisches hatte: einen adrett gesäumten Belüftungsschlitz unter den Armen.

Cheddi Jagans Eltern waren 1901 als ganz kleine Kinder beide auf demselben Segelschiff, der *Elbe*, aus Indien nach Guyana gekommen. Beide arbeiteten bereits in sehr jungen Jahren auf den Plantagen. Cheddi Jagans Vater begann damit, bevor er zehn war; mit vierzehn war er bereits ein Zuckerrohrschneider mit vollem Pensum; mit dreißig wurde er »Treiber« oder Vorarbeiter einer Gruppe und verdiente zehn Shilling die Woche, ungefähr zwei Dollar fünfzig.

Cheddi war damals elf. Drei Jahre danach schickte ihn sein Vater in die Hauptstadt Georgetown aufs Queen's College; und noch einmal drei Jahre später schickte er ihn mit fünfhundert Dollar in der Tasche zum Studieren in die USA. Das Geld hatte er beim Glücksspiel gewonnen. Als Vorarbeiter verkehrte Cheddis Vater mit den Aufsehern der Plantage. Das waren in der Hauptsache Schotten, die gern tranken und spielten.

Cheddi war das älteste von elf Kindern. Zu den außerpolitischen Engagements, die er übernahm, als er 1943 nach Guyana zurückkam, zählte die Sorge für seine Brüder und Schwestern. Er verschaffte ihnen allen eine gute Ausbildung. Von den elf Jagan-Kindern wurden drei Akademiker, zwei Krankenschwestern und einer Friseur.

Martin Carter hatte Cheddi Jagans Vater als »einen hoch gewachsenen Mann mit einem schwarzen, stoppligen Schnurrbart« im Gedächtnis. »An diesen Schnurrbart erinnere ich mich deutlich. Und an seine Größe – er war ein sehr hochgeschossener Mann, keine Frage. Seine Mutter war sehr sanft, fast geisterhaft, sehr schmal. Als ich sie ganz gegen Ende der vierziger Jahre kennen lernte, vermittelte sie mir den Eindruck, dass sie nie etwas anderes getan hatte, als Kinder am Leben zu halten – buchstäblich am Leben zu halten. Sie bewohnten ein sehr schlichtes Haus an der Corentyne-Küste, mit einer Küche dahinter und einer Kochstelle aus Lehm – wir nennen das ›Kuhmaul‹. Die Küche stand getrennt vom Haupthaus.«

Über Cheddi Jagans Anfänge erklärte Martin Carter: »Für einen jungen Mann aus dem Plantagenmilieu, der auch noch von der früher als Wilde Küste bekannten Plantagenküste kam, war das Erfahrungsspektrum zu gewaltig, um entspannt damit umzugehen, zumal in der damaligen Zeit. Von den so genannten Metropolen waren wir sogar noch weiter weg als heute. Man kann sich vorstellen, wie« – Martin Carter suchte nach einem passenden Wort – »*verloren* sich ein junger Mann damals fühlen musste, der aus einem Milieu ohne Bildung kam. Das ließ ihn in Haltungen erstarren, die ihm später geblieben sind. Dieses Moment von Erstarrung hat ihn persönlich geprägt. Gleichzeitig ließ es ihm auf sehr machtvolle Weise deutlich werden, aus welcher Art von Gesellschaft und Gemeinschaft er hervorgegangen war.«

Über seine frühe Zeit, besonders seine Zeit in Amerika, wollte ich etwas erfahren, als ich Cheddi Jagan das nächste Mal traf. Er kam an einem Sonntagnachmittag ins Hotel, um mich abzuholen, und wir fuhren zu ihm nach Hause. Das Haus hatte er gebaut, nachdem er 1964 als Premier abgedankt hatte. Es war ein schlichtes, neumodisches, zweigeschossiges Georgetown-Haus, gut eingezäunt und mit Wachhund.

Wir saßen im Obergeschoß. Die nachmittägliche Brise wehte durch die offenen Türen auf beiden Seiten. Jenseits der schmiedeeisernen Balkongitter lag der grüne Garten mit Mangobäumen, Kokospalmen und Bananenstauden.

Neunzehnhundertsechsunddreißig schien weit, weit weg. Wie sah damals das Weltbild seiner Eltern aus, in ihrem Plantagenmilieu und mit dem halb verwischten Indien in ihren Lebensgewohnheiten? Wie sahen Cheddis eigene Erwartungen aus, als er in die USA und nach Washington fuhr, um an der Schwarzenuniversität Howard zu studieren, in einer Zeit wirtschaftlicher Not und politischer Intoleranz? Das Schiff sollte in

Boston anlegen. Versetzte ihn der Name der berühmten Stadt in Aufregung?

Er konnte es nicht sagen. Es war so, wie Martin Carter geäußert hatte: Cheddi brachte keine Bildung mit, nichts, was ihm dabei hätte helfen können, Dinge zu sehen und zu verstehen und an der richtigen Stelle einzuordnen. Er hatte alles einfach so genommen, wie es kam.

Während er in Howard studierte, musste er sich Geld verdienen; nach zwei Jahren gewann er ein Stipendium für die Northwestern in der Nähe von Chicago. Er hatte viele Anekdoten über seine Zeit in Amerika parat; Janet – die an diesem Sonntagnachmittag in schwarzen, weiten Hosen und einer geblümten Bluse dabeisaß, das Haar üppig und regelrecht goldfarben – lieferte ihm die Stichworte für die Geschichten. In Washington hatte er eine Anstellung in einer Pfandleihe mit schwarzem Kundenkreis gefunden. Er arbeitete dort als Schneider (eine Halbfertigkeit, die er sich in Guyana angeeignet hatte); für die Ausbesserung von Kleidern, die nicht ausgelöst worden waren und zum Verkauf kamen, verdiente er fünfundzwanzig Cent die Stunde. In Chicago arbeitete er nachts als Fahrstuhlführer.

»Weil sie aus besseren Verhältnissen kamen«, sagte er, »waren Leute aus der Karibik immer erfolgreicher als die amerikanischen Schwarzen, und man begegnete ihnen mit einigem Ressentiment. Aber insgesamt wurden alle als Schwarze behandelt. Inder genossen größere soziale Anerkennung. In Washington gab es Kinos, in die Schwarze nicht gehen durften, ich dagegen ja. Ich ging aber nie, weil ich nicht das Gefühl hatte, anders als die Schwarzen zu sein. Ich hatte dasselbe Gefühl, eingeschränkt zu sein, dasselbe Gefühl, zu den Unteren zu gehören. Ich pflegte in die ärmeren Kinos zu gehen, wo es buchstäblich eine Trennwand zwischen Weiß und Schwarz gab. Auf der einen Seite die Schwarzen, auf der anderen die Weißen. Wenn ich hinging, saß ich bei den Schwarzen.«

Gegen Ende seines Studiums, während einer medizinischen Untersuchung an der Northwestern, entdeckte man einen

Fleck auf seiner Lunge, und er kam in ein Sanatorium. »Gegen Tuberkulose gab es damals noch keine Medikamente. Die Behandlung erschöpfte sich darin, die Leute in kalter Luft sitzen zu lassen. Das Sanatorium bildeten kleine Hütten, und zwei Drittel der Wände bestanden aus Maschendraht. Im Sanatorium musste man langsam gehen, alles in gemessenem Tempo machen. Ich hatte damals fast kein Geld; die Dame vom Sanatorium behandelte mich zu einem verbilligten Tarif.« Nach sechs Monaten verschwand der Fleck auf der Lunge; es war nicht ganz sicher, ob überhaupt eine Infektion vorgelegen hatte. Vielleicht hatte er nach den sechs anstrengenden Jahren in den USA auch einfach nur ausspannen und zur Ruhe kommen müssen.

Janet kochte Tee und servierte Kleingebäck, »Cookies« – ein in Guyana ungebräuchliches Wort, das in diesem Haus wie ein Relikt aus einer unendlich fernen Kultur klang.

Während der Teepause kam sie auf das zu sprechen, was ich vor fast dreißig Jahren über sie geschrieben hatte.

»Den Leuten sind vor allem zwei Details im Gedächtnis geblieben. Sie werden's mir nicht glauben. Das erste war, dass ich meine Zehennägel lackierte.«

Ich hatte das vergessen, hatte die Tatsache selbst vergessen und auch, dass ich darüber geschrieben hatte.

»Ich weiß nicht, warum das solches Interesse erregte«, sagte sie. »Jeder hatte damals lackierte Fußnägel.«

»Jeder«, sagte Cheddi.

»Ich habe gerade neulich einen Blick in das Buch geworfen«, sagte sie. »Und das andere, was Sie erwähnten und worüber die Leute redeten – auch das habe ich nachgeprüft –, war das Buch, das ich damals las.«

Daran konnte ich mich ebenfalls nicht erinnern.

»Es war Colette. *La Vagabonde.*«

Das musste Eindruck gemacht haben: die prahlerische, sich in ihren sinnlichen Hohlheiten ergehende Colette in einem so entlegenen Milieu: verschlammte guyanische Flüsse, alte Raddampfer. Und dann förderten in einem fernen Winkel meines

Geistes die beiden Details tatsächlich etwas zutage: mehr eine vage Reminiszenz als eine klare Vorstellung von einer Fahrt ins Landesinnere, die ich mit Janet Jagan, die damals Gesundheitsministerin war, unternommen hatte.

»Ich habe neulich unter meinen Büchern danach gesucht«, sagte sie. »Ich glaube, ich habe es nicht mehr.«

Mit seinen Büchern und seinen Familienfotos wirkte das Haus friedlich. Angesichts dieser häuslichen Ruhe, angesichts der Kinder, die es im Ausland zu etwas gebracht hatten, angesichts der Lebensreise, die 1936 angefangen habe, könne man, meinte ich, doch vielleicht sagen, dass in einem zutiefst persönlichen Sinn Cheddi Jagans Leben erfolgreich gewesen sei.

Janet gab einen Laut von sich, der Skepsis verriet.

Cheddi aber sagte: »Das war es, im Rahmen dessen, was wir erreichen konnten und im Sinne der Anerkennung, die wir gefunden haben. Sogar meine Feinde erkennen unsere politische Integrität an.«

»Ein großer Teil seiner Zufriedenheit verdankt sich seiner Schriftstellerei«, erklärte Janet. »Er schreibt gern. Er hält gern Vorträge. Cheddi ist Optimist.« Sie erzählte eine Geschichte von einer kritischen Situation im Boot, die sie in Trinidad erlebt hatten. Der Außenbordmotor war kaputtgegangen; die Strömung trieb ihr Boot auf Klippen und einen Felsen zu. Sie hatte die Hoffnung aufgegeben, Cheddi aber hatte die Nerven behalten, am Motor herumgebastelt und ihn wieder in Gang gebracht.

»Vielleicht ist es ein Virus im Blut – ein Politikvirus«, meinte er. »Und Janet hat mich auf dem rechten Weg gehalten – dem Weg politischer Moral.«

»Danke für die Streicheleinheit«, sagte sie.

»Sie gehörte zur ersten Rebellengeneration in den USA«, erklärte er.

Als sie ein fragendes Geräusch machte, erläuterte er: »Die zweite Generation kam während des Vietnamkriegs.«

Sie erinnere sich, sagte sie, dass sie sich während ihrer Zeit an der Wayne State University in Detroit um freundschaftliche

Beziehungen zu Schwarzen und Chinesen bemühte. »Ich spürte irgendwie den Drang, zu diesen Gruppen in Kontakt zu kommen.«

Ihr Verhältnis mit Cheddi schuf Probleme in ihrer Familie.

Mit so etwas wie Betrübnis in der Stimme sagte sie: »Cheddi hat meinen Vater nie kennen gelernt.«

»Hatten Sie das Gefühl, mutig oder prinzipientreu zu sein?«, fragte ich sie.

»Ich war einfach nur jung.«

Ihre Mutter kam einmal herunter nach Guyana. Sie lernte Cheddi kennen und erklärte Janet eines Tages, sie finde ihn nett. »Natürlich«, sagte Janet im Hinblick auf das spätere Verhältnis ihrer Mutter zu Cheddi, »half bei diesem Sinneswandel mit, dass er *Premier* war.« Sie sprach das Wort amerikanisch aus, mit der Betonung auf der zweiten Silbe. Mit ihrem Bruder habe es von Anfang an weniger Schwierigkeiten gegeben. »Aber ich sage Ihnen was. Das Bild von mir, das bei meinem Bruder an der Wand hängt, zeigt mich mit Prinzessin Margret.« Sie stieß ihr nervöses Halblachen aus.

Ich hatte bis dahin angenommen, die gesellschaftliche Stellung habe ihr nichts bedeutet. Jetzt kam mir der Gedanke, sie sei vielleicht weniger stoisch als Cheddi, sei in ihrem Innern traurig darüber, dass der lange, aufopferungsvolle Kampf, das lange Ertragen der unheilvollen Entwicklung im Land, nicht von Erfolg gekrönt war, wie eine Moralität oder erbauliche Geschichte alten Zuschnitts das erfordert hätte; dass die Sache vielmehr schlecht ausgegangen war, in einer allgemeinen Auflösung des Zwecks der Veranstaltung geendet hatte. Mir schien aber, dass ich gut daran tat, auf diesem Punkt nicht herumzureiten.

In seiner Autobiographie widmet Cheddi den ersten fünfundzwanzig Jahren seines Lebens, das heißt, der Zeit bis zu seiner Rückkehr aus den USA, zwei Kapitel, fünfundzwanzig Seiten. Der Bericht ist detailgetreu: Alles wird unverschleiert und ohne falsche Gewichtungen dargelegt; die Erzählung hat viel Tempo. Sie ist freilich auch komprimiert; der Leser kann nicht alles im Kopf behalten; er schafft es nicht (ebenso wenig wie der Autor), alle Fäden miteinander zu verknüpfen. Diese ersten Seiten ähneln den Anfangskapiteln der Autobiographie Gandhis, besonders denen, die seine Studienzeit in London behandeln; die Ähnlichkeit hängt damit zusammen, dass die zwei Männer, beide Inder und einem hinduistischen Milieu entstammend (und nur durch fünfzig Jahre getrennt), auf ihre je eigene Weise mit einer Erfahrung zurande kommen müssen, die in dem Augenblick, in dem sie sie machen, ihr Begriffsvermögen weit übersteigt. Beide Männer berichten in so glasklaren Formulierungen über ihre frühe Zeit, dass es unzähliger Lektüren bedarf, um den Sinn ihrer Worte zu ergründen.

In Jagans Buch zum Beispiel gibt es einen merkwürdigen Paragraphen über die Schwierigkeiten, die er hatte, »sich zu identifizieren«, als er nach Guyana zurückkehrte. »Es gab keine politische Partei … Eine Zeit lang spielte ich Kricket, und wurde bald darauf ein leidenschaftlicher Bridge-Spieler. Ich verbrachte Stunden um Stunden beim Bridge und las alles, was zu dem Thema geschrieben worden war. Aber befriedigen konnte mich das in keiner Weise … Ich wollte mich mit der wirklichen, harten Welt um mich herum identifizieren.«

Ich sprach darüber mit Martin Carter. Er kannte Jagans Buch; die Stelle mit dem Bridgespiel, das in einer so merkwürdigen Verbindung mit seinem Verlangen, »sich zu identifizieren«, auftauchte, war ihm allerdings entgangen. Er vermutete, dass Bridge damals für Cheddi Jagan von Nutzen war, weil es die Abende füllte und ihm die Illusion eines Soziallebens vermittelte.

Als ich Cheddi Jagan das nächste Mal traf (ich suchte ihn in Freedom House auf) und ihm die Sache vortrug, erklärte er freilich, er habe nach einer Möglichkeit gesucht, sich politisch zu identifizieren, und das sei 1943 schwierig für ihn gewesen, weil er sich über den Komplikationsgrad des Bewusstseins in der Kolonie hinausentwickelt habe. Zu dem Plantagenmilieu sei seine Kenntnis Gandhis, Nehrus und des indischen Freiheitskampfs hinzugekommen; außerdem habe er sich in den USA radikalisiert und Vorstellungen über den amerikanischen Unabhängigkeitskrieg sowie über Roosevelt (einen Befürworter der indischen Unabhängigkeit) und den New Deal entwickelt. Die Bridgespiele, mit denen er in Guyana angefangen habe, seien eine »Freizeitbeschäftigung« gewesen; wenn er dem Spiel leidenschaftlich gefrönt habe, dann deshalb, weil das seine Art sei. »Was ich auch tue, ich tue es mit Herz und Seele.« (Und tatsächlich, als ich später in der Autobiographie las, stieß ich auf eine Stelle, wo er berichtete, dass er in Chicago – wie sein Vater in Guyana – den ernsthaften Versuch gemacht hatte, Geld durch Wetten zu verdienen, und dafür sogar Bücher mit Titeln wie *Erfolg auf der Rennbahn* studierte.)

»Darin haben sich Janet und ich immer unterschieden«, sagte er. »Am Ende des Tages kann sie alles fallen lassen und einen Roman lesen. Ich nehme meine Arbeit mit nach Hause.«

Er radikalisierte sich zwar in den USA, aber marxistische Literatur begann er erst in Guyana zu lesen.

»Janet war es, die mir, als sie 1943 herkam, Bücher aus der Little Lenin Library mitbrachte – kleine Traktate, Flugschriften. Es war das erste Mal, dass ich marxistische Literatur las. Und dann fing ich – genauso wie bei den Büchern über Bridge – an, wie verrückt marxistische Bücher zu lesen. Nach der Little Lenin-Reihe las ich *Das Kapital*. Und das verhalf mir zu einem vollständigen Verständnis der gesellschaftlichen Entwicklung. Bis dahin waren all die verschiedenen Kämpfe – der Inder, der Schwarzen, des amerikanischen Volks – unzusammenhängende Vorgänge für mich. Die Sache so zu fassen, dass ein vollständiger Zusammenhang mit einem sozioökonomischen System bestand – das lernte ich durch die marxistische Literatur. Die Frauenfrage zum Beispiel handelte Engels in seinem *Ursprung der Familie* ab. Die marxistische Theorie des Mehrwerts brachte ein völlig neues Verständnis des Kampfs der Arbeiterklasse – sie zeigte nicht nur, dass die Arbeiter ausgebeutet wurden, sondern auch, auf welche Weise man sie ausbeutete.

Das war aufregend für mich, intellektuell aufregend, weil sich mir eine ganze neue Welt erschloss, ein vollständiges Verständnis der Welt, wodurch dann alle meine früheren Erfahrungen in Amerika ihren Sinn bekamen. Diskriminierung – wenn man nicht das System als Ganzes sieht, sieht man nur Diskriminierung.«

Die neue Sichtweise betraf auch seine indische Vergangenheit. »Die kulturellen Praktiken aus Indien, an die ich als Junge gewöhnt war – davon löste ich mich in Amerika vollständig. Kulturell gesehen, war ich dann eher wie Nehru. Während meiner Zeit in Amerika orientierte ich mein Leben an Gandhi und Nehru. Gandhi war ein *Kämpfer*. Nehru ebenfalls. Diese Sachen prägten mich.«

Vielleicht hatten ihn auch, mehr als er meinte oder zugeben konnte, Erfahrungen aus seinem hinduistischen Kastenmilieu geprägt. Man kann es in der Autobiographie nachlesen. Als er mit fünfzehn als Schuljunge nach Georgetown ging, wohnte er bei verschiedenen hinduistischen Familien. Viel zahlen konnte er nicht. Die erste Familie behandelte ihn als Hausdiener: Man verlangte von ihm, dass er Markteinkäufe erledigte, das Auto wusch und sogar – obwohl er doch Schüler am Queen's College war – Gras für die Ziegen schnitt. Die Familie, zu der er wechselte, war noch schlimmer. Sie gehörten der Kschatrija oder Kriegerkaste an, der zweithöchsten Kaste nach den Brahmanen. Eine der Töchter hatte einen Brahmanen geheiratet, und die Familie wollte sich der hohen Verwandtschaft würdig erweisen. Cheddi durfte bei ihnen nicht in einem Bett schlafen; er musste auf dem Boden schlafen, weil die Jagans zu den Kurmi, einer bäuerlichen Kaste, gehörten.

Cheddi Jagan erklärt in seinem Buch, über das Problem der Kasten habe er nur durch seine Mutter erfahren. Tatsächlich aber sind die Kurmi als Kaste interessant. Die Amtsblätter oder Handbücher, die im neunzehnten und zwanzigsten Jahrhundert von den Briten für verschiedene indische Bezirke zusammengestellt wurden, berichten nicht nur von den ackerbaulichen

Fertigkeiten und dem Fleiß der Kurmi, sondern auch von ihrem streitbaren Kastenstolz. In manchen Bezirken legen die Kurmi Wert auf die Feststellung, dass sie keine niedere Kaste seien. Sie behaupten, radschputischer Herkunft und in Wahrheit Kschatrija zu sein. Alle Äußerungen über Cheddi Jagans Vater heben seine physische Präsenz hervor; das Foto von ihm, das ich an diesem Vormittag in Freedom House zu sehen bekam, zeigte einen Mann mit stolzem Radschputen-Schnurrbart – jenem Schnurrbart, der Martin Carter so beeindruckt hatte.

In Guyana Inder und Kurmi zu sein kam einer zweifachen »Beengung« gleich – schon vor allen Herausforderungen, die in den USA auf Cheddi Jagan warteten. All dies Beengende wurde durch die marxistische Erleuchtung beseitigt, ins Allgemeine, Abstrakte aufgehoben. Und man könnte sagen, dass Cheddi Jagan, als Sohn seines Vaters, auf solch eine Erleuchtung wartete.

»Diese Entdeckung des Klassenkampfes und der Aufspaltung der Gesellschaft in Klassen«, erklärte Cheddi Jagan, »das alles verdanke ich meiner marxistischen Lektüre. Durch meine Herkunft war ich klassenorientiert. Für mich war die Klassenfrage fundamental.«

Janet lernte er 1942 oder Anfang 1943 kennen. »Unmittelbar nach meiner Entlassung aus dem Sanatorium. Wir trafen uns auf der Party einer gemeinsamen Freundin. Ihre Familie war während der Weltwirtschaftskrise verarmt und hatte sich bald schon wieder in eine Mittelstandsposition hochgearbeitet. An der Wayne University identifizierte sie sich mit Minderheiten. Sie war nicht nur *umwerfend* schön, uns verbanden auch gemeinsame Interessen, die Anteilnahme für die zu kurz Gekommenen. Wir verstanden uns auf Anhieb. Sie gab ihr Grundstudium auf und begann eine Ausbildung in der Krankenpflege, weil sie Kriegsdienst leisten wollte. Und damals lernten wir uns kennen – während ihrer Ausbildung zur Krankenschwester.«

Ein bisschen später, nachdem Cheddi das Büro verlassen hatte, um eine Versammlung zu besuchen, erzählte Janet die Geschichte weiter. Wir saßen in dem kleinen Vorzimmer von

Cheddis Büro, in den niedrigen Sesseln, mit denen es möbliert war. Sie sprach langsam, nachdenklich.

»Meine beste Freundin Helen – mit der ich in Chicago aufgewachsen bin – gab eine Abschiedsparty, und Cheddi war da. Er war mit einer von Helens Schwestern verabredet. Er sah natürlich sehr gut aus. Politisches war nicht im Spiel. Einfach eine Liebesgeschichte.«

Ich wollte etwas über ihre ersten Eindrücke von Guyana wissen.

»Es hatte ein bisschen was von einem Kulturschock. Damals war Krieg. Ich kam in einem Wasserflugzeug. Wir landeten auf dem Demerara-Fluss und fuhren direkt nach Port Mourant. Es war ein Schock. Sie wussten nicht, was sie mit mir machen sollten. Ich hätte zusammen mit den Frauen sein sollen, aber sie setzten mich in einen Lehnstuhl zu den Männern ins Wohnzimmer. Die Frauen saßen in der Küche auf dem Boden. Ich dachte, sie wären böse auf mich. Ich dachte, sie sähen Cheddi lieber an ein indisches Mädchen von Stand verheiratet. Ich dachte, sie wären verstimmt, weil ihnen das Drumherum der Hochzeit und all das entging.

Ich erzähle Ihnen was Lustiges. Wir wollten Indrani, Cheddis ältester Schwester, eine gute Ausbildung verschaffen. Also ging ich ins Bishop's« – die führende Mädchenschule in Georgetown – »und sprach mit der Direktorin – sie war Engländerin, eine Weiße – und sagte ihr, ich wollte meine Schwägerin auf ihre Schule schicken. Sie war einverstanden – vorausgesetzt, die nötigen Zeugnisse waren vorhanden. Als ich Indrani hinbrachte, war die Direktorin entsetzt. Sie hatte erwartet, dass meine Schwägerin weiß war, und sagte nein. Also fand Indrani keine Aufnahme. Sie besuchte die Central High School, ging schließlich nach England und machte dort eine Ausbildung in Krankenpflege. In der Jagan-Familie gibt es mittlerweile ungefähr *sechs* Zahnärzte und drei Optiker. Das ist ein guter Beruf für Frauen; den können sie gut bewältigen.«

Im Hinblick auf ihr Leben vor 1943 wollte ich von ihr wissen: »Hat Ihnen alles Freude gemacht?«

»Nicht alles.« Sie lachte ihr nervöses, jugendlich klingendes Lachen. »Manches war sehr schmerzlich. So viele scheußliche Sachen sind passiert, dass für mich das Vergessen zu einer Überlebensstrategie geworden ist. In den sechziger Jahren war es schrecklich. Es gab eine Zeit, da konnte ich nicht mehr ausgehen, nicht ins Kino oder in ein Restaurant gehen, nichts Öffentliches unternehmen. Ich war der Sündenbock. Ich habe nicht Cheddis Gemütsverfassung. Ich neige zu leichter Depressivität.

Ich finde allerdings, dass es ein spannendes Leben war. Es war interessant. In einer anderen Kultur zu leben. Sie haben früher viele alberne Geschichten über mich erfunden, haben gesagt, ich äffe die Inder nach, trage Saris, allen möglichen Unsinn. Ich habe nie versucht, etwas zu sein, was ich nicht bin. Viele Leute haben angedeutet, ich hätte so getan, als wäre ich Inderin, und darauf mein politisches Leben gegründet. Ich nehme an, dass sich jeder, der in einem Land fremd ist, allen möglichen Mythenbildungen und Verzerrungen ausgesetzt findet.

Das meiste Vergnügen bereitet mir Zeitungsarbeit. Das öffentliche Auftreten, zu dem einen die Politik zwingt, mag ich nicht. Ich habe mich zu einer Journalistin entwickelt. Als Frau hat man es in der Politik nicht gerade leicht.«

Ich wollte mehr über ihre Vergangenheit in den USA erfahren.

»Kürzlich haben mein Bruder und ich eine Fahrt nach Missouri unternommen. Auf der väterlichen Seite hat die Familie schon den größten Teil des neunzehnten Jahrhunderts über in den USA gelebt. Wir sind hingefahren und haben uns die Gräber in Moberly angesehen. Eine jüdische Gemeinde existierte dort praktisch gar nicht; auf dem Friedhof gibt es eine winzige Abteilung mit den Kieseln auf den Grabsteinen, an denen man die jüdischen Gräber erkennt – die meisten kamen aus meiner Familie. Mütterlicherseits wanderten meine Großeltern im zwanzigsten Jahrhundert aus Ungarn und Rumänien ein. Die Welt besteht also aus lauter Emigranten.«

Und es war, als spräche sie nicht nur von der Einwanderung ihrer Vorfahren in die USA, sondern auch von der Einwanderung der Inder nach Guyana, von Cheddis Großmüttern, die mit ihren kleinen Kindern 1901 auf einem Segelschiff namens *Elbe* aus Indien kamen, von Cheddis Reise in die USA im Jahr 1936 und von seiner Heimreise 1943, von ihren Kindern, die sich in den USA und in Kanada niedergelassen hatten, quasi in die Heimat ihrer Mutter zurückgekehrt waren, und von der seit den siebziger Jahren anhaltenden Auswanderung all der Guyaner, denen sie die Revolution hatten bringen wollen und die nun ihr Schicksal selbst in die Hand nahmen.

1991

Nachschrift im Jahr 2002. *Die USA, die seit 1964 an der Manipulation der Wahlen in Guyana mitgewirkt hatten, befanden 1992, dass es nicht länger nötig sei, sich einzumischen. Cheddi Jagan gewann im Oktober 1992 die – unmanipulierten – Wahlen und amtierte bis zu seinem Tod im März 1997 als Präsident; bei seinem Tod war er achtundsiebzig. Nach Neuwahlen folgte ihm Janet Jagan im Präsidentenamt. Zwanzig Monate später, im August 1999, trat sie krankheitshalber als Präsidentin zurück.*

Nachschrift: Unsere Universale Zivilisation

Der nachfolgende Vortrag wurde am Manhattan Institute of New York gehalten.

Ich habe dieser Ansprache den Titel »Unsere Universale Zivilisation« gegeben. Das ist ein ziemlich großspuriger Titel, bei dem mir ein bisschen unbehaglich ist. Ich glaube, ich sollte erklären, wie es dazu gekommen ist. Ich verfüge über keine alles auf den Begriff bringende Theorie. Für mich sind Situationen und Menschen stets etwas Spezifisches, etwas, das sich aus sich selbst erklärt. Deshalb reist und schreibt man: Man will etwas herausfinden. Anders vorzugehen hieße, die Antworten bereits zu wissen, ehe man noch die Probleme kennen gelernt hat. Das ist, wie ich weiß, eine beliebte Vorgehensweise, zumal bei Leuten, die in politischer oder religiöser oder rassischer Mission unterwegs sind. Mir freilich fiele es schwer, so zu verfahren.

Als ich die Einladung erhielt, hier zu sprechen, hielt ich es deshalb für besser, erst einmal herauszufinden, für welche Fragen sich die Mitglieder des Instituts interessieren. Myron Magnet, ein altgedienter Fellow des Instituts, hielt sich damals in England auf. Wir sprachen am Telefon miteinander; ein paar Tage später schickte er mir dann eine handgeschriebene Liste mit Fragen. Es waren sehr ernsthafte, sehr gewichtige Fragen.

Ist unsere Stärke – die Stärke unserer Gemeinschaften –

abhängig von der Kraft unserer Überzeugungen? Reicht es aus, Überzeugungen oder einem moralischen Standpunkt leidenschaftlich anzuhängen? Sanktioniert Leidenschaft die Moral? Sind Überzeugungen oder moralische Ansichten willkürlich, oder repräsentieren sie ein wesentliches Moment der Kulturen, in denen sie gedeihen?

Es war nicht schwer, einige der Ängste zu ergründen, die sich hinter den Fragen verbargen. Herauszuhören war die Sorge wegen bestimmter Fanatismen, die »da draußen« ihr Unwesen trieben. Gleichzeitig spürte man eine gewisse philosophische Unsicherheit, was die Verlautbarung dieser Ängste betraf; man wollte schließlich keine Wörter oder Begriffe benutzen, die wie ein Bumerang auf einen selbst zurückschlagen konnten. Man weiß, wie sich Wörter verwenden lassen: Ich bin zivilisiert und besonnen; du bist barbarisch und fanatisch: er ist primitiv und blind. Natürlich stand ich auf der Seite des Fragers und konnte seinen Gedankengang nachvollziehen. Im Laufe der nächsten Tage indes gewann ich, begünstigt vielleicht durch meinen relativen Abstand, den Eindruck, dass ich den Pessimismus, der in den Fragen steckte, nicht teilen konnte. Ich spürte, dass ebendieser Pessimismus der Fragen und die philosophische Vorsicht, die sich in ihnen bekundete, die Stärke der Zivilisation ausmachte, in der sie gestellt wurden. Und so ergab sich mir mein Thema, Unsere Universale Zivilisation.

Ich werde nicht den Versuch machen, diese Zivilisation zu definieren. Ich werde einfach nur aus meiner persönlichen Sicht über sie reden. Sie vor allem ist es, die mir die Idee eingab, mich der Schriftstellerei zu widmen. Sie war es, in der ich meinen Beruf als Schriftsteller ausüben konnte. Um Schriftsteller zu sein, muss man eine bestimmte Art von Empfänglichkeit mitbringen. Grundlegend oder maßgebend für diese Empfänglichkeit ist die geistige Atmosphäre.

Manchmal kann eine solche Atmosphäre zu feinsinnig, die entsprechende Zivilisation zu vollendet, zu ritualisiert sein. Vor elf Jahren, als ich in Java reiste, lernte ich einen jungen Mann kennen, der nichts sehnlicher wünschte, als Dichter zu werden und sein Leben dem Geist zu weihen. Diesen Ehrgeiz hatte ihm seine moderne Erziehung eingeflößt; für den jungen Mann war es freilich schwierig, seiner Mutter klar zu machen, wonach er strebte. Diese Mutter war eine kultivierte, elegante Person; das ist wichtig zu betonen. Sie war elegant in Aussehen, Kleidung und Sprache; ihre Manieren waren beinahe ein Kunstwerk; sie hatte die Umgangsformen einer javanischen Hofdame.

Der Tatsache eingedenk, dass wir uns in Java befanden, wo in der volkstümlichen Kunst des Puppenspiels alte epische Dichtungen fortleben, fragte ich also den jungen Mann: »Ist Ihre Mutter nicht insgeheim stolz darauf, dass Sie ein Dichter sind?« Er antwortete auf Englisch – ich erwähne das, um deutlich zu machen, welchen Grad von Bildung er sich in dieser abgelegenen javanischen Provinzstadt angeeignet hatte: »Sie hat nicht die mindeste Ahnung davon, was es heißt, ein Dichter zu sein.«

Und der Freund und Mentor des Dichters, ein Lehrer an der dortigen Universität, führte erläuternd aus: »Der Mutter verständlich machen, was er zu tun versucht, könnte man nur in der Weise, dass man ihn ihr als Dichter in der klassischen Tradition vorstellte. Und das fände sie absurd. Sie würde es als ein Ding der Unmöglichkeit abtun.« Als unmöglich verworfen hätte sie es, weil für sie die Dichtung ihres Landes – die Epen, die für sie den Charakter heiliger Texte hatten – bereits existierte, bereits verfasst war. Es gab nur die Möglichkeit, diese Dichtung auswendig zu lernen beziehungsweise nachzulesen.

In den Augen der Mutter war alle Dichtung bereits geschrieben. Dieses spezielle Buch, so könnte man sagen, war zugeklappt: Es war Bestandteil einer vollendeten Kultur. Von ihrem Sohn, der immerhin schon achtundzwanzig, also nicht mehr gar so jung war, zu erfahren, er habe vor, ein Dichter zu werden, war etwa so, als würde in einer anderen Kultur eine liebevolle Mutter von ihrem Sohn wissen wollen, was er als Nächstes zu schreiben vorhabe, und von ihm die Antwort erhalten: »Ich denke daran, die Bibel um ein Buch zu erweitern.« Oder, um einen anderen Vergleich zu bemühen, der junge Mann hätte Ähnlichkeit mit der Figur in einer von Borges' Geschichten, die sich vorgenommen hat, den *Don Quijote* noch einmal zu schreiben. Nicht einfach nur die Geschichte nachzuerzählen oder das Original zu kopieren, sondern den Versuch zu machen, kraft einer außerordentlichen Konzentration des Geistes und schöpferischen Leistung eine Erzählung hervorzubringen, die – frei von bloßer Nachahmung und Falschmünzerei, und rein durch originale Denkarbeit – Wort für Wort mit dem Buch von Cervantes übereinstimmt.

Ich verstand, in welcher Notlage sich der junge Mann in Java befand. Sein Milieu unterschied sich schließlich nicht gar so sehr von dem hinduistischen Milieu in Trinidad, dem ich entstammte. Wir waren eine aus Indien zugewanderte bäuerliche Gemeinschaft. Den Ehrgeiz, Schriftsteller zu werden, die Bekanntschaft mit dem Schreiben und die Idee der Schriftstellerei, hatte mir mein Vater vermittelt. Er kam 1906 zur Welt, als Enkel eines Mannes, der als Säugling nach Trinidad gekommen war. Und obwohl die Gesellschaft jener kleinen bäuerlichen Kolonie dem Gedanken der Schriftstellerei alles andere als aufgeschlossen gegenüberstand, hatte sich bei meinem Vater der Wunsch, Schriftsteller zu werden, festgesetzt; er wurde Journalist, ungeachtet der begrenzten Entfaltungsmöglichkeiten, die jene Kolonie dem Journalismus bot.

Wir sind ein Volk der Rituale und heiligen Texte. Wir besitzen auch unsere epischen Dichtungen – und es sind die gleichen Epen wie die von Java; wir hörten sie ständig in gesungener oder rezitierter Form. Dennoch waren wir nicht als ein gebildetes Volk zu betrachten. Unsere Literatur, unsere Texte, bewogen uns nicht dazu, die Welt zu erforschen; vielmehr dienten sie uns als kulturelle Reviermarken, vermittelten uns das Gefühl von der Ganzheit unserer Welt und der Fremdheit dessen, was außerhalb ihrer Grenzen lag. Ich glaube nicht, dass vor meinem Vater irgendjemand in seiner Familie jemals auf den Gedanken verfallen war, einen richtigen Text zu verfassen. Diesen Gedanken gab meinem Vater in Trinidad die englische Sprache ein; trotz des abschreckenden kolonialen Milieus dämmerte meinem Vater eine Vorstellung von der Hochkultur, die mit der Sprache Hand in Hand ging; er erwarb eine gewisse Kenntnis literarischer Formen. Bloße Empfänglichkeit reicht jedoch nicht aus, um Schriftsteller zu werden. Man muss auch die für die Erfassung oder den Ausdruck dieser Empfänglichkeit nötigen Formen finden; und literarische Formen – egal, ob die der Dichtung, des Dramas oder der Romanprosa – sind Kunstprodukte und in ständigem Wandel begriffen.

Das gehörte zu dem, was mir bereits in ganz frühem Alter vermittelt wurde. Inmitten der Armut und Dürftigkeit Trinidads – jener abgelegenen Insel mit ihrer halben Million Einwohner – bekam ich bereits in frühestem Alter den Ehrgeiz eingepflanzt, Bücher zu schreiben, vor allem Romane, die mir mein Vater als die höchste Literaturform vor Augen stellte. Bücher entstehen freilich nicht einfach im Geiste. Bücher sind physische Objekte. Um sie schreiben zu können, braucht man Empfänglichkeit, braucht man eine Sprache und eine bestimmte Sprachbegabung, braucht man eine bestimmte literarische Form. Um seinen Namen auf dem Rücken des geschaffenen physischen Objekts erscheinen zu lassen, braucht man einen riesigen Apparat außerhalb der eigenen Person. Man braucht Verleger, Lektoren, Hersteller, Drucker, Buchbinder, Buchhändler, Kritiker, auch Zeitungen, Zeitschriften und Fernsehprogramme, wo die Kritiker ihre Ansicht über das Buch äußern können, und natürlich Käufer und Leser.

Ich möchte diese profane Seite der Geschichte betonen, weil es leicht passiert, dass man sie als selbstverständlich hinnimmt; es passiert leicht, dass man die Schriftstellerei nur von ihrer persönlichen, romantischen Seite wahrnimmt. Schreiben ist eine private Handlung; aber wenn das veröffentlichte Buch ins Leben tritt, ist es Zeugnis der Kooperation einer ganz eigenen Art von Gesellschaft. Diese Gesellschaft verfügt über ein gewisses Maß an kommerziellen Organisationsstrukturen. Sie besitzt auch bestimmte kulturelle oder geistige Bedürfnisse. Sie hegt nicht die Überzeugung, dass alle Dichtung bereits verfasst ist. Sie braucht neue Reize, neue Texte; und sie hat das nötige Instrumentarium, um die neuen Angebote zu beurteilen.

Diese Art von Gesellschaft gab es in Trinidad nicht. Wollte ich Schriftsteller werden und mich durch meine Bücher erhalten können, musste ich deshalb das Land verlassen und jene Art von Gesellschaft aufsuchen, in der es möglich war, das Leben eines Schriftstellers zu führen. Für mich hieß das damals, dass ich nach England gehen musste. Ich fuhr von der Peripherie, vom Rand, dorthin, wo für mich das Zentrum lag; meine Hoffnung war, dass für mich im Zentrum ein Zimmer frei war. Ich erwartete viel, verlangte tatsächlich vom Zentrum mehr als von meiner eigenen Gesellschaft. Schließlich hatte das Zentrum seine eigenen Interessen, seine eigene Sicht von der Welt, seine eigenen Vorstellungen davon, was ihm Romane zu bieten hatten. Und das gilt auch heute noch. Meine Themen lagen dem Zentrum fern; dennoch hatte das England der fünfziger Jahre ein kleines Zimmer für mich frei. Ich konnte Schriftsteller werden und mich in meinem Beruf entfalten. Das brauchte Zeit; ich war vierzig – und hatte in England schon fünfzehn Jahre lang publiziert –, ehe ein Buch von mir in den USA gedruckt wurde.

Mir war aber stets klar, damals in England, in den fünfziger Jahren, dass für mich, der sich zum Schreiben berufen fühlte, kein anderer Ort in Frage kam. Und müsste ich die universale Zivilisation beschreiben, dann wäre es jene Zivilisation, die mir sowohl den Gedanken eingab, Literat zu werden, als auch eine Vorstellung von diesem Beruf vermittelte und die mir zugleich das Instrumentarium an die Hand gab, meiner Eingebung zu folgen, jene Zivilisation, die mich nicht nur mit diesem Publikum hier verbindet, sondern auch mit dem inzwischen nicht mehr ganz so jungen Mann in Java, dessen Herkunftsmilieu so ritualisiert war wie meines und in dem die Außenwelt – wie einst in mir – ihr Werk verrichtet und den Ehrgeiz zu schreiben geweckt hatte.

Jemand, der als Schriftsteller aus Orten wie Java oder Trinidad kommt, hat es heute leichter als früher; die Themen, die einst so entlegen schienen, sind es nicht mehr. Ich habe freilich nie meine Karriere als etwas Selbstverständliches betrachten können. Ich weiß, dass es nach wie vor große Teile der Welt gibt, wo die zuvor beschriebenen kulturellen beziehungsweise ökonomischen Bedingungen fehlen und wo jemand wie ich nie ein Schriftsteller hätte werden können. Ich hätte nicht Schriftsteller in der islamischen Welt werden können, nicht in China, nicht in Japan – die Japaner haben ausschließlich Platz für die literarische Kultur der Länder, mit denen sie sich in einem Konkurrenzverhältnis sehen. Ich hätte auch nicht in Osteuropa oder in der Sowjetunion oder in Schwarzafrika der Schriftsteller werden können, der ich bin. Ich glaube, nicht einmal in Indien hätte ich meine Gaben entfalten können.

Sie werden also verstehen, wie wichtig es damals, in meiner Jugend, für mich war zu wissen, dass ich von der Peripherie ins Zentrum, von Trinidad nach London, reisen konnte. Der Ehrgeiz, Schriftsteller zu werden, setzte diese Möglichkeit voraus. Ich ging also praktisch davon aus, dass ich, ungeachtet meiner Herkunft und meines Trinidad-Milieus, mit einem anderen, ebenso wichtigen Teil meiner selbst einer umfassenderen Zivilisation angehörte. Ich nehme an, das Gleiche lässt sich von meinem Vater sagen, auch wenn er den rituellen Traditionen unserer hinduistisch-indischen Vergangenheit noch näher stand.

Erstmals in Worte gefasst habe ich die Idee der universalen Zivilisation freilich erst spät – vor elf Jahren, als ich viele Monate lang muslimische Länder außerhalb der arabischen Region bereiste, weil ich verstehen wollte, was die Menschen dort so sehr in Rage versetzt hatte. Diese muslimische Wut fing damals gerade an, sichtbar zu werden.

Im Jahr 1979 machten die Zeitungen im Zusammenhang mit der muslimischen Welt noch nicht häufig Gebrauch von dem Wort »Fundamentalismus«; die Presse hatte sich den Begriff noch nicht angeeignet. Eher war von »Erneuerung des Islam«

die Rede. Für jemanden, der die Sache aus der Distanz betrachtete, war das allerdings rätselhaft. Der Islam, der seinen Anhängern im neunzehnten Jahrhundert und in der ersten Hälfte des zwanzigsten augenscheinlich so wenig zu bieten vermochte – was sollte er nun wohl in der zweiten Hälfte des zwanzigsten Jahrhunderts einer unendlich gebildeteren, unendlich schnelllebigeren Gesellschaft bieten können?

Meiner eigenen Familie und der indischen Gemeinschaft als ganzer war die Anpassung an die Situation im kolonialen Trinidad und durch sie ans zwanzigste Jahrhundert nicht leicht gefallen. Für uns, ein Volk Asiens, das in traditionellen, streng gebundenen Verhältnissen lebte, war es ein qualvoller Prozess, ein Bewusstsein unserer Geschichte zu entwickeln und mit dem Gedanken unserer politischen Ohnmacht leben zu lernen. Hinzu kamen äußerst schwierige soziale Anpassungsprozesse. Zum Beispiel waren in unserer Kultur Ehen stets von den Familien verabredet worden; es brauchte etliche Zeit und viele beschädigte Biographien, ehe wir uns mit der anderen Form der Eheanbahnung arrangierten. All dies ging Hand in Hand mit dem geschilderten intellektuellen Reifeprozess, den die Einzelnen durchliefen.

Und als ich anfing, die muslimische Welt zu bereisen, erwartete ich, Menschen vorzufinden, die den Angehörigen meiner eigenen Gemeinschaft ähnelten.

Ein großer Teil der Inder waren Muslime; sie und die indischen Hindus hatten im neunzehnten Jahrhundert unter ähnlichen Bedingungen kolonialistisch-imperialistischer Herrschaft gelebt. Den Unterschied in der Religion hielt ich für nebensächlich. Ich dachte, Religion sei, wie man so sagt, Glaubenssache und im Übrigen seien maßgebend für die Bedürfnisse der Menschen die jeweiligen historischen Gegebenheiten.

So verhielt es sich aber nicht. Die Muslime erklärten, ihre Religion sei das Allerwichtigste für sie. Und das war auch der Fall: Der Unterschied, den das machte, war gewaltig. Ich muss betonen, dass ich muslimische Länder außerhalb des arabischen

Raums bereiste. Der Islam entstand als eine arabische Religion; er breitete sich in Form eines arabischen Weltreichs aus. Im Iran, in Pakistan, Malaysia und Indonesien – den Stationen meiner Reise – bewegte ich mich also unter Menschen, die zu einem fremden Glauben bekehrt worden waren. Ich bewegte mich unter Menschen, die sich zweifach angepasst hatten, die zunächst eine Anpassung an die arabische Religion und danach eine an den europäischen Imperialismus des neunzehnten und zwanzigsten Jahrhunderts vollzogen hatten. Fast könnte man sagen, dass ich mich unter Menschen bewegte, die zweifach kolonisiert, zweifach sich selbst entfremdet worden waren.

Ich sollte nämlich bald herausfinden, dass keine Kolonisation so gründlich gewirkt hatte wie diejenige, die mit dem arabischen Glauben einherging. Kolonisierte oder unterworfene Völker fangen unter Umständen an, Misstrauen gegen sich selbst zu hegen. In den muslimischen Ländern, von denen ich spreche, trat dieses Misstrauen gegen sich selbst mit der gesammelten Gewalt einer Religion auf. Ein Grundartikel des arabischen Glaubens besagte, dass alles, was dem Glauben vorhergegangen war, den Charakter des Falschen, Fehlgeleiteten, Häretischen hatte; im Herzen beziehungsweise Geist dieser Gläubigen gab es keinen Platz mehr für ihre vormuslimische Vergangenheit. Die Vorstellungen von Geschichte unterschieden sich deshalb grundlegend von dem Geschichtsverständnis andernorts; hier existierte kein Bedürfnis, so weit wie möglich in die Vergangenheit zurückzugehen und so viel wie möglich über die Vergangenheit herauszufinden.

Persien hatte eine grandiose Vergangenheit; in der Zeit der klassischen Antike hatte es mit Griechenland und Rom konkurriert. Im Iran des Jahres 1979 freilich hätte einem das niemand geglaubt; für die Iraner hatten die ruhmreichen Zeiten und das wahre Leben erst mit der Ankunft des Islam ihren Anfang genommen. Pakistan war ein ganz junger muslimischer Staat. Das Land aber war uralt. In Pakistan gab es die Ruinen der uralten Städte Mohendscho Daro und Harappa. Sagenhafte Ruinen, deren Entdeckung im zwanzigsten Jahrhundert die

Vorstellungen von der Entwicklung auf dem Subkontinent revolutionierte. Ruinen, die nicht nur in vorislamische Zeit, sondern wahrscheinlich sogar in die Zeit vor dem Hinduismus zurückreichen. Die Briten hatten ein archäologisches Institut hinterlassen, das sich um die Ausgrabungsstätten kümmerte. Es gab indes auch gegenläufige Bestrebungen, zumal im Zusammenhang mit dem Erstarken des Fundamentalismus. Sie fanden Ausdruck in einem Leserbrief in einer Zeitung, während ich mich im Land aufhielt. Man solle, schrieb der Autor des Briefs, die Ruinen der alten Städte mit Koranzitaten behängen, die besagten, dass solcher Ruin die Strafe sei, die der Ungläubigen harre.

Der Glaube tilgte die Vergangenheit. Und wurde die Vergangenheit derart getilgt, dann litt darunter nicht nur das Geschichtsverständnis. Auch das menschliche Verhalten und die Verhaltensnormen konnten darunter leiden. Während ich in Pakistan war, brachten dort die Zeitungen Artikel zum Jubiläum der arabischen Einnahme Sindhs. Hier begannen die Araber mit ihrer Eroberung des indischen Subkontinents. Das geschah zu Beginn des achten Jahrhunderts. Das Königreich Sindh – ein riesiges Gebiet: halb Afghanistan, die Südhälfte Pakistans – war damals ein hinduistisch-buddhistisches Staatswesen. Die Brahmanen hatten keine rechte Vorstellung von der Welt draußen; die Buddhisten lehnten das Töten ab. Dieses Königreich, könnte man sagen, wartete darauf, eingenommen zu werden. Es brauchte indes lange, bis Sindh erobert war; es lag weit entfernt von den arabischen Kernlanden, war von ihnen durch riesige Wüstengebiete getrennt. Sechs oder sieben arabische Kriegszüge scheiterten.

Irgendwann ruft der Kalif höchstpersönlich, der dritte Nachfolger des Propheten, einen seiner Obersten zu sich und fragt ihn: »O Hakim, hast du Hindustan gesehen und alles darüber in Erfahrung gebracht?« – »Ja, o Herrscher der Gläubigen«, antwortet Hakim. »Lass uns deine Schilderung hören«, sagt der Kalif. Und Hakims Antwort kündet von seiner Enttäuschung und Verbitterung: »Sein Wasser ist dunkel und schmutzig«, erklärt er. »Seine Früchte sind bitter und giftig. Sein Land ist steinig und seine Erde ist Salz. Ein kleines Heer wird dort rasch vernichtet sein, und ein großes wird rasch hungers sterben.« Das hätte dem Kalifen eigentlich schon reichen müssen. Er aber, interessiert daran, irgendetwas Ermutigendes zu hören, fragt Hakim: »Wie sind die Menschen? Sind sie treu oder wortbrüchig?« Was er meint, ist klar: Ein treuherziges Volk lässt sich leichter unterwerfen, leichter ausplündern. Hakim aber antwortet wie aus der Pistole geschossen: »Sie sind verräterisch und voller Ränke.« Und da bekommt es der Kalif mit der Angst zu tun – als Gegner scheinen die Menschen von Sindh ein ganz schön harter Brocken zu sein – und befiehlt, die Eroberungsversuche einzustellen.

Aber Sindh war zu verführerisch. Die Araber versuchten es wieder und wieder. Der Organisationsgrad, die Zielstrebigkeit und die Verhaltensweisen der Araber, gefestigt durch den neuen Glauben und zur Geltung gebracht in einer Welt, die noch stammesförmig, unorganisiert und leicht zu erobern war – diese Zielstrebigkeit der Araber hatte bemerkenswerte Ähnlichkeit mit der Durchsetzungskraft, die acht Jahrhunderte später die Spanier in der Neuen Welt bewiesen – und das kann nicht überraschen, da ja die Spanier ihrerseits ein paar Jahrhunderte lang von den Arabern unterworfen waren und ihrer Herrschaft unterstanden. Tatsächlich fiel Spanien den Arabern etwa um die gleiche Zeit in die Hände wie Sindh.

Die schließliche Eroberung Sindhs erfolgte vom Irak aus und wurde von dem in der Stadt Kufa residierenden irakischen Statthalter Hadschadsch befehligt. Die Parallele zur Gegenwart ist zufällig, glauben Sie mir! Ziel der arabischen Eroberung von Sindh – die man fast unmittelbar nach der Einführung des neuen Glaubens ins Auge gefasst hatte – waren Sklaven und Beute und nicht etwa die Ausbreitung des Glaubens. Und als dann endlich Hadschadsch, der Statthalter des Irak, den abgeschnittenen Kopf des Königs von Sindh geschickt bekam, zusammen mit sechzigtausend Sklaven aus Sindh und dem durch koranisches Gesetz dem Herrscher vorbehaltenen Fünftel der Beute, sank er »zweimal auf die Knie, berührte mit der Stirn den Boden, schickte ein Dankgebet empor, pries Gott und sprach: ›Jetzt bin ich Herr über all die Schätze, die am Tage liegenden ebenso wie die verborgenen, sowie über andere Güter und das Reich der Welt.‹«

In Kufa gab es eine berühmte Moschee. Hadschadsch rief die Einwohner dort zusammen und verkündete ihnen von der Predigtkanzel herab: »Frohe Kunde und Heil dem Volk von Syrien und Arabien, das ich zur Eroberung von Hind und zum Besitz gewaltigen Reichtums beglückwünsche ... das ihm der große und allmächtige Gott in seiner Gnade hat zuteil werden lassen.«

Ich zitiere aus der Übersetzung eines persischen Textes des dreizehnten Jahrhunderts, des *Schahname*. Es stellt die Hauptquelle für die Eroberung Sindhs dar. Es ist ein überraschend modernes Stück Literatur, mit einer guten, zügigen Erzählung und mit fesselnden Einzelheiten und Dialogen. Es erzählt uns die schreckliche Geschichte von Plünderung und Mord – nachdem eine Stadt in Sindh gefallen war, durfte das arabische Heer jeweils tagelang morden und brandschatzen; danach wurde die Beute geschätzt und unter die Soldaten verteilt, nachdem ein Fünftel für den Kalifen abgezweigt worden war. Für den persischen Autor freilich handelt es sich bei der – fünfhundert Jahre nach der Eroberung geschriebenen – Erzählung nur um eine »unterhaltsame Eroberungsgeschichte«, eine Schilderung der Normalität arabischer oder muslimischer imperialer Expansion. Nach fünfhundert Jahren – und obwohl die Mongolen bereits vor den Toren stehen – ist der Glaube unerschüttert; von einer neuen moralischen Bewertung der Zerstörung des Königreichs Sindh ist nichts zu bemerken.

Dies war das Ereignis, dessen Jubiläum in Zeitungsartikeln gefeiert wurde, während ich mich 1979 in Pakistan aufhielt. Ein Militär hatte einen Beitrag geschrieben, in dem er sich mit dem arabischen Feldherrn und seinem Erfolg beschäftigte und beiden Seiten aus militärischer Sicht gerecht zu werden suchte. Dafür zog er sich einen Verweis durch den Vorsitzenden des

Nationalausschusses für Historische und Kulturelle Forschung zu.

Der Vorsitzende schrieb: »Entwirft man das Bild eines Helden, bedarf es einer angemessenen Ausdrucksweise. In dem Artikel wimmelt es von Ausdrücken wie ›Eindringling‹, ›Verteidiger‹ oder ›die indische Armee‹, die tapfer kämpfe, aber nicht schnell genug sei, um ›über den Feind, der auf dem Rückzug ist, herzufallen‹.« Außerdem wird der Artikel durch einige unausgewogene Feststellungen wie etwa die folgende verunziert: ›Hätte Radscha Dahar den Indus heldenhaft verteidigt und Qasim daran gehindert, den Fluss zu überschreiten, die Geschichte dieses Subkontinents wäre vielleicht ganz anders verlaufen.‹ Man weiß nicht so recht« – dies das Fazit des Vorsitzenden des Nationalausschusses für Historische und Kulturelle Forschung –, »ob der Autor den Sieg des Helden feiert oder die Niederlage seines Rivalen bedauert.« Nach 1200 Jahren wird immer noch der Heilige Krieg ausgefochten. Der Held ist der arabische Eindringling, der den Glauben bringt. Der Rivale, dessen Niederlage bejubelt werden muss, ist der Mann aus Sindh – und wohlgemerkt, diese Beurteilung las ich in Sindh. Den Glauben zu besitzen heißt, im Besitz der einzigen Wahrheit zu sein; und der Besitz dieser Wahrheit stellte so manches auf den Kopf. Die Zeit vor dem Eintreffen des Glaubens war eines – etwas völlig anderes war die Zeit danach. Der Glaube änderte alles: Wertvorstellungen, Verhaltensnormen, humane Sichtweisen.

So begann ich also nicht nur, zu verstehen, was die Menschen in Pakistan meinten, wenn sie mir erklärten, der Islam sei eine komplette Lebensform, die alles tangiere; ich begriff auch allmählich, dass ich – obwohl von gleicher subkontinentaler Herkunft wie sie – eine andere Entwicklung genommen hatte als sie. Ich formulierte die Vorstellung von der universalen Zivilisation – eines Zusammenhangs, in dem ich, weil meine Heimat Trinidad war, gelebt beziehungsweise dem ich angehört hatte, ohne mir dessen recht bewusst zu sein.

Ausgehend von den starren, ritualisierten Lebensformen

meines Herkunftsmilieus und aufgewachsen unter den wenig verheißungsvollen Bedingungen des kolonialen Trinidad, hatte ich dank des oben beschriebenen Prozesses viele Stadien des Erkennens und der Selbsterkenntnis durchlaufen. Ich verfügte über eine bessere Vorstellung von indischer Geschichte und indischer Kunst, als meine Großeltern sie besessen hatten. Sie hatten Rituale, Epen, Mythen, ihre Identität lag in diesem Lichtkegel; jenseits davon herrschte Dunkelheit, die für sie undurchdringlich blieb. Ich besaß keine Rituale und Mythen; sie waren mir entrückt. Dafür aber hatte ich Forschergeist und das Instrumentarium der Wissenschaft vermittelt bekommen. Identität war für mich eine kompliziertere Geschichte. Vieles hatte ich durch meinen Bildungsprozess verloren. Aber ein Problem stellte das nicht für mich dar. Ganze Wissenskanons waren mein Eigen, in dem Sinne, dass ich auf sie zugreifen konnte. Ich war imstande, vier oder fünf oder sechs verschiedene Vorstellungen von Kultur in meinem Geist zu bewegen. Ich wusste Bescheid über meine Vorfahren und die Kultur meiner Vorfahren; ich kannte die Geschichte Indiens und die politische Stellung des Landes; ich wusste, wo ich geboren war und kannte die Geschichte des Ortes; die Neue Welt war mir vertraut. Ich hatte Bekanntschaft mit den literarischen Formen gemacht, für die ich mich interessierte; und ich war mir im Klaren über die Reise ins Zentrum, die ich machen musste, um meiner selbst gewählten Berufung zu folgen.

Und nun, da ich die Länder nicht arabischer Muslime bereiste, fand ich mich unter Menschen, denen ihr Glaube das ganze entfaltungsträchtige intellektuelle Leben, das ganze vielfältige Leben des Geistes und der Sinne, das wachsende kulturelle und historische Wissen von der Welt, kurz, all das verschlug, was mir auf der anderen Seite der Erde zuteil geworden war. Ich befand mich unter Menschen, deren Identität sich mehr oder minder auf ihren Glauben beschränkte. Ich befand mich unter Menschen, die nichts sein wollten als rein.

In Malaysia bemühten sie sich verzweifelt, ihre Vergangenheit loszuwerden, die Leute von all dem stammesspezifischen oder animistischen Brauchtum zu reinigen, all dem vergangenheitsbefrachteten unbewussten Leben, das die Menschen mit dem Erdboden verknüpft, auf dem sie wandeln, all der reichen Volksüberlieferung, die aufgeweckte Menschen andernorts hegen und pflegen und als Inspirationsquelle für ihre Dichtung nutzen. Sie, die ernsthaftesten dieser malaysischen Muslime, wollten nichts weiter sein als ihr importierter arabischer Glaube; ich gewann den Eindruck, dass sie dem Ideal nachjagten, ihren Geist und ihre Seele so zur *Tabula rasa* zu machen, so zu leeren, dass sich die ganze Person auf ihren Glauben reduzierte. Was für eine Bestrebung, was für eine freiwillige Selbstknechtung! Keine Kolonialisierung hätte gewaltiger sein können als diese Kolonialisierung durch den Glauben.

Solange der Glaube seine Geltung behielt, solange er durch nichts in Frage gestellt wurde, mochte die Welt in Ordnung scheinen. Als freilich diese machtvolle, umfassende Zivilisation von draußen auftauchte, wussten die Menschen nicht, was tun. Sie konnten nur das tun, wozu sie die Fähigkeit erworben hatten: Sie konnten nur immer glaubenseifriger werden, konnten sich nur immer mehr Gewalt antun, sich nur immer bereitwilliger von dem abwenden, womit sie ihrem Gefühl nach außerstande waren, fertig zu werden.

Der muslimische Fundamentalismus in Ländern wie Malaysia und Indonesien scheint neu. Europa indes ist schon lange in Ostasien präsent, und fast diese ganze Zeit über hat es dort auch muslimische Ängste gegeben. Diese Ängste, erregt durch den Zusammenstoß zweier gegensätzlicher Welten, der expandierenden Welt Europas und der geschlossenen Welt des Glaubens, hat vor hundert Jahren der Schriftsteller Joseph Conrad registriert, der mit seiner Herkunft aus dem abgelegenen Polen und mit seinem Bestreben, als Reisender genau zu schildern, was er sah, auf dem Höhepunkt der imperialistischen Periode imstande war, weit über die imperialistische, oberflächliche Art, den Osten und seine Völker darzustellen, hinausgelangte.

Für Conrad war die Welt, die er bereiste, neu; er sah sie sich genau an. In seinem zweiten Buch, *Der Verdammte der Inseln*, das

1896, vor fast einem Jahrhundert, erschien, findet sich eine Stelle, die ich gern vorlesen möchte; sie fängt etwas von der damaligen muslimischen Hysterie ein – jener Hysterie, die sich hundert Jahre später, nach dem Rückzug der imperialen Mächte, bei den betreffenden Völkern, die mittlerweile an Bildung und Wohlstand gewonnen hatten, in den Fundamentalismus verwandelte, von dem heute so viel die Rede ist.

»Für die Spanne von etwa einer halben Minute stand ein halb nackter, Betelnuss kauender Pessimist am Ufer des tropischen Flusses, am Rande der schweigenden, unendlichen Wälder; ein zorniger, machtloser Mann mit leeren Händen und einem Schrei erbitterter Unzufriedenheit auf den Lippen – einem Schrei, der, hätte er ihn ausgestoßen, so wahr, so gewaltig und so inhaltsschwer in der jungfräulichen Einsamkeit der Wälder erklungen wäre wie nur je ein philosophisches Gekrächz, das, aus der Tiefe eines Lehnstuhls hervordringend, die unreine Wildnis von Dächern und Schornsteinen in Bestürzung versetzt.«

Philosophische Hysterie – das war der Ausdruck, nach dem ich suchte, und ich glaube, er trifft noch immer zu. Er bringt mich zurück zu der Liste von Fragen und Problemen, die mir Myron Magnet, der Fellow des Instituts schickte, während er sich im letzten Sommer in England aufhielt. Warum, so fragte er, sind manche Gesellschaften so bereit, die Früchte des Fortschritts zu genießen, während sie gleichzeitig Gefallen daran finden, den Bedingungen, die dem Fortschritt förderlich sind, mit Abscheu zu begegnen? Welches Glaubenssystem stellen sie dem entgegen? Konkreter gefragt: Warum wird der Islam gegen westliche Wertvorstellungen hochgehalten? Die Antwort, glaube ich, liegt in jener philosophischen Hysterie. Sie näher zu bestimmen oder zu verstehen ist nicht leicht; die Verfechter des Islam sind da auch nicht weiter hilfreich. Sie reden in Klischees, aber der Grund dafür könnte sein, dass ihnen die Mittel fehlen, zum Ausdruck zu bringen, was sie empfinden. Einige von ihnen haben auch vordringlich politische Motive, während andere im Grunde Missionare sind und keine Menschen mit wissenschaftlichem Erkenntnisinteresse.

Vor Jahren aber, noch zur Zeit des Schah-Regimes, erschien in den USA ein kurzer Roman von einer jungen Iranerin, der auf seine schüchterne, unpolitische Weise die kommende Hysterie antizipierte. Der Roman trug den Titel *Foreigners*; die Autorin hieß Nahid Rachlin. Vielleicht war es gut, dass der Roman noch unter der Herrschaft des Schahs erscheinen und deshalb die politische Ebene meiden musste; möglich, dass die feinfühlige Stimmung des Romans ins Triviale oder Ordinäre abgeglitten wäre, wenn das Ganze auf einen politischen Protest hinausgelaufen wäre.

Die zentrale Figur des Buches ist eine junge Iranerin, die in Boston als Biologin forscht. Sie ist mit einem Amerikaner verheiratet, und es könnte so scheinen, als gehe es ihr gut, als sei ihr die Anpassung gut gelungen. Als sie indes in den Ferien nach Teheran fliegt, gerät sie dort aus dem Lot. Die Bürokratie macht ihr Schwierigkeiten. Sie kriegt ihr Ausreisevisum nicht und fängt an, sich verloren zu fühlen. Erinnerungen an ihre beengte, bedrückende iranische Kindheit mit ihren sexuellen Anzüglichkeiten und Schlüpfrigkeiten bestürmen sie; sie fühlt sich bedrängt durch das, was von ihrer Herkunftsfamilie übrig geblieben ist, bedrängt durch die ausufernde, gewalttätige Großstadt mit ihren »westlichen« Bauten. Und das ist interessant, dass sie hier von »westlich« redet, statt das Wort groß zu verwenden: Es ist, als wäre die Fremdheit der Außenwelt in Teheran selbst eingebrochen.

So durcheinander gebracht, denkt die junge Frau über ihre Zeit in den USA nach: Das war keine solche Zeit der Klarheit, wie sie ihr einmal erschien. Jetzt erscheint sie ihr als Zeit der Leere. Sie kann nicht mehr sagen, warum sie das amerikanische Leben geführt hat. Sexuell und sozial – ihrer scheinbar erfolgreichen Karriere zum Trotz – war sie nie selbstbestimmt; und sie weiß auch nicht mehr, warum sie die Forschungsarbeit gemacht hat. All das ist sehr subtil und überzeugend dargestellt; wir können erkennen, dass die junge Frau auf den Wechsel zwischen den Zivilisationen nicht vorbereitet war, auf den Übergang aus der verkapselten iranischen Welt, wo der Glaube das ganze Leben war, alles erfüllte, im Geist, im Willen, in der Seele kein freies Fleckchen ließ, in die andere Welt, wo man Individuum sein und Verantwortung übernehmen musste, wo die Menschen Berufswünsche entwickelten, von Ehrgeiz und Leistungswillen getrieben waren und an Vervollkommnung glaubten. Haben wir das begriffen oder jedenfalls ansatzweise verstanden, dann können wir mit der Hauptfigur des Romans erkennen, welche Qual und welches Gefühl der Leere dieses in Automatismen und Nachahmung sich erschöpfende Leben in Boston für sie bedeutete.

In ihrer Verzweiflung wird sie nun krank. Sie geht in ein Hospital. Der Arzt dort versteht, warum sie so unglücklich ist. Auch er hat einige Zeit in den USA verbracht; nach seiner Rückkehr, erzählt er ihr, hat er sich dadurch Linderung verschafft, dass er einen Monat lang in Moscheen und Heiligtümern ein und aus gegangen ist. Er sagt der jungen Frau, sie leide an einem alten Magengeschwür. »Sie haben sich eine westliche Krankheit zugezogen«, sagt er in seinem melancholischen, gewinnenden Ton. Und die Forschungsbiologin gelangt endlich zu einem Entschluss. Sie wird das ihr in Boston aufgedrängte Leben, das intellektueller Tätigkeit und sinnloser Arbeit gehört, aufgeben; sie wird der amerikanischen Leere den Rücken kehren; sie wird im Iran bleiben und den Schleier nehmen. Sie wird tun, was der Doktor getan hat: Heiligtümer und Moscheen besuchen. Als sie sich dazu entschlossen hat, fühlt sie sich so glücklich wie nie zuvor.

Ungeheuer befriedigend, dieser Verzicht. Aber er ist intellektuell unehrlich: Er setzt voraus, dass da draußen, in der gestressten Welt, Leute sind, die mit dem weltlichen Streben fortfahren, die Arzneimittel und medizinische Ausrüstung herstellen, damit das Krankenhaus des iranischen Arztes seine Arbeit fortsetzen kann.

Wieder und wieder begegnete ich auf meiner Reise durch die islamische Welt ähnlich widersprüchlichen Haltungen. Besonders erinnere ich mich an einen Zeitungsherausgeber in Teheran. Seine Zeitung spielte bei der Revolution eine zentrale Rolle. Mitte 1979 vibrierte sie vor Aktivität, vollbrachte Ruhmestaten. Sieben Monate später, als ich nach Teheran zurückkehrte, war sie am Boden zerstört; der einst geschäftige Redaktionsraum lag verlassen; von der Belegschaft waren bis auf zwei alle verschwunden. Inzwischen war die amerikanische Botschaft besetzt worden, eine finanzielle Krise hatte sich angeschlossen, viele ausländische Firmen hatten dicht gemacht; das Anzeigengeschäft war zusammengebrochen. Der Herausgeber hatte keine Ahnung, wie es weitergehen sollte, mit jeder neuen Ausgabe der Zeitung verlor er Geld; wie er da saß und auf das Ende der Krise wartete, war der Herausgeber, wenn man so will, nicht weniger Geisel als die amerikanischen Diplomaten. Außerdem hatte er, wie ich nun erfuhr, zwei Söhne im Studienalter. Der eine studierte in den USA, der andere hatte ein Ausreisevisum beantragt; just da aber war die Krise um die Geiselnahme ausgebrochen. Das war verblüffende Kunde – dass für die Söhne eines Sprachrohrs der Islamischen Revolution die USA solche Bedeutung haben sollten. Ich machte kein Hehl aus meiner Überraschung. »Es geht um seine Zukunft«, erklärte mir der Herausgeber im Blick auf den Jüngeren, der auf sein Visum wartete.

Befriedigung des Gefühlslebens auf der einen Seite, der Gedanke an die Zukunft auf der anderen. Der Herausgeber war ebenso gespalten wie fast alle Übrigen. Eine der frühesten Geschichten Joseph Conrads, die aus den neunziger Jahren des neunzehnten Jahrhunderts stammt und in Ostasien spielt, handelt von einem Radscha oder lokalen Häuptling, einem mordlustigen Menschen, einem Muslim (auch wenn das nie ausdrücklich erwähnt wird), der in einer Krisensituation, nachdem er seinen zauberkundigen Ratgeber verloren hat, eines Nachts zu einem der englischen Handelsschiffe hinausschwimmt, die im Hafen liegen, und die Matrosen als Repräsentanten der ungeheuren Macht, die vom anderen Ende der Welt hergekommen ist, um ein Amulett, ein zauberkräftiges Objekt, bittet. Die Matrosen sind ratlos; dann aber gibt jemand dem Radscha eine englische Münze, ein Sixpence-Stück, geprägt aus Anlass des Thronjubiläums von Königin Viktoria; und der Radscha ist glücklich. Conrad behandelte die Geschichte nicht als witzige Anekdote, sondern befrachtete sie mit beide Seiten betreffenden philosophischen Reflexionen; heute sehe ich, dass er damit Recht hatte.

In den einhundert Jahren, die seit dieser Geschichte vergangen sind, haben sich Reichtum und Macht in der Welt vermehrt, die Bildung hat sich ausgebreitet; die Störung, der philosophische Schrei, haben sich verstärkt. Die Spaltung im Geiste des revolutionären Herausgebers und der Verzicht der Biologin im Roman – beides zollt uneingestanden, aber nur umso nachdrücklicher, der universalen Zivilisation Tribut. Sie liefert nicht nur schlichte Amulette, sie hält auch Schwierigeres parat: Ehrgeiz, Streben, Individualität.

Die universale Zivilisation hat eine lange Entstehungsgeschichte. Sie war nicht immer universal; sie war nicht immer so attraktiv wie heute. Die Expansion Europas hatte zumindest drei Jahrhunderte lang eine rassistische Note, die bis heute schmerzt. In Trinidad wuchs ich in der ausklingenden Zeit dieser Art von Rassismus auf. Und vielleicht ist es dieser Umstand, der mich umso mehr würdigen lässt, was für ungeheure Veränderungen seit dem Ende des Krieges stattgefunden haben, was für außerordentliche Anstrengungen diese Zivilisation unternommen hat, sich die übrige Welt und all ihre gedanklichen Strömungen zu integrieren.

Ich komme auf die Anfangsfragen zurück, die mir zu Beginn dieses Jahres Myron Magnet vorlegte. Ist unsere Stärke abhängig von der Kraft unserer Überzeugungen? Reicht es aus, Überzeugungen oder einem moralischen Standpunkt leidenschaftlich anzuhängen? Sie verstehen die Ängste hinter diesen Fragen. Natürlich sind die Fragen, all ihrem scheinbaren Pessimismus zum Trotz, Suggestivfragen: Sie implizieren bereits die Antwort. Aber sie sind auch definitiv zweischneidig. Deshalb richten sie sich, recht betrachtet, an ein weit entferntes und manchmal feindseliges System fixer Dogmen; so lassen sich die Fragen als ein Ausweis der Universalität unserer Zivilisation heute verstehen. Philosophische Bedenklichkeit und philosophische Hysterie treffen aufeinander; am Ende ist der Bedenkliche mehr Herr der Situation.

Weil meine Bewegung in dieser Zivilisation von der Peripherie zum Zentrum verlief, mag es sein, dass ich einiges intensiver wahrgenommen oder akuter gespürt habe als andere, für die diese Dinge Alltäglichkeiten waren. Dazu gehörte die Entdeckung der christlichen Maxime »Was du nicht willst, das man dir tu, das füg auch keinem andern zu«, die ich als Kind, als ein vom Gedanken an Schmerz und Grausamkeit gepeinigtes Kind, machte. Im Hinduismus, in dem ich aufgewachsen bin, gab es keine solche tröstliche Anweisung; obwohl ich nie einem religiösen Glauben angehangen habe, erschien – und erscheint – mir diese simple Idee als eine verblüffend vollkommene Verhaltensmaxime.

Eine spätere Entdeckung – ich vermute, ich hatte mein Leben lang eine Ahnung von ihr, aber philosophisch verstanden habe ich sie erst bei der Vorbereitung auf diese Ansprache – ist die schöne Idee vom Streben nach Glück. Vertraute Worte, die man leicht als selbstverständlich hinnimmt, aber auch leicht missdeuten kann. Die Idee vom Streben nach Glück steht im Zentrum der Attraktivität, die diese Zivilisation auf so viele, die außerhalb und am Rande stehen, ausübt. Ich finde den Gedanken wunderbar, in welchem Maße nach zwei Jahrhunderten und nach der schrecklichen Geschichte der ersten Hälfte des zwanzigsten Jahrhunderts die Idee, wenn man so will, Früchte getragen hat. Es ist eine geschmeidige Idee, sie passt sich jedermann an. Sie setzt eine bestimmte Art von Gesellschaft voraus, eine bestimmte Art von erwecktem Geist. Ich glaube nicht, dass die Eltern meines Vaters imstande gewesen wären, die Idee zu erfassen. So vieles steckt in ihr: die Vorstellung vom Individuum, von Verantwortlichkeit, von Wahlfreiheit, vom Leben des Geistes, die Vorstellung von Berufswunsch, Vervollkommnung, Leistung. Es ist eine unendlich menschliche Idee. Sie lässt sich nicht auf ein dogmatisches System einschränken. Sie bietet keinen Nährboden für Fanatismus. Aber wir wissen, dass es sie gibt; und deshalb werden andere, weniger schmiegsame Systeme am Ende vom Winde verweht werden.

1992